해외 ETF
백과사전

“

연금처럼 투자해서
안전마진을 확보하는 ETF는
장기 투자 시 장점이 극대화된다.

트레이딩 차원의
단기 매매 형태로 접근하지 말고,
중장기적인 자산 배분의
핵심 상품으로 접근하라!

”

금과 부동산이 100% 오를 때,
200% 오른 수익률 1위
해외 ETF 백과사전

지은이 김태현
펴낸이 이종록 펴낸곳 스마트비즈니스
등록번호 제 313-2005-00129호 등록일 2005년 6월 18일
주소 경기도 고양시 일산동구 정발산로 24, 웨스턴돔타워 T4-414호
전화 031-907-7093 팩스 031-907-7094
이메일 smartbiz@sbpub.net
ISBN 979-11-6343-051-3 03320

초판 1쇄 발행 2023년 6월 26일

가장 쉽고 확실하게 수익 내는

'천하무적 재테크!'

금과 부동산이 100% 오를 때,
200% 오른 수익률 1위

해외 ETF 백과사전

| 김태현 지음 |

Sb
smart business

2nd, 개정판에 부쳐

금과 부동산은 '10년에 2배씩', 해외 ETF는 '5년에 2배씩' 올랐다!

2020년 초에 《해외 ETF 백과사전》이 출간되었으니, 벌써 3년이라는 시간이 흘렀다. 스테디셀러로 자리매김하면서, 해외 ETF를 시작하는 투자자라면 꼭 읽어야 필독서로 사랑받고 있다. 그 사이 ETF의 종목 수, 수익률 변화, 투자 환경까지 급변했다. 이번에 새롭게 보완하여 〈2nd 개정증보판〉을 출간하게 되었다. 독자분들의 사랑에 깊은 감사의 마음을 전한다.

3년 전 이 책이 처음 출간되었을 때와 다르게, 최근 1~2년 해외 ETF의 수익률은 상당히 저조하다. 코로나 팬데믹 때문이다. 코로나 팬데믹이 촉발된 2020년 초에는 엄청난 폭락장과 폭등장이 나왔고, 그후 2022년에는 하락장이 계속 이어졌다. 이런 흐름은 미국, 유럽, 아시아 등 주요국의 증시에 영향을 미쳤다. 주가뿐 아니라 원유, 금, 미국 국채 등이 도미노 폭락함에 따라 글로벌 경제가 일대 혼란에 빠졌다.

하지만 **경기 불황 다음에는 반드시 호황이 온다. 그러니 최근 1~2년 하**

락장의 수익률만 보지 말고, 다시 돌아올 상승장을 생각하며 투자했으면 한다. 이 책의 3rd 개정판이 출간될 때쯤에는 초판 때의 수익률을 월등히 뛰어넘는 성공 투자를 확신한다. 워런 버핏이 헤지 펀드와 10년간의 투자 내기에서 이겼던 것처럼 말이다.

"내 유서에 전 재산의 10%는 미국 국채를 매입하고, 나머지 90%는 전부 S&P 500 인덱스 펀드에 투자할 것을 명시했다."

오마하의 현인으로 불리는 세계적인 주식 투자자 워런 버핏이 2013년 주주총회에서 했던 말이다. 워런 버핏과 헤지 펀드는 2008년에 '10년간 어느 쪽이 더 많은 수익을 낼지'를 두고 흥미로운 내기를 했다. 결론부터 말하자면 워런 버핏이 이겼다. 대결 기간은 2008년부터 2018년까지 10년이었다.

워런 버핏은 10년 동안 뱅가드 S&P 인덱스 펀드에 투자했다. 이 펀드는 S&P 500 지수를 소극적으로 추종한다. 이 지수는 우리나라의 KOSPI 200 지수처럼 미국을 대표하는 500개 기업으로 구성된 지수다. 반면에 헤지 펀드는 5개의 액티브 펀드시장수익률을 초과하는 수익을 올리기 위해 펀드 매니저들이 적극적인 운용 전략을 펴는 펀드에 분산 투자했다.

워런 버핏이 고른 인덱스 펀드의 연평균수익률은 7.1%였고, 헤지 펀드가 고른 액티브 펀드의 연평균수익률은 2.2%였다. 헤지 펀드의 2.2%라는 수익률은 회전 비용과 운용보수가 많이 나와서 수익률을 갉아먹은 수치다.

위의 대결에서 보면 인덱스 펀드 투자가 액티브 펀드인 헤지 펀드 투자보다 연평균수익률이 3배 이상 좋았다. 인덱스 펀드에 투자하면 액티브 펀드 투자보다 마음이 편하다는 건 덤이다. 인덱스 펀드에서 한 단계 진화한 재테크 상품이 ETF다.

• • • •

해외 ETF를 대표하는 미국 ETF시장은 지난 1993년부터 거래되기 시작했다. 한국에 비해 매우 다양한 종류의 ETF가 상장되어 있다. 미국 시장에서는 달러화로 거래하지만 미국에 국한하지 않고 유럽, 남미, 신흥국 등 전 세계 주식 및 채권시장에 투자할 수 있어 자산 배분이 쉽다.

해외 ETF의 진정한 강점은 투자 대상의 다양성이다. 종목 수가 많기 때문에 더 다양하고 세분된 ETF에 투자할 수 있다. 우리나라는 아직 ETF 종류가 그리 많지 않다. 따라서 ETF라고 하면 인덱스를 추종하는 다소 밋밋한 투자 수단으로 인식하는 경향이 있다. 하지만 본고장 미국에서는 ETF가 가장 인기 있는 전방위 투자 수단으로 통한다.

무엇보다 금과 부동산이 10년에 2배씩 오르는 동안, 미국 ETF는 5년에 2배씩 오르면서 수익률 1위를 기록하고 있다.

그런 흐름 때문인지 국내뿐만 아니라 해외 주식시장에서도 ETF를 통한 거래가 급증하고 있다. 초보 투자자부터 고수에 이르기까지, 한국인이 가장 많이 투자한 해외 주식의 절반이 바로 ETF다. ETF는 소액으로도 다양한 종목에 분산 투자할 수 있고, 일반 펀드보다 운용보수가 저렴하다는 점에서 주로 개인 투자자들에게 인기를 끌고 있다.

엄청난 성장세를 보이고 있는 ETF는 낮은 가격으로도 포트폴리오를 다양하게 할 수 있고, 새롭고 획기적인 분야에 투자할 수 있다는 장점이 있다. 이처럼 폭넓고 깊이 있는 투자 트렌드는 전 세계적으로 계속될 전망이다.

해외 ETF의 매력은 먼저 '투자가 쉽다'는 점이다. 각 증권사의 모바일 트레이딩 시스템MTS이나 홈트레이딩 시스템HTS을 통해 주식 투자처럼 손쉽게 거래할 수 있다. 무엇보다 개인 투자자는 적은 돈으로도 다양한 포트폴리오를 운영할 수 있다.

ETF의 대표적인 장점은 투자의 다양성 외에도 소액 투자가 가능하고, 현금화가 손쉽다는 데 있다. 그중 채권, 주식, 상품 등 다양한 포트폴리오를 구성할 수 있다는 것이 가장 큰 장점으로 꼽힌다. 각국의 증시를 대표하는 지수는 물론 금·유가·곡물 등 원자재 상품, 자동차·은행 등 특정 섹터에도 투자할 수 있다.

예를 들어 베트남 증시를 대표하는 VN 지수에 투자한다면, 베트남 증시에 상장된 기업들 모두에 투자하는 셈이다. 'ETF에 투자하면 주식시장을 사는 것과 마찬가지'라는 얘기가 나오는 이유다. 현재 미국에는 3,000여 개의 ETF가 상장되어 있다.

• • • •

재테크를 시작하면서 좋은 투자 대상에 대해 모를 때는 제일 먼저 나쁜 투자 대상을 피하는 것이 중요하다.

더구나 저성장, 고물가로 경기 침체가 장기화되고 있는 현시점에서는 안전자산과 위험자산, 주식과 채권, 금과 외화, 현금 등에 분산 투자하여 리스크를 최대한 줄이는 것이 최우선이다. 이런 분산 투자를 한꺼번에 할 수 있는 재테크 상품이 바로 ETF다. 그래서 더더욱 국내보다는 해외 ETF로 투자의 선택지를 넓혀야 한다.

해외 ETF는 최소한의 투자다. 크게 신경써야 할 게 적은 소극적인 투자다. 부동산이나 주식 투자처럼 신경쓸 부분이 많은 적극적인 투자가 아니라는 뜻이다. 그래서 **ETF를 한 번 배운 사람은 '돈 모으기에 가장 좋은 투자', '평생 함께할 재테크의 동반자'라고 말한다.**

창과 방패라는 투자 방법이 있다면, ETF는 창처럼 적극적인 투자 방법으로 사용할 수도 있고 방패처럼 방어적인 투자 방법으로도 사용할 수도 있다. 자신의 상황과 투자금에 따라 다양한 무기로 사용할 수 있는 ETF에 꾸준히 투자한다면 나중에는 더 큰 위력을 발휘할 것이다.

무엇보다 ETF는 장기 투자 시 장점이 극대화되기 때문에 최소한의 투자 방법, 전략적인 선택, 꾸준함만 있다면 높은 성과를 올릴 수 있다. 트레이딩 차원의 단기 매매 형태로 접근하지 말고, 중장기적인 자산 배분의 핵심 상품으로 접근해야 한다.

투자는 많이 버는 것보다 잃지 않는 것이 중요하다. 절대 잃지 않는 슬기로운 투자를 원한다면, 정답은 바로 ETF 투자다. 해외 ETF로 분산 투자와 마음 편한 투자를 시작하기 바란다. 독자분들의 성공 투자를 기원한다.

PART 1 해외 ETF 기본

PART 2 해외 ETF 심화

PART 3 해외 ETF 실전 투자 기본

PART 1

해외 ETF 기본

해외 ETF는 다이소다

우리 주위에서 쉽게 찾을 수 있는 다이소에는 생필품과 다양한 잡화들을 판매한다. 특히 착한 가격임에도 품질이 좋아서 많은 사람이 애용하는 가성비 좋은 생활용품 판매점이다.

다이소 공식 홈페이지에 따르면 다이소의 대형 매장에는 상품 종류가 30,000개에 달한다고 한다. 전체 상품 중에서 1,000~2,000원짜리 상품이 80% 이상 유지되도록 한다. 그리고 매월 700여 종의 신상품을 선보인다.

미국 주식시장에서 거래되고 있는 해외 ETF는 다이소의 대형 매장에 비유할 수 있다. 미국은 3,000개의 ETF가 상장되어 있다. 전 세계 주식시장 시가총액에서 미국 주식시장 비중은 50% 이상이다. 참고로 국내에 상장되어 거래되고 있는 ETF는 다이소의 소형 매장과 비슷하다. 우리나라는 2023년

1월 기준 671개의 ETF가 거래되고 있다.

미국 ETF가 우리나라 ETF보다 종목 수로 보면 4배 이상 클 뿐만 아니라, 해외시장의 다양하고 세분된 ETF에 투자할 수 있다. 이 책에서는 시가총액이 높은 ETF 위주로 설명했다. 그럼에도 설명하지 못한 ETF가 70%가 넘는다.

ETF 1주는 조각 케이크 1조각과 비슷하다. PDFPortfolio Deposit File, 자산 구성 내역 종목은 밀가루를 비롯한 케이크 재료다. 이 재료들로 자산운용사라는 제빵사가 케이크 한 판을 만든다. 조각 케이크는 한 판을 보통 8등분한다. ETF는 한 판을 몇 만 등분 이상으로 나눈다. 주식도 ETF와 같은 원리다. 기업의 지분을 다량의 주식으로 나눈다.

ETF는 주식시장에서 쉽게 거래할 수 있게 만든 펀드를 말한다. 더 자세히 말하면 기초 지수를 패시브로 추종하며, 인덱스 펀드에서 한 단계 진화한 금융 상품이다. ETF는 'Exchange Traded Fund'의 약자다. 해석하면 '거래 가능한 펀드'를 말한다. 장점이 아주 많은 매력적인 금융 상품이자 투자 수단이다.

표에서 여러 금융 상품의 기대수익률과 손실 가능성을 간단하게 표시했다. ETF는 은행과 주식 중간에 있는 투자 수단이다. ETF는 대표적인 '중위험·중수익' 투자 상품이다. 은행 예금과 적금은 많은 사람이 활용하는 대표적인 '저위험·저수익' 투자 상품이고, 주식은 부동산과 함께 대중적인 투자 수단으로 '고위험·고수익' 투자 상품이다.

표에 있는 투자 방법은 각각의 장단점을 가지고 있다. 주식 투자를 전문점에 비유한다면, ETF 투자는 다이소다. 예를 들어 컴퓨터 전문점과 화장품 전문점이 있다고 가정해보자. 전자는 조립 컴퓨터를 구입할 수 있고, 후자는 나에게 잘 맞는 화장품을 찾을 수 있다. 전문점에서 쇼핑할 때는 안목이

| 투자 수단별 수익 및 손실 가능성 |

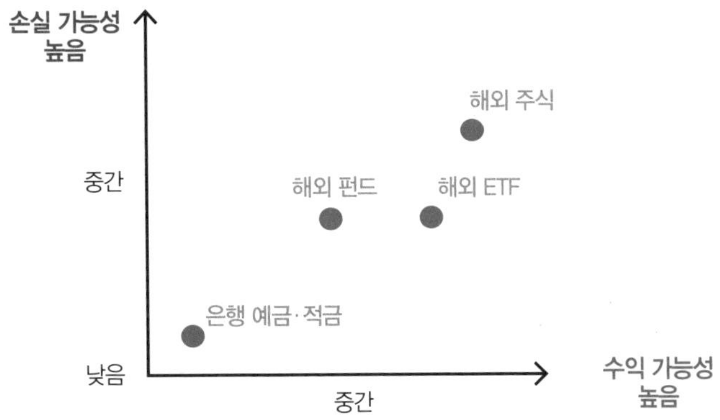

필요하다. 내가 구매하고자 하는 물건이나 서비스에 대해 잘 알고 있으면 저렴하게 구매할 수 있다. 하지만 잘 모른다면 비싼 가격에 사서 호갱 소리를 들을 수 있다.

주식 투자도 마찬가지다. 좋은 주식을 좋은 가격에 투자하면 높은 이익을 얻을 수 있다. 반대로 좋지 않은 주식에 투자하면 높은 손실을 볼 수도 있다. ETF 투자는 다이소의 3만여 개 상품처럼 다양한 상품 수와 가성비를 자랑한다. 대신 기대수익률은 주식보다 낮다.

펀드 투자는 오프라인 쇼핑이고, ETF 투자는 온라인 쇼핑이다. 예를 들어 홍대에 쇼핑하러 간다고 가정해보자. 먼저 홍대까지 이동하는 시간과 쇼핑하는 시간이 필요하다. 장사하기 위해서는 인건비와 매장 월세를 내야 한다. 공과금과 같은 기타 비용도 내야 한다.

오프라인 쇼핑과 똑같이 펀드에 투자하려면 증권사까지 이동하는 시간이 필요하다. 수많은 펀드 중에서 어디에 투자할지 선택하는 시간도 필요하다.

| 인덱스 펀드와 주식형 펀드의 차이 |

구분	인덱스 펀드	주식형 펀드
운용 방식	• 패시브 펀드	• 액티브 펀드
특성	• 지수형	• 종목형
성향	• 수비형	• 공격형
구성 종목 수	• 주식 종목 100~200개 묶음	• 주식 종목 10~20개 묶음
목표수익률	• 추종(벤치마크) 지수	• 지수의 시장 평균수익률을 초과하는 수익률 목표
수수료	• 0.5~1.5% 저렴	• 1.5~3% 높음
운용 방식	• 소극적 자산운용 추적오차	• 적극적 자산운용 • 종목 선택 • 시장 타이밍에 따른 잦은 매매
운용 전략	• 포트폴리오 구성 차익 거래	• 자산 배분(주식 vs 현금) • 종목 선정
수익과 비용	• 금융기관 : 저수익 • 투자자 : 저비용(1% 이내)	• 금융기관 : 고수익 • 투자자 : 고비용(2% 이상)
특징	• 펀드별 수익률 편차가 작다 • 펀드 운영이 투명하다	• 펀드별 수익률 편차가 크다 • 펀드 운영이 복잡하고 어렵다
위험 요인	• 추적오차만 조정하므로 위험이 낮다	• 공격적 운용으로 위험이 높다

* 추종(벤치마크) 지수 : 펀드의 수익률 추적 대상이 되거나 비교 척도가 되는 시장 지수를 말한다. 펀드 스타일에 따라 선택할 수 있는 지수가 여러 가지다. 우리나라의 대표적인 추종 지수는 코스피 200이고, 미국의 대표적인 추종 지수는 S&P 500이다.
* 추적오차(Tracking error) : 인덱스 펀드는 펀드수익률이 지수수익률을 따라가는 것이 목표다. 펀드를 운영하다 보면 지수와 펀드의 순자산 가치가 일치하지 않고 벌어지기도 하는데, 이를 추적오차라고 한다.

판매자인 증권사와 운영사도 임직원 월급과 지점 임차료를 지급해야 하고, 운영 경비와 같은 기타 비용도 필요하다.

모바일로 쇼핑한다면 스마트폰으로 할 수 있어 이동 시간 없이도 언제 어디서든 가능하다. 같은 상품이어도 가격 비교를 빠르게 할 수 있으니 시간

소요가 적다. 또한 판매자도 인건비와 매장 월세가 오프라인보다 적다. ETF도 모바일 쇼핑처럼 스마트폰 MTS 앱으로 쉽게 거래할 수 있다. 펀드 매니저가 없어도 되니 인건비가 적게 들고, 임대료와 기타 비용도 펀드보다 적다. 그래서 ETF 운용보수가 펀드 운용보수보다 낮다. 장기 투자는 펀드보다 ETF 투자가 유리하다.

은행의 예금·적금은 패션으로 보면 기본 아이템이다. ETF 투자는 나에게 어울리는 옷이다. 누구나 옷장에 기본 아이템으로 청바지와 티셔츠 몇 장이 있다. 기본 아이템을 갖추고 나서 나에게 잘 어울리는 셔츠나 재킷을 마련한다.

은행 예금·적금도 초반에 종잣돈을 마련할 때만 필요하다. 이때를 제외하면 은행은 돈 빌리러 갈 때만 활용하면 된다. 은행의 예금·적금은 매년 3~4%의 인플레이션을 절대 이기지 못한다. 종잣돈이라는 기본 아이템만 마련하면 이제 최소한의 투자로 ETF를 활용해야 한다. ETF 투자로 나에게 맞는 스타일을 찾아야 한다. 배당 ETF가 좋을지, 주식 섹터 ETF가 좋을지, 시장 대표 지수 ETF가 좋을지 말이다.

참고로 해외 ETF 10가지 상세 종류를 표로 정리했다.

● 해외 ETF 10가지 상세 종류 ●

1 배당 ETF(미국 고배당 / 배당 성장 / 글로벌 고배당 / 신흥국 고배당)

2 미국 주식시장 대표 지수 ETF(S&P 500 지수 / 다우존스 지수 / 나스닥 지수 / 러셀 지수 / 기타 지수)

3 글로벌 주식시장 대표 지수 ETF(글로벌 지수 / 선진국 지수 / 이머징마켓 지수 / 유럽 지수 / 태평양 지수 / 아시아 지수/ 개별 국가 지수 / 중국 지수)

4 섹터 ETF ①(필수소비재 / 자유소비재 / 금융 / 은행·보험 / IT / 헬스케어)

섹터 ETF ②(리츠 / 텔레콤 / 유틸리티 / 산업 / 원재료 / 에너지)

5 스타일 ETF(미국 성장주 / 미국 가치주 / 선진국 성장주 / 저변동성)

6 테마 ETF(클라우드 / 소셜미디어 / 사이버 보안 / 모바일 결제 / 로봇과 AI / 방위 산업 / 물 / 농업 관련 / 우선주 / 사물인터넷 / 자율주행 테마)

7 특색 ETF(ESG / 자산 배분 / 혁신 / 기술 / 밀레니엄 소비 / 다국적 기업)

8 레버리지·인버스 ETF(S&P 500 / 나스닥 / 다우존스 / 러셀 2000 / 기타 주식시장 대표 지수 / 섹터 / 금융 / IT 기술 & 반도체 / 바이오 & 헬스케어)

9 원자재·상품 ETF(금 / 은 / 기타 원자재 / 원유 / 천연자원 / 농산물)

10 채권 ETF ①(종합 채권 지수 / 장기·중기·단기 지수 / 회사채 / 하이일드 채권 / 변동이율채 / 시니어론 / 액티브 / 글로벌)

채권 ETF ②(미국 재무부 채권 / 미국 지방정부 채권 / TIPS / MBS / 이머징마켓 채권)

| ETF는 오늘날 어떻게 사용되는가? |

1. 전략적 수정	단기적 관점에서 만기된 혹은 부족한 스타일, 지역, 국가 수정
2. 핵심 자산 할당	포트폴리오를 통해 장기간 전략 설계
3. 리밸런싱	리밸런싱 주기에 따라서 포트폴리오 리스크 관리
4. 포트폴리오 완성	공백을 전략적 자산 할당으로 채우기
5. 국제적인 다각화	해외시장에 대한 효율적인 접근
6. 유동성 관리	필요 현금흐름 충족을 위한 유동적인 투자 수단 유지
7. 추세 관리	ETF를 통해서 추세 관리 가능
8. 위험 관리	원하지 않는 포트폴리오 위험 완화. 자산 배분 결정의 위험 헤지
9. 잠정적인 베타	장기간 견해 개선을 위한 시장 노출 유지
10. 유휴 자금 활용	ETF로 현금 보유로 인한 손실 기회 최소화

해외 ETF의 매력적인 7가지 장점

해외 ETF는 주식 투자에 비해서 훨씬 효율적이다. 실제 투자해보면 알겠지만, 신경쓸 부분이 거의 없다. 국내 펀드나 해외 펀드에 투자 중이라면, 해외 ETF 투자와 반드시 비교해보기를 바란다.

해외 ETF는 다음과 같은 7가지 장점이 있다.

① 달러로 투자한다

해외 ETF는 미국 주식시장에서 거래되는 금융 상품을 말한다. 매매를 하려면 미국 달러로 환전해서 투자해야 한다. 우리나라에서 주식 투자를 하려면 원화로 거래하는 게 당연하듯이 말이다. 달러는 5대 기축통화 중에서 영향력과 비중이 가장 높다.

IMF의 SDR을 보면 미국 달러의 비중이 43%다. 그다음 유로화 29%, 위안화 12%, 엔화와 파운드화 각각 7% 비중으로 구성되어 있다. SDR은 IMF로부터 국제유동성International Liquidity을 인출할 수 있는 권리인 특별인출권을 말한다. 참고로 중국 위안화는 2015년 11월 IMF 회의를 통해 2016년 10월 1일부터 SDR에 포함됐다.

환율을 보면 한국 원화보다 미국 달러에 강점이 많다. 〈원-달러 환율〉 그래프를 보자. 1997년도 IMF와 2008년 미국 금융위기 때 환율이 상승했다. 경제위기나 금융위기가 발생하면 환율에서만 30~50% 수익을 볼 수 있다. 지금까지 위기 때마다 달러 환율이 상승했고, 앞으로도 그럴 가능성이 매우 높다.

해외 ETF 투자에는 3단계가 있다. 1단계는 미국 달러 환전이다. 환전하는

| 원-달러 환율 |

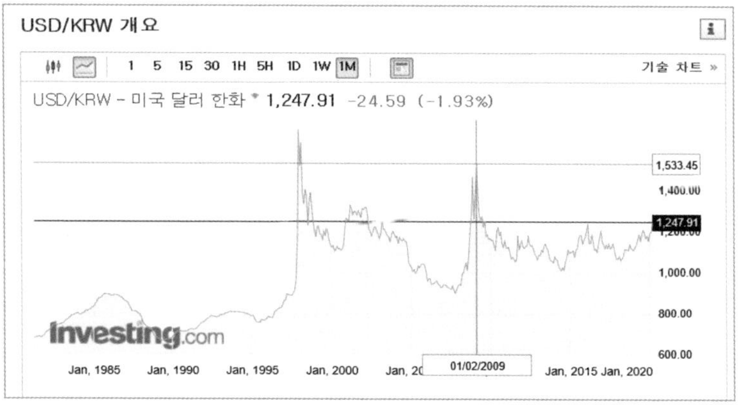

것만으로도 1차 투자를 한 것이다. 주가는 환율의 상승과 하락에 큰 영향을 받기 때문에, 환율 변동에 따라 계좌의 잔고가 달라진다. 2단계는 해외 ETF 매수다. 이때가 2차 투자를 한 것이다. 3단계는 매도다. 해외 ETF 최종 수익은 매매 차익과 환율에 의해 결정된다.

② 다양한 투자 대상과 특색 있는 상품이 많다

우리나라 주식시장에는 2023년 1월 기준으로 666종목의 ETF가 있다. 미국은 국내보다 5배 이상 많은 3,000종목의 ETF가 있다. 해외 ETF는 국내 ETF와 마찬가지로 크게 10가지 종류로 분류할 수 있다. 고배당, 주식시장 대표 지수, 섹터, 채권, 원자재 등이다. 여기에 종류별로 다양하고 세분된 투자 대상으로 다시 나뉜다.

예를 들어 글로벌 주식시장 대표 지수 ETF는 영국, 프랑스, 스위스, 캐나다를 비롯해 일본, 홍콩 등 선진국에 투자할 수 있다. 인도, 필리핀, 태국 등 개발도상국이나 아프리카와 같은 신흥국에도 투자할 수 있다. 섹터 ETF는 11가지 종류가 있다. 채권 ETF에는 미 재무부 채권, 회사채, 하이일드 채권, TIPS, MBS 등이 있다.

그리고 특색 있는 ETF로는 비디오게임 관련 주식에만 투자하거나, 클라우드 관련 주식에만 투자할 수 있는 상품 등이 있다. 이 밖에도 +3배 레버리지 ETF와 –3배 인버스 ETF를 포함한 다양한 투자 대상이 존재한다.

③ 다른 투자 수단과 상관관계가 낮다

해외 ETF는 달러로 투자해야 한다. 달러로 투자하기 때문에 다른 투자 수단과 상관관계가 낮다. 예를 들면 국내 금융 섹터 주식에만 분산 투자한다면 상관관계가 매우 높지만, 금융 부문 주식과 채권에 분산 투자한다면 상관관계가 낮아진다.

주식과 부동산에 분산 투자한다면 상관관계는 더 낮아진다. 더 나아가 국내 주식, 부동산, 해외 ETF에 분산 투자한다면 상관관계가 가장 낮아진다. 원화로 투자하고 달러로도 투자하기 때문이다. 해외 ETF에 투자하면 효과가 높은 분산 투자를 할 수 있다.

④ 거래량이 많아서 유동성이 풍부하다

국내 주식시장은 전 세계 주식시장 시가총액 기준으로 2% 전후다. 그중에서 국내 ETF시장의 비중은 4.5%다. 미국 주식시장의 시가총액 비중은 50% 이상이다.

확실한 것은 해외 ETF가 국내 ETF보다 시가총액이 크고 일평균 거래량도 많다는 점이다. 거래량이 많아서 유동성도 풍부하다. 유동성이 높으면 순자산 가치인 NAV주당 순자산 가치는 기업이 청산될 때 회사의 자산이 주당 얼마만큼 남는가를 알려주는 지표다와 주가 사이에 괴리율도 작다. 그래야 손해를 보지 않고 매수하고 싶을 때 사고, 매도하고 싶을 때 팔 수 있다.

⑤ 운용보수가 굉장히 낮다

국내 ETF가 해외 ETF보다 운용보수가 평균 1.8배 비싸다. 펀드다모아 홈페이지에 따르면 해외 펀드는 해외 ETF보다 운용보수가 5배 이상 비싸다. 표는 매년 해외 ETF 평균 운용보수를 0.2로 했을 때, 국내 ETF와 해외 펀드 평균 운용보수를 3년 동안 비교한 것이다.

3년 동안 해외 ETF 평균 운용보수는 0.6이다. 국내 ETF 평균 운용보수는 1.08이다. 해외 펀드 평균 운용보수는 3.36이다. 해외 ETF 대비 해외 펀드는 5.5배 정도 운용보수가 많다. 같은 대상에 투자했다고 가정하면 3년 동안 운용보수 절약으로만 2.76% 수익률을 올린다.

| 해외 ETF, 국내 ETF, 해외 펀드 운용보수 3년 비교 |

운용보수	해외 ETF	국내 ETF	해외 펀드
1년	0.2	0.36	1.12
2년	0.4	0.72	2.24
3년	0.6	1.08	3.36

⑥ 은행 이자와 같은 분배금을 지급하는 경우가 많다

해외 ETF는 국내 ETF처럼 분배금을 지급하는 경우가 많다. ETF에서의 분배금은 주식에서 배당금에 해당한다.

배당금을 지급하고, 자사주를 매입하는 등 직·간접적으로 주주들과 이익을 나누는 것을 '주주환원 정책'이라고 한다. 주주환원율이 높다는 것은 그

| 국가별 주주환원율 |

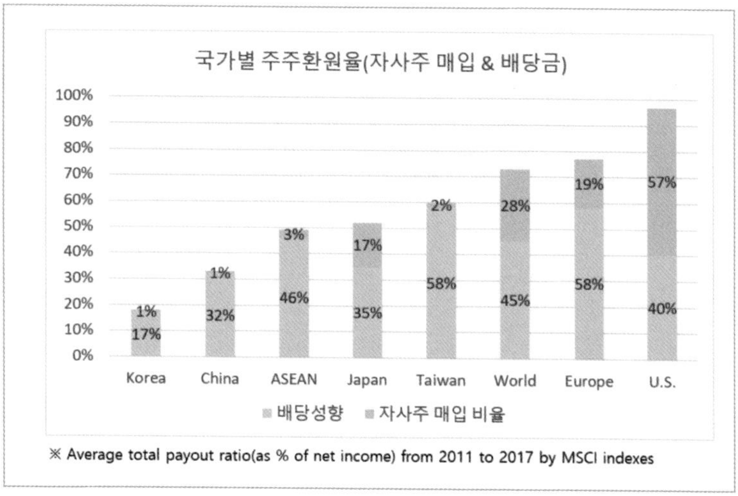

만큼 주주들에게 돌아가는 몫이 크다는 것이고, 이는 기업의 가치를 높이는 가장 중요한 요소다.

안타깝게도 우리나라 상장사의 평균 주주환원율은 세계 최하위권에 속한다. 표는 2011년부터 2017년까지 주주환원율의 평균값을 나타낸 것이다. **세계 평균 주주환원율은 73%고, 우리나라는 18%다. 충격적인 수준이다. 미국은 주주환원율이 무려 97%에 달한다.** 기업들이 이익의 평균 40%를 배당금으로 지급했으며, 57%의 자금을 자사주 매입에 사용했다.

주주환원율이 높다는 것은 주식시장이 얼마나 성숙하고, 주주 친화적인지를 알 수 있는 지표라고 할 수 있다. 또한 해외 ETF는 분기별 배당인 경우가 많다. 매달 배당하는 ETF도 꽤 있다.

⑦ 거래 시간이 편리하다

미국 정규 주식시장 거래 시간은 우리나라 시간을 기준으로 23:30~06:00이다. 서머타임을 적용하면 1시간씩 앞당겨져서 22:30~05:00에 거래한다. 서머타임은 여름철에 표준 시간을 1시간 앞당기는 제도다.

장외 정규 시간도 있어 주식시장 거래 시간이 굉장히 길다. 직장에서 퇴근한 후 저녁 식사를 하고 거래를 시작할 수 있다. 굳이 주식시장에서 차트를 살피느라 신경쓰지 않아도 된다. 밤에 텔레비전을 보면서 맥주 한 캔 마시고 난 후, 여유롭게 잠들기 전에 주식을 거래하면 된다.

지금까지 해외 ETF 투자의 7가지 장점을 알아봤다. 국내 ETF의 장점 8가지도 함께 정리했다.

① 자동으로 분산 투자가 가능하다.

② 진짜 소액 투자가 가능하다.

③ 운용보수와 거래수수료가 저렴하다.

④ 다양한 투자 대상과 투자 방법이 있다.

⑤ 스마트폰에서 쉬운 거래가 가능하다.

⑥ 공개된 정보가 많아 시간이 절약된다.

⑦ ETF 운용이 투명하다.

⑧ 상승장과 하락장 양방향 투자가 가능하다.

해외 ETF 상품명과 브랜드

무엇이든 이름을 지을 때는 직관적인 것이 좋다. 어떤 상품인지 한눈에 파악할 수 있도록 말이다. 그렇게 해야 오랫동안 기억된다.

해외 ETF는 상품명이 대부분 길다. 예를 들면 S&P 500 지수를 추종하는 SPY의 상품명은 'SPDR S&P 500 ETF Trust'이다. 그래서 대부분 상품명을 줄인 2~4개 알파벳을 티커로 사용한다. 정보를 찾거나 거래할 때 티커로 검색해서 매수 또는 매도하면 편리하다.

①SPDR ②S&P 500 (③SPY)

① 앞부분은 운용사 브랜드명이다. SPDR은 State Street의 브랜드다.

② 뒷부분은 추종 지수를 적는다. SPY는 S&P 500 지수를 추종한다.

③ 상품명이 길어서 알파벳 티커를 약자로 사용한다. 삼성전자 주식이 종목 코드 005930을 사용하는 것처럼 말이다.

ETF 상품명은 대부분 '자산운용사 브랜드명 + 추종 지수'로 만들어진다. SPY는 S&P 500 지수를 추종하는 ETF 시가총액 1위 상품이다. 그래서 ETF 이름만 봐도 어느 운용사의 상품인지, 추종 지수가 무엇인지 한눈에 알 수 있다.

만약 상품명 끝에 ETN이 들어가 있다면 주의해야 한다. ETN은 증권사에서 발행하는 채권의 한 종류로, 만약 상장폐지된다면 휴지조각이 되어 원금을 잃는다. 실제로 2008년 금융위기 때 미국의 리먼 브러더스가 발행한 ETN이 상장폐지됐다. 해외 ETF는 종목 수가 많기 때문에 ETN 투자까지 생각하지 않아도 된다.

미국에 상장된 3,000개 ETF 티커의 99%가 2개에서 4개 사이 알파벳으로 구성된다. 1% 미만의 ETF가 알파벳 5개로 구성된다. ETF는 상품명과 티커명 말고도 애칭으로도 불린다. 앞에서 설명한 SPY는 '스파이더'로 불린다. 다우존스 지수를 추종하는 DIA는 '다이아몬드'로 불린다.

브랜드	자산운용사	종목 수
iShares	BLACK ROCK	386종목
Vanguard	VANGUARD	81종목
SPDR	STATE STREET	141종목
Invesco	Invesco	235종목
ProShares	ProShares	137종목
Direxion	Direxion	89종목

〈2023년 1월 기준〉

미국의 ETF 대표 브랜드는 6가지가 있다. 자산운용사 6곳의 금융 상품만 있어도 해외 ETF에 충분히 투자할 수 있다. 표에 있는 ProShares와 Direxion은 레버리지와 인버스 ETF를 전문으로 하는 자산운용사다. 이 밖에도 많은 자산운용사가 있다.

같은 지수를 추종하는 중복되는 ETF가 많으므로 다른 자산운용사의 ETF는 크게 신경쓰지 않아도 된다. 예를 들어 S&P 500 지수를 추종하는 ETF도 여러 개가 있는데, 추종 지수는 문제가 없지만 시가총액이 작아서 거래하기 불편한 ETF도 많다. 다른 자산운용사의 ETF에도 괜찮은 상품이 많은데, 기회가 되면 다음에 더 자세히 설명하겠다.

ETF 자산운용사 중에서 핵심 브랜드는 블랙록사의 iShares, 뱅가드사의 Vanguard, 스테이트 스트리트사의 SPDR 딱 3곳이다. 시가총액과 거래량

| ETF 자산운용사 순위 |

ETF Issuer AUM League Table

ETF issuers are ranked based on their aggregate assets under management (AUM). All values are in U.S. dollars.

Issuers	AUM Rank	+/-	Assets Under Management ($MM)	# of ETFs
BlackRock Financial Management	1	-	$2,242,843.49	395
Vanguard	2	-	$1,920,142.57	81
State Street	3	-	$940,849.84	139
Invesco	4	-	$343,434.67	243
Charles Schwab	5	-	$260,680.75	29
First Trust	6	-	$125,222.20	193
JPMorgan Chase	7	-	$88,453.49	47
Dimensional Holdings	8	-	$70,743.07	30
ProShares	9	-	$58,651.20	137

〈2023년 1월 기준〉

이 높은 ETF가 많고, 3곳 모두가 대형 자산운용사다.

ETF 자산운용사 순위를 보면 2022년 말 기준 자산운용사 자산총액 순위는 1위 블랙록, 2위 뱅가드, 3위 스테이트 스트리트다. 해외 ETF에 투자한다면 최소한 iShares, Vanguard, SPDR만 알아도 충분하다. 투자하기 괜찮은 대부분의 ETF는 3곳에서 찾을 수 있기 때문이다.

iShares ETF 브랜드를 가진 블랙록은 세계 최대 규모의 자산운용사다. 2023년 1월 기준으로 미화 10조 달러 상당의 자산을 운용하고 있다. 참고로 블랙록은 미국 주식시장에 상장되어 있다. 티커는 뉴욕거래소 **BLK**다. 2021년 배당수익률은 3.12%였다. iShares를 구글에 검색해보면 그림과 같은 홈페이지 화면이 나타난다. 그러나 네이버에서 검색하면 홈페이지 주소는 나타나지 않는다.

홈페이지 둘러보면 해외 ETF 투자에 활용하면 좋은 메뉴가 몇 가지 있다. 맨 왼쪽에 있는 첫 번째 Our Fund의 'Find a Fund'에서는 ETF를 종류, 지역, 시장별로 찾아볼 수 있다. 종류에는 주식, 채권, 원자재, 리츠 4가지가 있다. 상품 범위에는 코어, 팩터, 고정수익, 메가트렌드 ETF가 있다.

뱅가드 홈페이지도 iShares 홈페이지처럼 설명이 되어 있지만 iShares 홈

| iShares 블랙록 로고 |

iShares by BLACKROCK

| IShares 블랙록 홈페이지 |

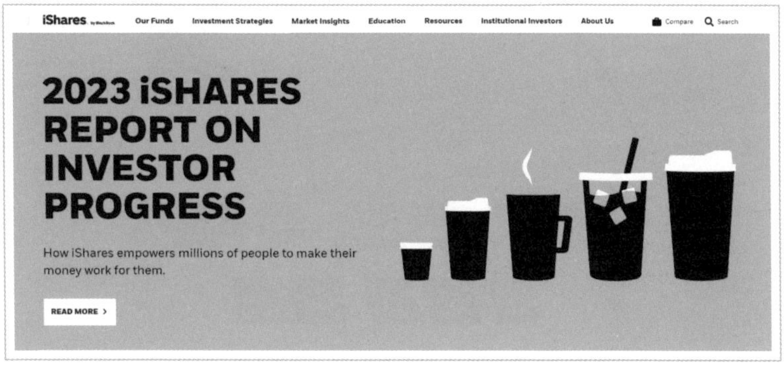

페이지가 더 쉽고 깔끔하다. SPDR 홈페이지는 설명이 다소 부족하다. 시간이 날 때 ETF 자산운용사 홈페이지를 천천히 둘러보면 좋다. 스스로 메뉴들을 눌러보면 기억에 더 오래 남을 것이다.

참고로 국내 ETF는 삼성자산운용의 KODEX와 미래에셋자산운용의 TIGER만 알고 투자해도 무방하다. 국내 ETF 투자 시 알아야 할 6개의 ETF 브랜드는 다음과 같다.

| 국내 ETF 브랜드명 |

ETF 브랜드	자산운용사	홈페이지 주소
KODEX	삼성자산운용	www.kodex.com
TIGER	미래에셋자산운용	www.tigeretf.com
KBSTAR	KB자산운용	www.kbstaretf.com
ARIRANG	한화자산운용	www.arirangetf.com
KINDEX	한국투자신탁운용	www.kindexetf.com
KOSEF	키움투자자산운용	www.kosef.co.kr

ETF, 펀드, 주식의 장점과 단점

해외 ETF는 중수익·중위험 투자 수단이다. 고수익·고위험 투자 수단인 해외 주식과 저수익·저위험 투자 수단인 은행 예금 및 적금의 중간에 위치하는 상품이다. 해외 펀드와 해외 ETF를 같은 대상에 투자한다면, 해외 펀드의 수익률이 더 낮다. 그 이유는 운용보수와 펀드 매매회전율 때문이다.

해외 펀드의 운용보수는 '금융투자협회 전자공시서비스dis.kofia.or.kr'에서 확인할 수 있다. 펀드 공시 메뉴에서 펀드별 보수 비용 비교의 투자 지역 구분을 해외로 설정하면 된다. 2023년 1월 기준으로 해외 펀드는 11,126건이 검색된다. 이때 11,126개 해외 펀드의 평균 운용보수는 1.07%였다.

홈페이지의 안내 사항에 따르면 실제 투자자가 부담하는 보수 및 비용 수식은 다음과 같다.

보수 및 비용 = {(운용 + 판매 + 수탁 + 사무 관리 + 기타 비용) + 판매수수료율 + 매매·중개수수료율} − 총보수·비용비율

해외 펀드가 아닌 해외 ETF에 투자하면 연 1% 정도의 수수료를 절약할 수 있다. 절약되는 연 1%의 수수료는 은행 이자와 같은 확정수익이다. 수수료 차이로 인해 같은 추종 지수일 때 해외 ETF의 기대수익률이 해외 펀드 기대수익률보다 높다.

요즘처럼 인플레이션을 생각하면 투자할 때 최소 연 6% 이상 기대수익률은 되어야 한다. 그러나 우리나라는 앞으로도 저성장이 예상되기 때문에, 은행 예금과 적금 이자가 다시 낮아질 가능성이 매우 높다.

참고로 적금 이자는 표면 이자의 절반이다. 예를 들어 적금 이자가 4% 또는 5%라면 만기 때 받는 실질 이자는 세전 2% 또는 2.5%다. 최소한 5% 이상 수익률을 올릴 수 있는 안정적인 ETF 또는 배당주와 같은 대상에 투자해야 한다.

해외 ETF는 '맥가이버 칼' 같은 투자 방법이다. 이 칼은 무게가 가볍고 드라이버, 가위 같은 다양한 기능의 도구가 포함되어 있다. 해외 ETF는 스마트폰에서 빠르고 편리하게 투자할 수 있다. 미국을 포함한 전 세계의 대표 지수에 투자할 수도 있다. 다양한 채권과 원자재 ETF가 있다. 3배 레버리지·인버스 ETF도 있다. 미국 3대 지수인 S&P 500 지수, 다우존스 지수, 나스닥 지수 ETF에 투자하면 평균 시장수익률은 쉽게 달성할 수 있다.

단점으로는 정보를 찾기 힘들다는 점이다. 국내 ETF 및 주식과 비교하면 투자 정보가 많지 않다. 그래도 ETF 관련 사이트가 몇 곳 있어서, 투자에 도움받는 데 큰 어려움은 없다. 사실 정보가 많다는 것이 반드시 투자수익률에 큰 영향을 미치는 것은 아니다. 국내 ETF나 주식에 투자할 때도 정보는 많지만 투자수익률이 기대만큼 높은 편이 아니다.

운용보수는 앞에서 설명한 것처럼 해외 펀드에 투자할 때에 비해 매우 낮은 편이다. 해외 ETF 운용보수 0.5%를 제외했을 때 해외 펀드 대비 1%의 수익률이 생긴다. 그리고 시가총액과 거래량이 높은 ETF들은 운용보수가 낮다. 예를 들어 S&P 500 지수를 추종하는 시가총액 1위 SPY의 운용보수는 0.09%다. 미국 채권 ETF 시가총액 1위 AGG의 운용보수는 0.03%다.

분산 투자는 ETF PDFPortfolio Deposit File, 자산 구성 내역를 통해 해결하면 된다. ETF PDF는 적게는 몇 십 개 종목에서 많게는 몇 천 개 종목으로 구성된다. 위의 4가지 투자 수단 중에서 ETF가 투자 대상이 가장 다양하다.

| 투자 수단별 장점 및 단점 |

	해외 ETF	해외 펀드	해외 주식	은행 예금·적금
장점	편리한 투자 및 평균 기대수익률 달성 가능	전문가가 알아서 투자해준다	높은 기대수익률 달성 가능	금융기관별 5,000만 원까지 예금자 보호 가능. 안정성 매우 높음
단점	투자 정보 찾기가 힘들다. 낮은 정보 접근성	높은 운용보수 및 낮은 정보 접근성	주가 등락 폭이 심하다	3% 중후반의 예금·적금 이자. 매우 낮은 수익률
운용보수	낮음	높음	없음	없음
분산 투자	높음	높음	없음	없음
투자 대상 다양성	높음	중간	낮음	없음
인버스 투자	가능	가능	불가능	없음
주식시장 거래 여부	가능	불가능	가능	없음

주식시장이 하락할 때 수익이 발생하는 인버스 투자도 해외 ETF가 가장 효율적이다. −1배, −2배, −3배 종류의 인버스 ETF가 있고 미국 섹터별 인버스 ETF도 있다. 주식시장 거래 여부도 해외 ETF는 국내 주식에 투자하는 것처럼 스마트폰에서도 쉽게 매매할 수 있다.

해외 펀드는 펀드 매니저인 전문가가 알아서 투자해준다는 장점이 있다. 단점으로는 이에 따른 높은 운용보수다. 한 가지 더 명심할 점은 해외 펀드에 장기 투자할 때의 수익률은 벤치마크 지수인 미국 3대 지수보다 낮을 가능성이 매우 크다. 분명히 소수의 펀드는 시장수익률 대비 높은 수익률을 달성한다. 그러나 장기간 마음 편하게 수익률이 높은 펀드를 찾아서 투자하기 힘들다는 점이 문제다.

분산 투자 여부도 해외 펀드여서 자연히 해결된다. 펀드 매니저가 포트폴리오를 만들어서 투자한다. 투자 대상의 다양성은 해외 ETF보다는 낮다. 인버스 투자도 가능하지만 펀드 매수일과 환매 일자를 생각하면 효율성이 낮다. 펀드기 때문에 주식시장 거래는 불가능하다. 펀드를 주식시장에서 쉽게 사고팔 수 있게 만든 것이 바로 ETF다.

해외 주식은 '날카로운 양날의 검'이다. 4가지 투자 수단 중에서 가장 높은 기대수익률과 가장 높은 손실 가능성이 동시에 존재한다. 기대수익률이 높을수록 손실 가능성도 높아진다. 또한 해외 주식은 스스로 직접 투자하기 때문에 운용보수는 없다.

해외 주식의 여러 종목에 투자하면 분산 투자가 되며, 투자 대상의 다양성은 낮다. 해외 주식은 기업에만 투자하기 때문이다. 해외 ETF처럼 채권, 원자재, 레버리지 같은 투자 대상이 없다. 스마트폰 앱으로도 쉽게 해외 주식 거래를 할 수 있다.

| 투자 수단별 세금 체계 |

	해외 ETF	해외 펀드	해외 주식	은행 예금·적금
매매 차익	양도소득세 22% (연 250만 원 기본공제)	배당소득세 15.4%	양도소득세 22% (연 250만 원 기본공제)	이자소득세 15.4%
분배금	배당소득세 15.4%	배당소득세 15.4%	배당소득세 15.4%	이자소득세 15.4%
종합과세	매매 차익은 분리 과세로 해당 없음. (단, 분배금을 포 함한 이자수익이 2,000만 원 초과는 종합과세에 해당)	종합소득세 과세	매매 차익은 분리 과세로 해당 없음. (단, 분배금을 포 함한 이자수익이 2,000만 원 초과는 종합과세에 해당)	이자수익 포함 2,000만 원 초과 시 종합과세 해당

은행 예금·적금은 원금 안정성이 가장 높다는 장점이 있다. 금융기관별로 원금과 이자를 포함해서 5,000만 원 이내 범위에서 예금자 보호가 된다. 단점으로는 낮은 이자수익률이다. 매년 물가 상승률을 고려하면 최소 연 6% 이상 수익률이 가능한 투자를 해야 한다.

해외 ETF와 해외 주식의 세금 체계는 같다. 해외 주식의 한 종류로 해외 ETF가 있기 때문이다. 해외 주식에 투자했을 때 매매 차익에 매겨지는 세금은 양도소득세 22%다. 매년 250만 원에 대한 수익까지는 기본공제를 해준다. 이때 양도소득세는 수익과 손실을 합산해서 계산한다. A주식에서 5,000만 원 수익, B주식에서 2,000만 원 손실일 때 매도하면 3,000만 원에 대한 250만 원을 기본공제 후 양도소득세 22%의 세금이 부과된다.

분배금은 배당소득세 15.4%다. 종합과세는 매매 차익 분리과세로 해당 사항이 없다. 그러나 분배금을 포함한 이자소득이 2,000만 원을 초과하면 이듬해 5월에 종합소득세를 내야 한다.

| 해외 주식과 해외 펀드 간 조세 불평등 예시 |

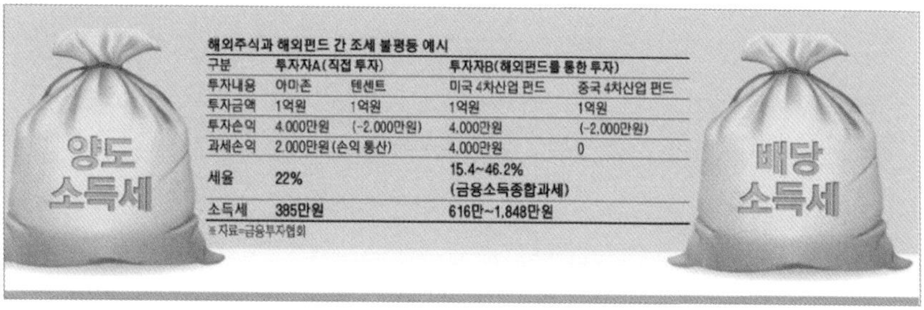

해외주식과 해외펀드 간 조세 불평등 예시

구분	투자자A(직접 투자)		투자자B(해외펀드를 통한 투자)	
투자내용	아마존	텐센트	미국 4차산업 펀드	중국 4차산업 펀드
투자금액	1억원	1억원	1억원	1억원
투자손익	4.000만원	(-2.000만원)	4.000만원	(-2.000만원)
과세손익	2.000만원(손익 통산)		4.000만원	0
세율	22%		15.4~46.2% (금융소득종합과세)	
소득세	385만원		616만~1.848만원	

※자료=금융투자협회

출처 : 매일경제

해외 펀드의 매매 차익과 분배금에 관한 세금은 배당소득세 15.4%다. 그런데 금융소득 종합과세를 했을 때는 조세 불평등을 유발한다. 해외 주식 직접 투자와 해외 펀드에 투자했을 때의 조세 불평등에 대한 예시를 보자.

여기서 문제는 수익과 손실 합산 여부 및 금융소득 종합과세 여부다. 해외 펀드는 A펀드에서 5,000만 원 수익이 나고, B펀드에서 2,000만 원 손실이 났을 때 매도하면 5,000만 원의 수익에 대한 세금을 내야 한다. B펀드에서 손실이 발생했다고 해서 수익과 합산해서 계산하지 않는다. 그리고 수익에

| ETF, 주식, 은행의 수익성과 안전성 |

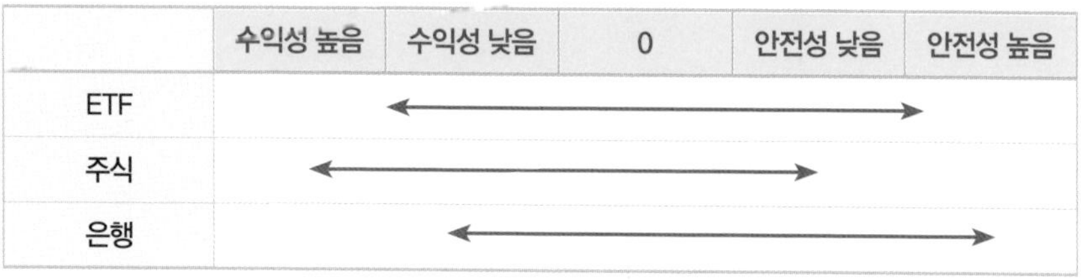

| ETF, 주식, 펀드의 공통점과 차이점 |

	ETF	주식	펀드
분산 투자 여부	○	X	○
투자 대상 다양성	○	X	△
양방향 투자	○	X	△
주식시장 거래 여부	가능	가능	불가능
결제일	T+2일	T+2일	T+2~4일(펀드마다 다르다)
운용보수	낮다	없음	비싸다
매매 차익 세금	국내 주식형 X 그 외 ETF 15.4%	없음	ETF와 동일

대한 세금은 금융소득 종합과세로 내야 한다.

참고로 금융소득 종합과세 방법은 2,000만 원 이하는 15.4%를 세금으로 원천 징수한다. 2,000만 원 초과 시에는 다른 소득과 합산해서 다음 연도 5월에 종합소득세를 내는 것이다. 종합소득세율은 6%부터 45%까지다. 만약 월급을 받는 사람이 금융소득 종합과세에 해당한다면 세금 부담이 커질 수 있다.

은행 예금·적금에는 매매 차익이 없다. 세금은 이자소득세 15.4%다. 이자 수익 포함 2,000만 원을 초과하면 종합과세에 해당한다. 참고로 〈ETF, 주식, 은행의 수익성과 안정성〉 그리고 〈ETF, 주식, 펀드의 공통점과 차이점〉에 대해 표로 정리했다.

미국 주식시장의 7가지 특징

역사가 깊은 미국 주식시장은 증권거래소도 여러 곳이 있다. 뉴욕 증권거래소는 아멕스AMEX, 나스닥NASDAQ과 함께 미국 3대 증권거래소다. 그중 'NYSE'라고도 불리는 뉴욕 증권거래소는 달러 시가총액 기준으로 세계에서 가장 규모가 큰 거래소다. 등록된 기업 개수로는 두 번째로 규모가 큰 곳이며, S&P 500 지수와 다우존스 지수 등을 산출한다. NYSE에는 세계 주요 기업들이 다수 상장되어 있다.

한편 나스닥은 미국의 장외 주식 거래시장으로 3,000종목이 상장되어 있다. 애플, 마이크로소프트, 아마존, 페이스북 등 다수의 IT 기술 주식이 나스닥에 상장되어 있다. 미국 주식시장의 시가총액은 전 세계 주식시장 시가총액의 50% 정도를 차지하고 있다.

① 상승과 하락 표시가 우리나라와 다르다

미국 주식시장은 상승할 때는 파란색으로 표시되고, 하락할 때는 빨간색으로 표시된다. 이에 반해 우리나라 주식시장은 상승할 때는 빨간색, 하락할 때는 파란색으로 표시된다.

해외 주식 거래는 우리나라 증권사 앱으로도 할 수 있다. 증권사 앱에서는 상승이 빨간색, 하락이 파란색으로 표시되지만, 해외 사이트에서의 상승은 파란색, 하락은 빨간색으로 표시된다는 사실만 알면 된다.

② 상한가와 하한가 제도가 없다

미국 주식시장은 유럽 주식시장과 마찬가지로, 상한가와 하한가 제도가 없다. 그렇기 때문에 실적에 따라 주가가 움직이는 편이다. 실적이 좋으면 상승하고, 좋지 않으면 하락한다.

우리나라는 일일 기준 상한가는 +30%까지 가능하다. 하한가는 -30%까지 가능하다. 우리나라의 대표주인 삼성전자 주가가 50,000원이라고 가정했을 때 일일 상한가는 65,000원이고, 하한가는 35,000원이다.

미국 주식시장은 상한가와 하한가 제도가 없어서 주가 변동 폭이 높을 것 같지만 그렇지 않다. 실적이 기대치보다 너무 낮은 경우를 제외하면 주가 변동 폭이 안정적이다. 참고로 선진국에 가까울수록 상한가 하한가 제도가 없거나 일일 가격 제한 폭이 큰 편이다.

예를 들어 미국, 유럽, 호주 주식시장은 가격 제한 폭이 없다. 우리나라도 과거에는 ±15%였는데, 2015년 6월 15일부터 ±30%로 변동됐다. 아시아 국가 중에서는 일본이 평균 ±22%, 중국이 ±10%다. 중국 상해 증권거래소와 선전 증권거래소는 1990년에 설립됐다. 역사가 30년 정도여서, 아직 가격 제한 폭이 낮은 편이다. 미국 뉴욕 증권거래소는 설립된 지 200년이 넘었다.

③ 주식시장 시가총액이 세계에서 가장 높다

우리나라는 세계 10위 수준의 경제 규모, 세계 7번째 5030클럽인구 5,000만 명, 국민소득 3만 달러 이상 가입, 유엔무역개발회의UNCTAD에서 선진국으로 분류하고 있다.

그러나 **전 세계 주식시장 시가총액 대비 우리나라 시장 비중은 2% 정도다. 반면에 미국은 50% 정도다.** 미국은 국가별 시가총액 비중으로 보면 1위며, 미국 증시의 시가총액 규모는 한국보다 25배나 더 크다. 무엇보다 미국 증시는 전 세계 증시에 많은 영향을 미친다. 미국 증시와 글로벌 증시는 연관성이 높다고 보면 된다. 안전하고 규모가 큰 미국 주식시장에도 분산 투자를 해야 하는 이유다.

④ 종목 기호를 알파벳으로 표시한다

우리나라의 주식 표준 코드는 총 12자리로 구성된다. 주식의 주민등록증이라고 생각하면 된다. 국명 코드 2자리, 코드번호 1자리, 해당 종목 코드번

호 5자리, 증권 종류 3자리, 검사 숫자 1자리다. 사용자의 편의성을 위해 12개의 숫자를 6자리 단축 코드로 사용한다.

미국 주식시장은 숫자 대신 알파벳으로 종목 기호를 표시한다. 예를 들면 스타벅스의 티커는 'SBUX'다. 메타 플랫폼스옛 페이스북는 'META', 넷플릭스는 'NFLX', 애플은 'AAPL' 등이다.

종목명이 긴 ETF나 주식 이름은 티커를 알고 있으면 좋다. 티커를 알아야 헷갈리지 않고 제대로 투자할 수 있다. 그리고 **티커를 알고 있다면 구글이나 다른 사이트에서 다양한 정보를 검색할 때 편리하다.**

⑤ 주식시장의 거래 시간이 길다

미국 주식시장은 정규 거래 시간을 제외하고도 프리마켓과 애프터마켓이 있다. 정규 거래 시간은 한국 시각으로 23:30~06:00다. 현지 시각으로는 09:30~16:00다.

프리마켓은 정규장이 시작되기 전 5시간 30분 동안 거래된다. 애프터마켓은 정규장 종료 후 4시간 동안 거래된다. 한국 시각으로 프리마켓은 16:00~23:30, 애프터마켓은 06:00~10:00다. 프리마켓과 애프터마켓 때 거래 가능 여부는 증권사별로 상이하다.

잠자러 가기 전인 정규 거래 시간에 매수 주문을 넣는 게 편하다. 프리마켓과 애프터마켓 거래보다 신경쓸 것이 적기 때문이다.

| 외화 증권 예탁결제 제도 구조 |

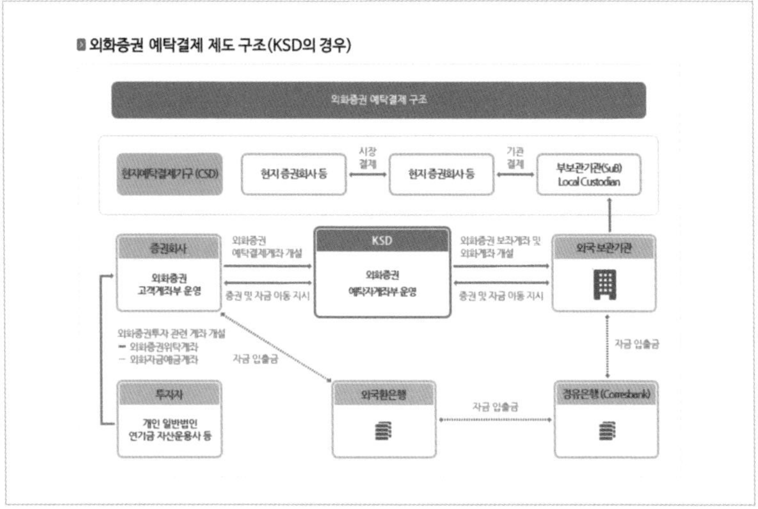

⑥ 자본시장법과 외국환시장법이 적용된다

우리나라에서 해외 ETF나 해외 주식에 투자할 때는 미국 현지에서 거래하는 경우가 아니라면 한국 증권사를 통해 거래해야 한다. **자본시장법과 외국환시장법이 적용되기 때문에 그렇다.**

그림은 외화 증권 예탁결제 제도의 구조를 설명하고 있다. 기관 투자자가 아닌 일반 투자자는 투자 중개업자를 통해 외화 증권을 매매해야 한다. 외화 증권 투자 전용계좌를 별도 개설하여 외화 자금을 송금하거나 회수한다. 그 핵심은 투자자가 증권 회사에서 개설한 외화 증권 위탁계좌로 투자한다는 내용이다.

한국예탁결제원KSD이 외화 증권 예탁결제 제도로 증권의 예탁, 권리, 페기까지 전 과정을 하나의 시스템으로 신속하고 정확하게 운영하고 있다. 그러나 국내에 투자할 때와 몇 가지 부분에서 다르다.

첫째, 다수의 금융기관이 개입한다. 각 증권사에서는 외화 증권 예탁결제 계좌를 개설해서 일반 투자자들의 해외 주식 매매를 처리한다. 이외에도 국제 증권거래기 때문에 다수의 외국 금융기관이 참여해서 복잡해진다.

둘째, 환율 위험이 있다. 국제 증권거래는 해당 국가의 통화로 결제되어야 한다. 따라서 투자자는 자국 통화를 환전해서 투자해야 한다. 환율에 따라 수익이 날 수도 있고, 손실이 발생할 수도 있다.

셋째, 법적 위험이 발생할 가능성이 존재한다. 국가마다 자본시장법과 발전, 정책 등이 다르다. 당연히 간접 보유하는 외화 증권에 문제가 생길 수도 있다. 만약 문제가 생긴다면 한국예탁결제원과 증권사 등에서 해결에 나설 것이다.

⑦ 미국은 장기 투자 자금, 기관 자금, 글로벌 자금 비중이 높다

미국에는 50대 후반 이후부터 연금으로 받을 수 있는, '401K'라고 불리는 퇴직연금 제도가 있다. 회사는 근로자 퇴직연금으로 급여의 3~6% 정도의 비율을 지원해준다. 참고로 미국의 20대 401K 가입자의 투자자산 비중은 TDF가 42%, 주식형 펀드가 32% 등이다. 많은 미국인이 '401K'로 노후 준비를 하고 있다.

미국은 우리나라보다 연금계좌에서 금융 투자 비중이 높다. 주식형 펀드,

TDF가입자의 생애 주기를 고려해 가입 시점부터 목표 시점까지, 미리 설정된 자산 배분 곡선에 따라 포트폴리오의 자산 배분을 자동으로 재조정하는 펀드, 금융 상품으로 퇴직연금을 적립한다. 주식시장에서는 주로 기관이 연금 자금을 운용한다. 즉 연금계좌의 특성상 기관에 적립된 장기 투자 자금이 많다.

기관이 주식시장에서 차지하는 비중도 높다. 미국 증시 시가총액에서 기관이 차지하는 비중은 70%대다. 미국 시가총액 TOP 10 기업의 기관 비중은 70% 이상이다.

기관은 주로 뮤추얼 펀드, 헤지 펀드, 연기금, 상업은행, 보험 회사, 기부기금 펀드를 말한다. 기관 자금 비중은 ETF, 주식형 펀드, 헤지 펀드, 연금계좌 순이다. 미국은 연기금과 기부기금의 주식 투자 비중이 높은 편이다.

해외 ETF 투자에 꼭 필요한 사이트

국내 ETF에 투자한다면 증권사 등에서 많은 정보를 얻어 활용할 수 있다. 반면에 해외 ETF에 투자한다면 참고할 수 있는 국내 정보가 상대적으로 적다는 것이 문제다.

무엇보다 해외 ETF가 국내 ETF보다 수익률이 훨씬 안정적이다. 해외 ETF는 미국 주식시장의 안정성과 함께, 최소의 노력으로 최대의 효과를 낼 수 있는 투자 수단이다.

다만 아무 정보도 없이 무조건 투자하는 '묻지 마 투자'는 피해야 한다. 최소한의 정보 정도는 반드시 확인한 후에 투자해야 한다. 기본적인 정보들은 지금 소개하는 사이트에서 확인할 수 있다.

좋은 도구는 생산성을 높여준다. 해외 ETF에 투자하려면 투자수익률 증

| etf.com 메인화면 |

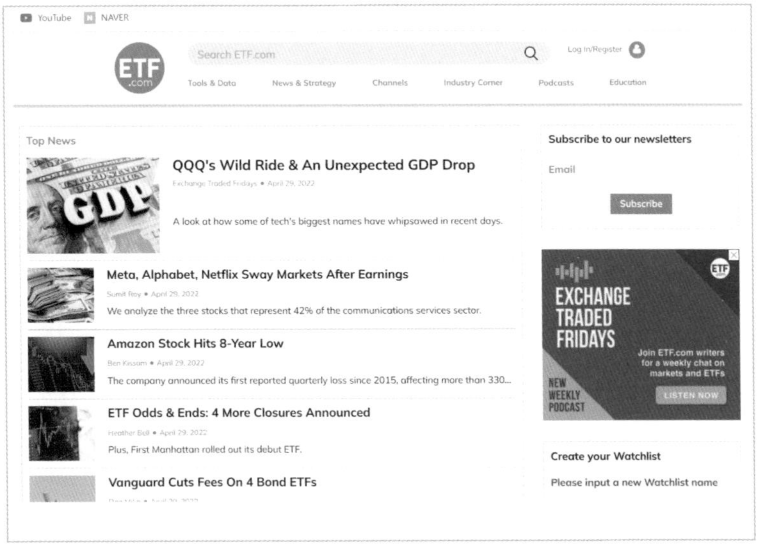

가를 위해 좋은 도구라 할 수 있는 사이트들에 주목해주길 바란다. 여기에서 소개한 사이트는 즐겨찾기를 해놓고 자주 방문하면, 투자에 필요한 정보를 수시로 업그레이드할 수 있다.

해외 ETF 투자에서 꼭 필요한 사이트는 두 곳이 있다. 그중 한 곳이 **etf.com**이다. 이 사이트의 상단 메뉴에서 4가지만 알면 된다.

메뉴 ①은 'Tools & Data'다. 여기에서는 Screener & Database와 Stock Finder가 유용하다. Screener & Database를 클릭하면 ETF Finder가 있어서 ETF를 다양한 조건별로 검색할 수 있다. 검색 조건에는 자산 유형, 투자 대상, 지역, ESG, 배당률, PER, PBR, 스타일, 기간별 수익률, 자산총액 등이 있다. 여기에서 자신이 찾는 투자 키워드를 검색하면 원하는 ETF를 정확하게 찾을 수 있다.

'Stock Finder'는 주식을 검색해주는 기능이다. 어느 ETF PDF에서 해당 주식의 비중이 가장 높은지, 어떤 ETF의 한 달 수익률이 높은지, 어떤 스타일 ETF PDF에 속해 있는지, 키워드 검색을 통해 확인할 수 있다.

메뉴 ②는 'News & Strategy'다. 여기에는 전문가가 쓴 칼럼, 산업 전망, 리포트, 투자 전략 등 ETF와 관련한 기사를 모아 놓았는데 투자에 참고하면 좋은 유용한 정보가 많다.

메뉴 ③은 'Channels'다. 여기에는 리츠, 채권, 고배당, IT 기술, 헬스케어 등 종류별 ETF 채널이 20개 이상이 있다. 개요, 핵심 통계, ETF 목록 등 각 ETF의 세부 내용을 참고할 수 있다.

개요에는 채널 ETF에 관한 간략한 설명이 있다. 해당 ETF의 종목 수, 시가총액 합계, 평균 운용보수 등을 알 수 있다. 핵심 통계에서는 한 달 상위 수익률과 하위 수익률 종목, 그리고 시가총액이 많이 상승한 종목과 많이 하락한 종목도 알 수 있다. ETF 목록에서는 채널에 해당하는 종목을 한눈에 확인할 수 있다.

메뉴 ④ 'Industry Corner'에는 Industry Perspective가 있다. ETF 운용사들의 ETF에 대한 간결한 견해들을 한 곳에서 볼 수 있다.

VettaFi.com은 해외 ETF 투자에 꼭 필요한 사이트로 앞에서 설명한 etf.com의 보완재로 활용하면 좋다. 전체적인 구성은 두 군데가 다 비슷한 편이다.

메뉴 ① 'ETF Database'에는 ETF 안내 책자가 있다. 가로축에서 알파벳순, 자금 흐름, 수익률, 시가총액, 운용보수, 배당을 선택할 수 있다. 세로축에서는 가로축에서 선택한 메뉴의 자산, 섹터, 산업, 지역, 국가, 채권, 사이즈, 스타일, 멀티 에셋 등의 검색 결과를 알 수 있다.

| vettafi.com 메인화면 |

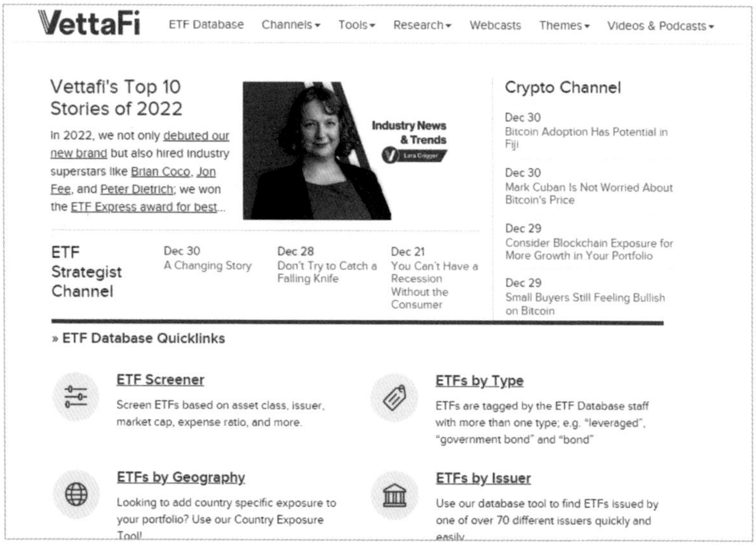

메뉴 ② 'Channels'에는 핵심 ETF, 전략적 자산 배분, 가치 투자, 레버리지·인버스, 테마 투자, 멀티 에셋 등 6개의 채널이 있다. 각 채널에서는 관련 기사와 리포트를 볼 수 있다.

메뉴 ③ 'Tools'는 etf.com과 구성이 비슷하다. 다양한 조건과 맞춤별로 ETF를 검색할 수 있다.

메뉴 ④ 'Research'에는 인컴 투자, 주식 투자, 에너지 투자, 대체 투자에 관한 정보를 볼 수 있다.

수많은 ETF 브랜드 사이트 중에 다음 소개하는 두 곳만 알아도 투자하는 데 큰 문제는 없다. 첫 번째로 소개하는 곳은 블랙록사의 **iShares.com/us**다. 상단 메뉴부터 살펴보자.

메뉴 ① 'Our Funds'에는 자산 유형과 투자 지역에 따라 ETF를 찾아볼 수

| iShares.com/us 메인화면 |

있다. 이 메뉴에서는 최대 4개의 ETF를 상세하게 비교해주는 검색도 할 수 있다.

메뉴 ② 'Investment Strategies'에는 투자 전략을 소개하는 메뉴로 포트폴리오 도구, 인컴 ETF, 채권 ETF 정보 등 ETF 전반에 대해 이해하기 쉽게 설명되어 있다. 그 밖에 팩터 전략, 글로벌, 섹터, 메가트렌드 정보도 살펴볼 수 있다.

메뉴 ③ 'Market Insights'에는 ETF, 인컴, 섹터, 글로벌에 관한 간략한 칼럼이 있다.

메뉴 ④ 'Education'에는 ETF와 Index에 관한 내용이 담겨 있다. ETF 개념, 뮤추얼 펀드와의 비교, ETF 생태계 등이 설명되어 있다. Index에는 인덱스 투자, 채권 인덱스, 스마트베타가 설명되어 있다.

메뉴 ⑤ 'Resources'에는 포트폴리오 모형을 포함한 각종 도구, 여러 가지 문서, 세금 자료가 있다.

| finance.yahoo.com 메인화면 |

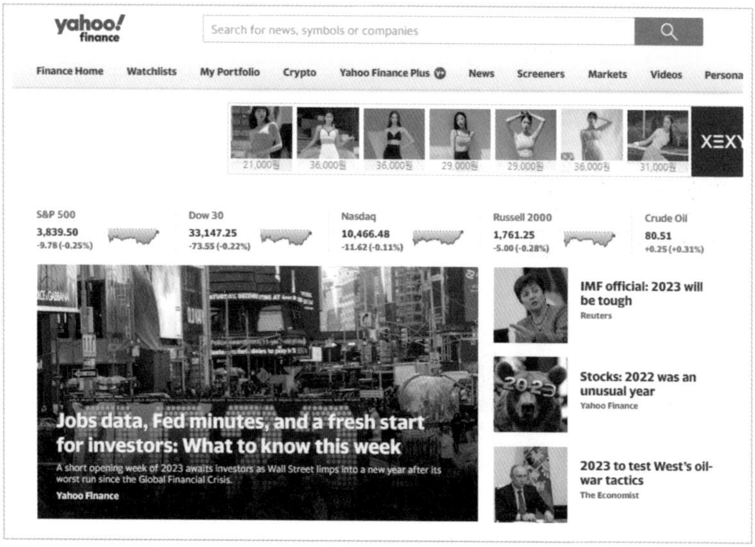

그다음 소개하는 곳은 야후 파이낸스사의 **finance.yahoo.com**이다. 메인화면의 상단 우측 메뉴에는 'Screeners'이 있다. 이곳에서 ETF와 주식, 펀드, 선물 등의 정보를 검색할 수 있다. 검색 결과 밑에는 관련 기사가 나온다.

그 옆에는 'Markets'이 있다. 주식시장 일정표, 세계 주요 지수, 상위 ETF, 상위 뮤추얼 펀드 등의 정보가 있다.

'News'에는 야후 파이낸스 소속 에디터들이 작성한 기사가 있다. 관심 있는 내용을 찾아 가볍게 읽기에 괜찮다.

| news.einfomax.co.kr 메인화면 |

지금까지 설명했던 사이트 가운데 유일한 국내 사이트다. 연합인포맥스는 TV 채널 23번인 연합뉴스의 자회사로 실시간 금융 정보 제공을 주요 사업으로 하는 금융 정보 회사다.

해외 ETF 투자를 위해서는 상단의 '국제뉴스' 기사만 참고하면 된다. 양질의 글로벌 기사가 많이 소개되며, 글로벌 경제 지표인 각국의 제조업PMI 지수, 금리, 달러, 실업률 등을 파악할 수 있다. 일일이 찾아보기 힘든 유용한 지표를 편리하게 한 곳에서 볼 수 있다는 장점이 있다.

채권 투자에 관심이 있다면 상단의 '채권/외환' 메뉴를 참고하면 된다. 중국 투자에 관심이 있다면 '중국 경제' 메뉴도 살펴보면 좋다.

해외 ETF 세금, 2가지만 알면 끝!

	매매 차익	분배금
해외 ETF 세금	양도소득세 22% 분리과세	배당소득세 15.4%
세금 특징	연 250만 원 기본공제, 손실 합산 가능, 세금 자진 신고	분배금을 포함한 금융수익이 2,000만 원 초과 시 종합과세 해당

해외 ETF 투자 시 알아야 할 세금에 대한 설명은 도표가 전부다. **매매 차익과 분배금만 알면 된다.** 매매 차익의 세금은 양도소득세 22%다. 그리고 분리과세가 된다. 분리과세로 인해 복잡한 계산이 필요 없이 수익의 22%를 세금으로 내면 된다.

참고로 국내 주식은 매매 차익에 대한 세금이 없다. 그런데도 필자가 해외 ETF에 투자하는 이유는 세금을 내더라도 국내 주식보다 마음 편하게 투자할 수 있기 때문이다. 참고로 해외 ETF 세금은 해외 주식과 같은 세금 체계를 따른다.

{(매도한 수익 ± 당해 실현 손익) – 연 250만 원} × 22% = 매매 차익 세금

위 수식은 해외 ETF 매매 차익 세금을 계산하는 방식이다. 매매 차익을 계산할 때 매도한 수익이 있어도 당해 실현 손익을 합산한다. 해외 ETF는 손실 합산이 가능하기 때문이다.

그후 수익에서 매년 있는 기본공제 연 250만 원을 제외한다. 그리고 22%를 계산하면 끝이다. 그리고 해외 주식과 해외 ETF는 세금 체계가 같다.

	1년 총 실현 손익	연 250만 원	세율 22%	매매 차익 세금
①	+750	–250	22%	110만 원
②	+1,500–250	–250	22%	220만 원
③	+1,500–400+500–200	–250	22%	253만 원

①은 실현 손익 750만 원에서 기본공제를 제하고 세율을 곱하면 세금은 110만 원이 된다. ②는 실현수익 1,500만 원에서 손실 250만 원을 합산한 후 기본공제를 제하고 세율을 곱하면 세금은 220만 원이 된다. ③은 총 실현 손익 2,000만 원에서 총 손실 600만 원을 합산한 1,400만 원에서 기본공제를 제하고 세율을 곱하면 세금은 253만 원이 된다.

연말에 양도소득세를 계산할 때, 해외 주식 세금 계산 수식을 참고하길

바란다. 투자자는 매년 5월에 양도소득세 자진 신고를 해야 한다. 몇몇 증권사는 해외 주식 양도소득세 대행 신고 서비스를 제공한다. 자진 신고를 하지 않으면 가산세가 붙을 수도 있다.

해외 ETF는 세금을 생각할 때 매매 차익과 분배금 세금을 분리해서 생각해야 한다. 해외 ETF 분배금 세율은 이자수익이 2,000만 원 이하라면 배당소득세 15.4%다. 분배금을 포함한 다른 금융소득이 2,000만 원을 초과한다면 종합소득세 과세 대상이 된다. 금융수익에 근로소득, 사업소득, 기타소득 등을 포함해서 세율을 생각해야 한다.

과세표준은 8가지 구간이 있다. 대부분의 직장인은 ②번 또는 ③번 세율 구간에 해당하는 경우가 많다. 예를 들어 ②번에 속한 종합소득이 4,000만 원인 A의 경우, 세금은 600만 원에서 누진공제 108만 원을 제하면 492만 원이 된다.

③번에 속한 종합소득 5,000만 원인 B의 경우, 세금은 1,200만 원에서 누진공제 522만 원을 제하면 678만 원이 된다. 이때 B의 과세표준을 4,500만

	종합소득세 과세표준	세율	누진공제액
①	1,200만 원 이하	6%	-
②	1,200만 원 ~ 4,600만 원 이하	15%	108만 원
③	4,600만 원 ~ 8,800만 원 이하	24%	522만 원
④	8,800만 원 ~ 1억 5천만 원 이하	35%	1,490만 원
⑤	1억 5천만 원 ~ 3억 원 이하	38%	1,940만 원
⑥	3억 원 ~ 5억 원 이하	40%	2,540만 원
⑦	5억 원 초과 ~ 10억 원 이하	42%	3,540만 원
⑧	100억 원 초과	45%	6,540만 원

원으로 낮출 수 있으면 세금은 567만 원이 된다.

소득의 차이는 500만 원이지만, 세금의 차이는 111만 원이다. 공제 항목을 활용하면 과세표준을 낮출 수 있다. 아니면 **배당락일 전에 매도했다가 추후 다시 매수하는 방법도 있다. 그렇게 되면 배당금을 받지 않기 때문에 이자수익이 줄어든다.**

PART 2

해외 ETF 심화

해외 ETF 투자 원칙

세계적인 투자의 귀재 워런 버핏에게는 2가지 투자 원칙이 있다.

1. 원금을 잃지 마라.
2. 첫 번째 원칙을 절대로 잊지 마라.

워런 버핏은 원금을 잃지 않는 것을 최우선 순위로 생각하고 투자한다. 원금을 잃지 않는 건 투자에서 손실을 절대 보지 않겠다는 뜻이다. 손실만 아니라면 이익인 상태이거나 아니면 다음 투자 기회가 올 때까지 기다릴 수 있다. 그는 이 원칙을 평생 가슴속에 새기고 40년 이상 주식 투자를 해서 세계적인 부자가 됐다.

ETF에 투자할 때도 워런 버핏처럼 투자 원칙을 갖고 시작해야 한다. 여기서 말하는 투자 원칙이 꼭 정답은 아니다. 하지만 자기만의 투자 원칙 2~3가지를 꼭 만들어 지키길 바란다.

투자 원칙은 급변하는 환경과 투자 심리가 흔들릴 때, 가야 할 길을 알려주는 등대와 같다. 투자 원칙을 갖고 있으면 혼란스러운 상황이 와도 원칙대로 투자할 수 있다.

이제 해외 ETF 투자 원칙에 대해 하나하나 알아보자.

손절매 기준을 정하자

손절매하는 이유는 추가 손실을 막기 위한 것과 심리적 안정감 때문이다. 손절매는 주식 투자할 때 사용하는 용어다. 주가가 내려가면 손해보고 팔아서라도 추가 하락에 따른 손실을 피하는 것을 말한다. 주식 투자에 추세라는 용어가 있다. 추세는 일정 기간 같은 방향으로 계속 움직이려는 경향을 말한다. 하락하고 있는 주가는 관성의 법칙처럼 계속 하락하고, 상승하는 주가는 계속 상승하려는 경향이 있다.

하락 추세에 있는 ETF는 주가가 어느 정도까지 떨어질지 모르니까, 추가 손실을 방지하기 위해 손절매하면 좋다. 손절매한 ETF가 다시 상승할 수도 있다. 그렇다면 손절매한 금액에서 주가가 5% 정도 상승하면 다시 매수하자.

손절매하면 손해보는 금액은 작지만, 손절매하지 않으면 손해보는 금액이 얼마인지 알 수 없다. 지금 주가가 지하실이라고 생각했는데 그 밑에 심해가 있다. 심해보다 더 아래에 있는 맨틀까지 주가가 내려갈 수 있다. 손절매하지 못해서 어쩔 수 없이 장기 투자로 이어지는 경우가 주식 투자에서는 비일비재하다.

손절매하는 또 다른 이유는 심리적 안정감 때문이다. 사람은 심리적으로 손실 회피 성향이 있다. 손실 회피 성향은 손실을 확정 짓는 걸 회피하려는 심리를 말한다. 보통 이익보다 손실일 때, 2배나 많은 고통을 받는다고 한다. 사람은 기본적으로 손실이 발생하는 것, 무언가를 잃는 것을 매우 싫어한다. 그래서 그것을 우선적으로 피하려고 한다. 대부분의 경우 이런 경향은 논리적인 사고보다 우선해서 우리 결정에 영향을 미친다.

우리는 조삼모사朝三暮四의 고사를 읽고 원숭이의 어리석음에 웃을지 모르지만, 인간도 이와 비슷하다. 사람에게 적용된 조삼모사의 사례를 보자.

무서운 전염병이 돌아 600명이 사망할 것이라는 예측이 나왔다. 정부는 두 가지 대책을 세웠다. 여러분은 어느 것을 선택하겠는가?

A : 200명은 확실하게 살린다.

B : 600명 모두 살 수 있는 확률은 $\frac{1}{3}$, 모두 살 수 없는 확률은 $\frac{2}{3}$다.

통계에 따르면, 압도적으로 많은 사람이 A를 선택했다. 그러자 다음처럼 대책을 바꾸었다.

A : 400명은 확실하게 죽는다.

B : 600명 모두 살 수 없는 확률은 $\frac{2}{3}$, 모두 살 수 있는 확률은 $\frac{1}{3}$이다.

이번에는 압도적으로 많은 사람들이 B를 선택했다. 그러나 위 두 문항은 같은 내용이다. 말의 뉘앙스에 속아 잘못된 판단을 한다는 것이다.

이처럼 손실 회피 성향은 투자자에게 강한 영향을 미친다. 보유 중인 ETF를 손절매 기준에 맞춰 손해보고 매도한다는 건, 진짜 쉬운 일이 아니다. 그러나 손절매하면 손실 회피 성향을 이겨낼 수 있다.

손절매 기준은 본인이 투자했던 가격의 -10% 전후에서 설정하면 된다. 주가는 어느 정도 탄력적인 움직임을 보이기 때문에 -3% 또는 -5% 같은 기준은 추천하지 않는다. 재수 없게 주가가 오전에 -3%여서 팔았는데, 오후에 장 종료 후 +3%가 될 수도 있기 때문이다.

−20%를 넘어가면 손실이 너무 크다. 그래서 −10%, -12%, −15% 이 3가지 중 한 가지를 손절매 기준으로 설정하는 것을 추천한다.

사람들이 투자할 때 많이 하는 오류가 한 가지 있다. 보통의 투자자들은 많이 상승한 주식을 팔고, 많이 하락한 주식은 계속 갖고 있는 경향이 있다. 그러나 투자로 수익을 보려면 이와 반대로 해야 한다. **상승하는 주식은 계속 갖고 있고, 하락하는 주식을 팔아야 한다. 손실은 짧게 수익은 길게 가져가야, 더 큰 수익이 생기기 때문이다.**

집중 투자를 하자

ETF에 투자한다면 집중 투자를 추천한다. 집중 투자는 소수 종목에 집중적으로 투자하는 방식이다. 집중 투자의 반대말은 분산 투자다. 분산 투자는 다양한 종목에 폭넓게 투자해 위험성을 낮추는 투자 방식이다.

	한 종목 올인 투자	집중 투자	분산 투자
수익성	제일 높다	중간이다	제일 낮다
안정성	제일 낮다	중간이다	제일 높다
투자 방법	어렵다	중간이다	쉽다

ETF는 그 자체로 분산 투자된 상품으로 2~5종목에 집중적으로 투자해도 괜찮다. ETF는 2~5종목이어도 주식형 ETF라면 PDF에 최소 20~50종목 이상이 분산 투자되어 있다. 투자금이 크다면 분산 투자하는 게 안전하지만, 우리는 투자를 이제 시작하려는 입장으로 투자금이 크지 않다.

매월 일정 금액으로 좋은 ETF 2~5종목을 사서 적립식으로 모아 가는 방법을 추천한다. 펀드에 투자하는 것처럼 매달 ETF를 사서 모아 간다고 생각하면 마음 편하게 투자할 수 있다.

집중 투자가 아닌 투자 방식으로는 한 종목 올인 투자와 분산 투자가 있다. 이 2가지 방식으로 투자했을 때를 알아보자.

한 종목에 올인 투자를 한다면 집중 투자보다 높은 수익을 볼 수는 있다. 그러나 높은 수익보다 손해볼 가능성이 더 크다. 올인 투자가 손실인 상황이라면 그동안 투자한 시간이 의미가 없어진다. 집중 투자나 분산 투자 방법으로 투자했으면 약간의 수익은 보는 건데, 그 수익도 없는 상황이다.

올인 투자로 수익이 나면 정말 실력이 좋은 건지 운이 좋은 건지 알 수 없다. 한 번의 올인 투자가 아니라 계속해서 올인 투자로 수익을 올린다면, 그건 실력이 좋은 투자자다. 그런 투자자는 워런 버핏만큼이나 손에 꼽을 만큼 귀하다. 하지만 우리의 목표는 워런 버핏이 아니지 않는가?

그다음 5종목 이상의 분산 투자했을 때를 알아보자. ETF는 기본적으로 분산 투자가 된 상품이다. 분산 투자된 상품을 한 번 더 분산 투자하면 확실히 위험이 낮아져서 안전하다.

안정성과 수익률은 정반대로 움직인다. 안전하면 수익률은 낮아지고, 수익률이 높으면 안정성이 낮아진다. 수익률이 높으면서 안전한 투자 수단은 거의 없다고 생각해야 한다.

한 종목 올인 투자는 수익 가능성은 크지만, 안정성은 가장 낮은 투자 방법이다. 집중 투자는 수익 가능성과 안정성도 중간이다. 분산 투자는 안정성은 크지만, 수익 가능성이 작다. **여러 가지 점들을 고려하면 ETF 투자에는 집중 투자가 꽤 괜찮은 방법이다.**

해외 ETF 투자 습관

앞에서 해외 ETF 투자 원칙을 살펴봤다. 이제부터 투자 습관과 투자 성향에 대해 알아보자.

사람들은 각자의 생각과 행동을 반복하며 산다. 이것들이 모여 습관을 이룬다. 투자도 마찬가지다. 좋은 습관은 수익을 낳고, 나쁜 습관은 손실을 낳는다. 투자 성향은 금융기관에서 상품에 가입할 때 확인하는 항목이다. 자기 자신이 위험을 감수하는 적극적인 투자자인지, 안정 지향적인 투자자인지 알면 투자하는 데 로드맵을 정확히 파악할 수 있다.

꼭 가져야 할 좋은 투자 습관과 꼭 버려야 할 나쁜 투자 습관을 알아보자.

투자 공부의 생활화

첫 번째, 투자 공부의 생활화다. 1순위로 강조하고 싶은 투자 습관이다. 대부분은 중·고등학교 학창 시절이나 사회생활을 하면서도 투자에 대해 제대로 배웠던 적이 없을 것이다. 사실 투자는 스스로 공부하고 실천해야 하는 거라 쉽지만은 않다.

무엇보다 투자는 정답이 정해져 있는 객관식 문제가 아닌 주관식 문제다. ETF 투자 말고도 주식이나 부동산에 투자해서 수익이 생겨도 투자에 성공한 것 아닌가? 투자 수단에 차이가 있는 것뿐이지 ETF, 주식, 부동산, 코인 등 자기 스타일에 맞는 방법을 공부해서 투자하면 된다.

투자 공부는 매일 20분 이상 또는 주말에 딱 하루 2시간 이상 꾸준히 하는 것을 습관으로 만들어야 한다. 투자 공부는 학창 시절 숙제나 과제처럼 강제성이 없고, 자율적으로 하는 거라 마음을 다잡기가 쉽지 않다. 우리의 일과는 많은 부분이 습관으로 이루어져 있다. 투자 공부도 습관으로 만들어야만 꾸준히 공부할 확률이 높아진다.

습관 하나를 만들려면 평균 21일, 약 3주에서 4주 정도가 필요하다. 오늘부터 시작해 여유 있게 한 달 동안 투자 공부를 습관으로 만들어보자.

투자 목표 생각의 습관화

두 번째, 투자 목표 생각의 습관화다. 스스로 투자하는 이유를 목표로 정해서, 그 목표에 대해 계속 생각하는 것을 습관으로 만들자는 뜻이다. 뚜렷한 목표가 있으면 강한 동기부여가 된다. 예를 들면 토익 시험에서 목표 점수 800점을 받기 위해 공부하는 사람과 목표 점수 없이 그냥 공부하는 사람 중에서, 누가 더 토익 공부에 동기부여가 되겠는가?

앞에서 투자는 강제성이 없고, 자율적으로 하는 거라고 했다. 스스로 투자 목표를 설정해 투자할 때 강한 동기부여를 받는다. 그렇다면 투자 목표는 어떻게 세워야 할까?

개개인이 처한 상황이 전부 다르니, 획일적인 투자 목표가 아니라 본인의 상황에 맞는 투자 목표를 세워야 한다. 투자 목표는 큰 그림을 그리고 1년 단위로 설정하는 것을 추천한다. 1년 미만은 성과를 만들기에 짧은 시간이어서 마음이 조급해진다. 1년 이상은 긴 시간으로 마음이 나태해지기 쉽다.

큰 그림은 본인이 이루고 싶은 최종 목표를 말한다. 나는 몇 억 원을 만들겠다든지, 매달 300만 원 이상의 현금 흐름을 만들겠다든지, 어느 지역에 꼬마 빌딩을 갖고 싶다는 것과 같이 구체적인 큰 그림을 설정하면 된다. 큰 그림인 투자의 최종 목표와 1년 단위 투자 목표를 정했다면, 이걸 자주 보면서 생각하고 머릿속에 각인시켜 이미지화하는 습관을 만들어야 한다.

그러기 위해서는 명함 크기 종이에 최종 목표와 1년 단위 투자 목표를 적어서 지갑에 갖고 다니는 것을 추천한다. 지갑에 넣고 자주 보면서 목표를 머리와 가슴 깊은 곳에 저장하기를 바란다. 필자도 매년 투자 목표와 올해 이루고 싶은 목표를 종이에 써서 늘 지갑에 갖고 다니면서, 꾸준히 마음속에 되새기고 있다.

피해야 할 투자 습관으로는 '묻지 마 투자'가 있다. 이건 가장 피해야 할 습관이다. 부동산 투자는 그렇게 하지 않으면서, 주식 투자는 유독 묻지 마 투자가 심하다. 주식 투자할 때 다른 사람이 추천해서 투자한 경우가 한 번씩은 있지 않은가?

다른 사람이 추천한 종목에 투자해서 수익이 생기면 다행인데, 손실을 보게 되면 그 사람이 싫어진다. 사실 투자에 대한 책임과 결과는 본인 스스로가 져야 하는데 말이다. 이런 경우를 미리 방지하려면, 다른 사람이 추천해준 종목도 꼭 스스로 공부하고 확인한 후에 투자 여부를 결정해야 한다.

처음 투자를 시작할 때 다른 사람이 추천해준 종목 위주로 투자하게 되면, 그 방법이 곧 습관이 된다. 그렇게 계속 반복하다 보면, 몇 년 뒤 투자금이 많아졌을 때도 같은 방식으로 투자하게 된다. 사람은 본디 편한 게 좋고, 원래 하던 방식이 좋다. 다른 사람이 추천해준 종목에만 계속 투자하면 장기적으로 큰 손해다. 다른 사람은 절대 나의 손실까지 책임져 주지 않는다.

또 다른 피해야 할 투자 습관으로는 목표수익률을 너무 높게 잡는 것이다. 부동산 투자보다 ETF 투자를 할 때 유독 목표수익률을 높게 잡는다. 목표수익률을 너무 높게 잡으면 심리적으로 조급해진다. 목표수익률이 30%인 투자자와 10%인 투자자가 있을 때, 누가 더 목표수익률을 달성할 가능성이 크겠는가?

목표수익률을 너무 높게 잡으면 실력보다 욕심이 앞서게 되고, 마음 편한 투자가 어렵다. 처음 ETF 투자를 한다면, 목표수익률을 10% 이하로 설정하는 게 좋다. ETF 투자는 부동산 투자와는 달리 쉽게 사고팔 수 있기에 심리적 안정이 무엇보다 중요하다. 심리적 안정 없이 너무 자주 사고팔다 보면, 대다수 투자자가 수익보다 손실을 본다.

좋은 행동은 계속하면 습관이 된다. 나쁜 행동을 계속하면 버릇이 된다. 꼭 앞에서 말한 습관을 만들고 버릇은 버리기 바란다.

해외 ETF 투자 심리

ETF 투자를 할 때는 주식 투자처럼 투자 심리가 대단히 큰 영향을 미친다. 가장 큰 이유는 대박을 바라기 때문이다. 부동산에 투자하면서 하루에 10% 상승을 바라지 않는다. 그러나 주식 투자를 할 때는 하루에 10% 상승을 바란다.

실제로 미국 주식시장은 상한가와 하한가 제도가 없다. 그래서 하루에 100% 이상 급등락도 가능하다. 하지만 실제 미국의 전체 상장 종목 8,000여 개 중에서, 하루에 등락 폭이 ±30% 이상인 종목은 10개 미만이다.

필자가 ETF 투자할 때 언제나 생각하는 심리적인 요인 4가지가 있다. 천천히 살펴보자.

마음 편한 투자를 하자

필자가 대학생 시절이었다. 이때 주식 투자를 처음 시작했는데 대학교 2~3학년 때는 등록금으로 받은 장학금을 한 종목에 투자했다. 지금이라면 절대 그렇지 않겠지만, 아무것도 몰랐던 때여서 젊은 패기로 투자했었다.

투자했던 주식의 평단가평균 매수 가격가 3천 원대 중반이었다. 그런데 이 주식이 몇 달 후에는 1천 원대까지 떨어졌다. 생각해보니 계좌에 수익률이 −70% 가까이 됐다.

이때 드는 생각은 '음, 꽤 많이 떨어졌네. 추석 연휴니까 할머니 집에 가서 인사드리고 맛있는 거 먹어야겠다'였다. 그때는 투자금도 소액이어서, 주식에 대해 크게 신경쓰지 않고 생활할 수 있었다.

그런데 이 주식이 6개월 후부터는 폭발한 화산처럼 주가가 상승하기 시작했다. 1천 원을 돌파하고, 2천 원을 돌파해서, 8천 원대까지 상승했다. 주식을 갖고 있으면 계속 오를 줄 알았다. 그러나 주가가 8천 원을 찍고 나서 7천 원, 6천 원, 4천 원대까지 하락했다. 필자는 4천 원대에 주식을 팔았다. 이렇게 이 종목에 대한 1년 동안의 투자가 끝났다.

솔직히 진짜 운이 좋아 수익을 볼 수 있었다. 아무것도 모르고 그냥 이 주식이 괜찮다는 생각으로 투자했던 거였으니까. 이 주식에 투자했던 경험이 필자의 투자 가치관을 바꿔 놓았다. '대학생 때 그런 경험을 했으니 앞으로는 마음 편한 투자를 하자', '스트레스받지 않고 밤에 두 다리 쭈욱 뻗고 잠잘 수 있는 투자를 하자'라고 다짐했다.

개인마다 자신에게 잘 맞는 투자 스타일이 있다. '나는 한 종목에만 투자해도 마음이 편해', '나는 분산 투자하는 게 마음이 편해'처럼 다양한 스타일이 있다. 당신에게 맞는 투자 스타일은 무엇인가? **투자 스타일은 자신의 성격을 기준으로 알아보면 쉽게 파악할 수 있다.**

남 탓 하지 말고 내 탓 하자

투자 실패의 원인을 남 탓으로 돌리는 투자자와 내 탓이라고 깨끗하게 인정하는 투자자 중, 어느 투자자가 성공할 확률이 높을까?

여러분은 어느 쪽에 서 있는가. 대부분의 투자자는 투자 실패의 원인을 외부 요인에서 찾는다. 2020년 들어서는 코로나 팬데믹으로 인해 엄청난 폭락장이 나왔다. 하지만 이런 상황은 코로나 팬데믹이라는 특수한 경우로 모두가 손실을 보고 있던 때다.

이런 예외적인 상황이 아닌 일반적인 투자 환경에서도 손실을 보면서 계속 남 탓만 한다면, 이런 부류의 투자자는 장기 투자든 단기 투자든 자신에게 맞는 매매 방법을 찾으려 노력하지 않는다. 단지 소문에 의한 투자만을 일삼는다.

투자 실패의 원인을 자신에게서 찾는 투자자는 먼저 자신이 세운 투자 원칙에서 잘못된 부분부터 검토하기 시작한다. 이런 과정을 거쳐 자신에게 맞는 매매 원칙을 찾아가고, 그것을 계속해서 보완해 확실한 자신만의 매매 방법을 만들어간다.

여기서 "내 탓이요."라고 말하는 투자자는 자신의 무능만 탓하면서 좌절감에 빠진 사람을 의미하진 않는다. 실패라는 결과가 자신 앞에 닥쳤을 때, 그 실패를 극복하기 위한 자각이 있는 사람을 의미한다.

일반적인 승리자는 남과의 경쟁에서 이긴 사람들의 것이지만, 진정한 승리자는 언제나 자신과의 경쟁에서 이긴 사람을 의미한다. 다른 사람을 향해 있던 칼끝을 자신에게로 돌려보라. 시장을 이기려 하기보다는 자신과 싸우는 큰 싸움을 하자.

완벽할 수 없다

우리 사회는 실수에 관대하지 못하다. 창업해서 사업이 망했다고 가정해보자. 이렇게 되면 신용불량자가 되어 생활이 더욱 힘들어진다. 신용불량자가 되면 새로운 사업을 꿈꾸는 건 엄두를 내지 못한다.

이에 반해 미국은 이런 면에서 자유롭다. 보통 2~3번 정도는 창업해서 실패하더라도 꾸준히 도전해 성공 가도를 향해 달린다. 미국 샌프란시스코 실리콘밸리에는 애플, 구글, 페이스북과 같은 세계적인 IT 기업 본사가 몰려있다. 이들 기업의 공통점은 차고나 대학 기숙사와 같은 작은 공간에서 시작해 지금의 글로벌 기업이 되었다는 것이다.

미국은 '이번에는 실패했지만, 다음 창업 때는 지난 경험을 살려서 더 잘해보자'라고 생각한다. 그러나 한국은 '이번 창업이 잘못되면, 일상생활조차 할 수 없는 나락으로 떨어질 게 뻔하고, 신용불량자가 되어 다시 재기할 수 없을 거야'라는 생각이 강하다.

투자를 하는 데 있어서도 완벽할 수 없다. 실수할 수도 있고 운 좋게 많은 수익을 볼 수도 있다. 은행 예금이 아닌 이상 투자에 '100%' 성공이라는 단어는 존재하지 않는다. 투자는 리스크를 갖고 수익을 추구한다. 단지 낮은 리스크를 안고 낮은 수익을 추구하는지, 높은 리스크를 안고 높은 수익을 추구하는지의 차이가 있을 뿐이다.

20대의 젊은이라면 지금부터 많은 경험을 쌓는다면 30~40대가 됐을 때 안정적으로 수익률을 추구할 수 있다. 30대 후반에 처음 투자에 관심을 두고 시작하려는 사람과 20대 후반부터 10년 동안 관심을 두고 투자한 사람 중 누가 더 잘하겠는가?

사실 책을 읽는 것이나 강의를 듣는 것보다 자신이 직접 투자를 경험해보는 것이 가장 좋다. 그러나 모든 경험을 직접 할 수 없으므로 간접 경험이라는 책, 신문, 강의를 듣는 것 아니겠는가?

여러분이 투자를 시작한다면 처음에는 작게 시작했으면 한다. 예를 들어 1,000만 원이 있더라도 100만 원 이하로 투자를 처음 시작하는 것이다. 이렇게 작게 시작해서 점차 키워 나가면 된다. 작게 시작해서 혹시라도 잘못되더라도 생활하는 데 큰 영향이 없다. 그러나 내가 가진 투자금에 마이너스 통장과 증권사 신용 대출까지 사용해서 투자를 시작하면, 망할 확률이 95% 이상이라고 확실하게 말하고 싶다.

인간은 원래 완벽한 존재가 아니니, 작게 시작해서 경험을 쌓아 가기를 추천한다. 지금은 100세 시대다. 요람에서 무덤까지 생애 주기 전반에 걸쳐 투자는 계속된다. 치매가 오기 전까지 투자는 평생 하는 것이다. 아마도 과학기술이 좋아져서 치매를 정복하는 날이 오면, 하늘나라로 가기 전까지 투자를 계속할 것이다.

완벽할 수 없으니 작게 시작해서 경험을 쌓아 나가자. 지금부터 시작해도 우리에게 투자할 수 있는 시간은 많다.

과도한 욕심을 경계하라

세계적인 주식 투자자 워런 버핏의 연평균수익률은 20%다. 수익률 20%면 적다고 생각할 수 있다. 워런 버핏은 35년간 연평균수익률 20%로 세계적인 거부가 됐다. 직접 투자를 시작해보면 연평균수익률 10%대는 개인 투자자 상위 10% 안에 드는 성적표다. 필자의 목표수익률은 세금공제 후 연 10%다.

부자들은 시스템을 만들어 일하지 않고도 소득을 발생시키는 파이프라인에 관심이 많다. 배당주 ETF가 대표적인 파이프라인으로 꼽힌다. KB금융에서 발표한 '2018년 한국 부자 보고서'에 따르면 부자들이 보유한 금융자산은 평균 23억 원이다. 23억 원에서 10% 수익률이면 2억 3천만 원, 5% 수익률이라 해도 1억 1,500만 원이다. 매년 1억 1,500만 원을 생활비로 사용해도 원금 23억 원은 그대로 있다. 오히려 부자들의 금융자산은 더 증가한다.

사실 우리 같은 개인 투자자들은 투자금이 적기 때문에 고수익을 목표로 하는 경우가 많다. 고수익을 목표로 하다 보니 욕심이 생기고 실수하게 된다. 투자하는 데 있어서 급해질 이유가 없다. 오늘 투자를 못하고 다음 달에 투자한다고 해도 뭐라고 하는 사람은 아무도 없다. 사람의 과도한 욕심이 화를 부른다. 연평균수익률 7~10%를 목표로 한다면 과도한 욕심을 많이 줄일 수 있다. 여러분의 마음속 목표수익률은 몇 퍼센트인가?

투자하는 데 있어서 집중 투자보다 분산 투자를 강력하게 추천한다. 나중에 투자 경험이 많이 쌓여서 안정적인 수익을 얻는 상황이 아니라면 분산 투자가 좋다. 분산 투자하면 수익률은 낮아지지만, 안정성이 높아진다. ETF 투자는 자연스럽게 분산 투자가 된다.

투자는 많이 버는 것보다 잃지 않는 것이 더 중요하다. 과한 욕심을 갖고 투자하면 생각과 마음이 급해지고 행동이 조급해진다. 이렇게 되면 실수하게 될 가능성이 크다. 욕심을 내려놓고 투자하면 큰 손해볼 확률이 현저히 줄어든다.

앞에서도 말했지만, 우리에게 투자할 수 있는 시간은 많다. 외부 환경이 문제가 아니라 내부 환경인 우리의 마음이 투자의 가장 큰 적이다. 대부분 다른 사람에게는 엄격하면서 나 자신에게는 관대하지 않은가? 필자도 자신에게 엄청 관대하다. 사람이라면 어쩔 수 없는 마음인 것 같다. 욕심이라는 적을 분산 투자로 작게 만들어서 투자에 도전하자.

해외 ETF의 5가지 메가트렌드

'메가트렌드에 투자할 수 있는 상품이 있을까?'

이 질문에 답은 바로 해외 ETF 투자다. 해외 ETF는 실체가 있는 기업의 주식이나 부동산 같은 물질에도 투자하지만 트렌드, 사회 현상, 관념 같은 비물질에도 투자할 수 있다는 장점을 가지고 있다. 갑자기 '관념' 같은 눈에 보이지 않는 것에도 투자할 수 있다는 말이 의아하게 들릴 것이다.

예를 들어 환경, 사회, 지배 구조 같은 비재무적 요소를 고려하는 ESG 투자가 있다. 선진국과 신흥국, 전 세계라는 관념에도 투자할 수 있다. 공포 지수라고도 불리는 VIX 지수의 변동성에도 투자할 수도 있다.

필자가 생각하는 '메가트렌드'는 5가지다.

① 시간을 뺏는다

365일, 24시간 대부분 켜져 있다. 인터넷과 연결이 안 되거나 눈에 안 보이면 불안해진다. 매일 많은 시간을 자발적으로 할애하고 있다. 바로 스마트폰이다. 2007년 애플이 아이폰을 공개하면서 본격적인 스마트폰 시대가 시작됐다. 그 이후로 16년이 지난 지금 스마트폰 하나로 유튜브, 온라인 쇼핑, 모바일게임, 음악 감상 등 많은 일을 할 수 있게 됐다.

일상에서 많이 사용하는 서비스나 제품에 좋은 투자 기회가 있다. 카카오톡은 카카오, 유튜브는 구글, 인스타그램은 메타 플랫폼스, 넷플릭스는 넷플릭스 주식에 투자하는 것이다. 아니면 이들 회사가 포함된 해외 ETF에 투자할 수도 있다.

소셜미디어에만 투자하는 **SOCL**, 핀테크에만 투자하는 **FINX**, 게임에만 투자하는 **GAMR** 등의 ETF도 있다. 커뮤니케이션 서비스라는 새로운 섹터에 투자하는 **XLC**도 있다.

| 카카오톡, 유튜브, 넷플릭스, 인스타그램 로고 |

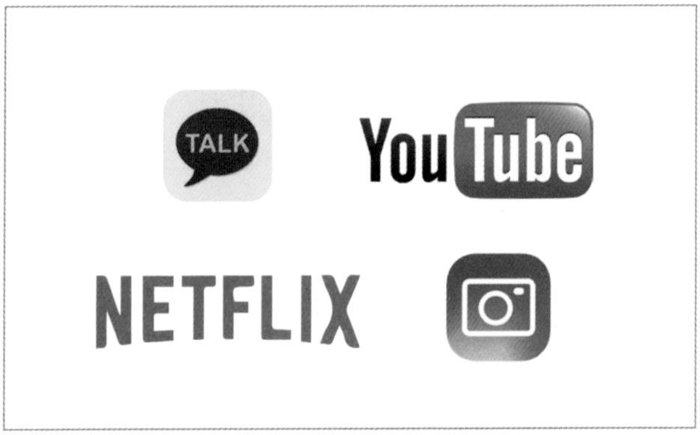

참고로 시간 외에도 사람들의 관심과 감각을 많이 뺏는 대상에 투자하는 것도 나쁘지 않다. 소비자의 관심은 지금 투자하는 데도 중요한 요소지만, 앞으로는 관심의 세분화 경향으로 인해 더욱더 중요해질 것 같다. 그 대표적인 예로 AR과 VR이 소비자의 감각을 뺏기 위해 점차 성장하고 있다.

② 초연결화

다보스포럼의 회장 클라우스 슈밥은 "이제 세상은 IoT를 통해 모든 것이 연결되는 완전히 지능화된 사회로 변할 것이다."라고 말했다. 2019년에는 '구글, 아마존, 애플, 테슬라가 그리는 10년 후 미래'라는 부제로 《초연결》이라는 책이 출간됐다. 초연결은 사람과 사물이 거미줄처럼 촘촘하게 연결되는 것을 말한다.

초연결화가 진행되면 영화에서만 봤던 장면들이 현실이 된다. 자동차는 인터넷과 연결되어 자율주행차가 된다. 집안의 모든 기기가 연결되면 홈 IoT가 되고, 도시가 연결되면 스마트시티가 된다. 현실이 가상이 되고, 가상이 현실이 되는 것이다. 그러면 현실과 디지털이 완전히 결합할 수 있다.

5G, 클라우드, AI, 빅 데이터, 소형 센서 같은 전제 조건이 갖춰지면 이 모든 것은 빠른 속도로 연결될 것이다. 초연결화와 관련한 투자 아이템에는 5G, AI, 클라우드, 사이버 보안, 빅 데이터, 소프트웨어, 소셜미디어, 자율주행차 등이 있다.

③ 선진국 시장

필자는 앞으로도 신흥국 시장보다는 선진국 시장에 투자할 것이다. 4차 산업혁명, 세계 경제화, 부의 양극화 때문이다.

첫째, 4차 산업혁명은 경제 패러다임을 변화시킨다. 기술의 발달로 인한 자동화와 지능화로 스마트팩토리가 가능해졌다. 독일 아디다스의 스피드 팩토리에서는 과거 600명이 하던 일을 10명이 담당하며 50만 켤레의 신발을 생산하고 있다.

공장 자동화가 진행되면서 낮은 인건비를 위해 해외로 나갔던 기업들이 본국으로 다시 돌아가고 있다. 이러한 현상을 리쇼어링이라 하는데, 리쇼어링이 되면 신흥국에서 제조업과 농업 같은 2차 산업 규모가 줄어든다. 제조업의 일자리가 줄어들면 경제 성장률이 낮아질 수밖에 없다. 4차 산업은 미국과 독일 같은 선진국이 만들고 성장시키고 있다.

둘째, 세계 경제화다. 국가 사이에는 물리적인 국경이 존재한다. 그러나 전 세계를 무대로 사업하는 글로벌 기업에는 국경이 없다. 세계 경제화는 '글로벌 기업'이라는 한 단어만 알면 된다. 예를 들어 스타벅스는 우리나라를 포함해서 미국, 중국, 일본, 영국 등에서 사업한다. 애플, 맥도날드, 나이키, 넷플릭스도 글로벌 기업이다.

자국에서만 사업하는 것보다 다국적으로 사업하는 게 매출이 더 높고, 높은 브랜드 인지도를 가진 기업은 대체로 선진국에 많다. 미국과 유럽 국적의 인지도 높은 브랜드는 쉽게 떠오른다. 그러나 동남아나 남미 같은 신흥국에서 만들어진 인지도 높은 브랜드는 생각나는 게 없다.

셋째, 부의 양극화다. 대기업은 높은 수익률을 올릴 가능성은 낮지만, 안정감이 높다. 중소기업은 높은 수익률을 올릴 가능성은 높지만, 안정감이 낮다. 선진국 시장은 대기업, 신흥국 시장은 중소기업이라 생각하면 된다. 2022년 전 세계 GDP를 보자. 국가별 비중은 미국 25.3%, 중국 19.9%, 일본 4.9% 등이다.

당연한 결과겠지만, 세계 경제 GDP에서도 파레토 법칙이 그대로 적용된다. 선진국 시장의 규모가 신흥국 시장의 규모보다 월등히 크고 비중 또한 높다. 경제 발전과 문화는 위에서부터 아래로, 선진국에서 신흥국으로 흐른다. 그런데 앞에서 말한 4차 산업혁명 때문에, 신흥국의 경제 성장 속도가 더욱 느려질 수도 있다. 중요한 소프트웨어를 거의 선진국에서 만들기 때문이다.

그러면 하드웨어만 남는데 제조업 분야에서도 기술 발전으로 신흥국의 노

| 2022년 전 세계 GDP |

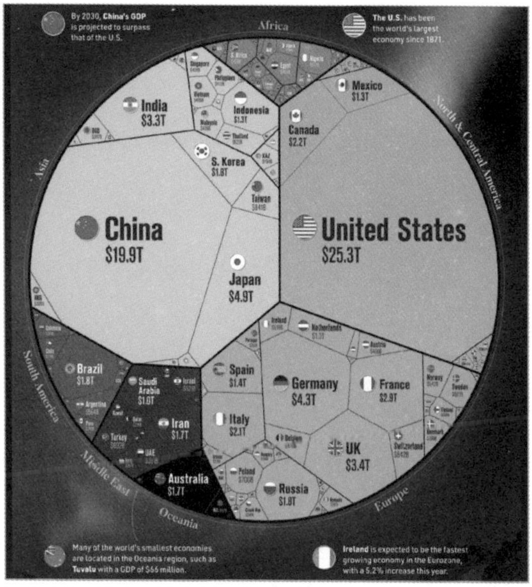

출처 : www.visualcapitalist.com

동력 수요가 감소할 추세다. 로봇, 자동화, AI 같은 기술들이 많은 일자리를 없애고 있다. 사라진 일자리는 많은데 새로 만들어지는 일자리는 적다. 자동화의 대폭발이다.

이와 같은 이유로 선진국 주식시장 대표 지수 ETF가 신흥국 주식시장 대표 지수 ETF 투자보다 훨씬 유망하다. 경제위기나 금융위기에도 선진국이 신흥국보다 상대적으로 안전하다.

④ 평균 수명 증가 및 고령화

미래학자들은 이제 100세를 넘어 120세를 대비해야 한다고 말하고 있다. 한국인의 기대 수명은 경제의 비약적 발전으로 다른 나라에 비해 빠르게 증가해왔다. 1960년 52.4세에 불과했던 기대 수명이 2023년 84세로 증가했다. 하지만 건강 수명은 2021년 기준 평균 66.3세로, 생애 마지막 약 18년은 건강 문제로 사회활동을 못하며 실내에서 보내는 사람이 많다는 이야기다.

OECE 국가 중 유일한 초저출산국이 바로 우리나라다. 전 세계적으로 공중 보건, 의료 기술 발달, 생활 환경 개선 등으로 평균 수명이 증가하면서 저출산 고령화 추세가 계속되고 있다.

고령화 관련 투자로는 헬스케어가 있다. 대표적인 헬스케어 섹터 ETF에는 SPDR의 **XLV**가 있다. 사람은 나이가 들어갈수록 몸이 아프고 병이 생길 확률이 높아진다. 평균 수명의 증가로 노인층 인구 비율은 높아진다. 헬스케어의 수요가 높아질 수밖에 없는 이유다.

다음으로 필수소비재와 유틸리티 섹터도 안정적이다. 사람은 식료품, 생활용품, 화장품 등을 사용한다. 먹고 바르고 사용해서 없어지는 물건은 필수소비재라고 생각하면 된다. 매일 사용해서 없애거나 줄어드는 필수소비재는 언제나 꾸준한 수요가 있다. 수도, 전기, 가스 같은 공공 서비스 제공 사업도 꾸준한 수요가 있다.

이 같은 사업 섹터들을 유틸리티라고 한다. 우리나라에는 없지만 미국에는 있는 섹터 ETF다. **필수소비재와 유틸리티 섹터는 인플레이션을 방어할 수 있다.** 쉽게 말해 돈의 가치가 하락하는 것을 가격 상승과 요금 상승에 반영시킬 수 있다는 의미다.

5년 전보다 생필품 가격과 공공 서비스 가격이 올랐다. 5년 후에는 지금보다 생필품 가격과 공공 서비스 가격이 더 오를 것이다. 해당 섹터에 투자하면 최소한 인플레이션은 방어할 수 있을 것이다.

⑤ 기후 변화

기상청이 관계 부처와 합동으로 발표한 〈2021년 이상 기후〉 보고서에 따르면 연평균 기온이 높고 누적 강수량이 많았다고 발표했다. 무엇보다 대한민국의 기후 변화를 가장 실감할 수 있었던 것은 바로 '장마'다. 2020년 장마 기간은 무려 54일이나 되어, 역대 가장 긴 장마 기간을 기록했다. '최장 기간 장마' 역시 기후 변화의 영향이라고 한다.

대한민국은 현재 고온다습한 환경으로 조성되었고, 더운 날씨뿐만 아니라 습도까지 함께 고민해야 하는 지역이 되었다.

그런 여파로 가을은 짧아지고 태풍이 더 늘었다. 여름에는 불볕더위가 기승을 부리고 겨울에는 한파가 몰아친다. 지구의 평균 온도와 해수면 상승 등이 잦은 기후 변화의 원인이다. 앞으로도 기후 변화에 따른 이상 기후는 더 심해질 것이다.

기후 변화 관련 투자에는 물, 태양광, 바람 같은 자연에 대한 투자가 있다. 이 중에서 물 ETF 투자가 좋아 보인다. 물은 생활용 수요와 산업용 수요가 있다. 특히 일상생활에 없어서는 안 되는 필수자원이다. 사람은 매일 물을 마셔야 하고, 요리와 생활을 할 때도 언제나 필요하다. 태양광이나 바람 같은 자원은 원유와 원자력 같은 대체자원이 있어서 크게 문제가 안 된다.

대표적인 물 ETF로는 Invesco사의 **PHO**가 있으며, 미국 수자원 관련 기업 38곳에 투자한다. 그 외에도 전 세계 수자원 관련 기업에 투자하는 **CGW**도 있다.

미국 농산물에 투자하는 **DBA**도 있다. 글로벌 농산물에 투자하는 **MOO**나 전 세계 목재 및 삼림에 투자하는 **WOOD**도 있다. MOO와 WOOD는 10년 동안 매년 평균 7.2% 정도의 수익률을 보였다. 전 세계 클린 에너지에 투자하는 **ICLN**와 **PZD**도 있다. **GUNR**은 전 세계의 천연자원에 투자하는 상품이다.

투자할 수 있는 기후 변화 관련 ETF는 여러 개가 있다. 앞으로도 기후 변화는 심해지고 계속될 것이기에, 투자에 관심을 기울일 필요가 있다.

해외 ETF를 분석하는 방법들

주식 투자자들을 위한 카페나 책을 보면 기업의 가치를 분석하거나, 증시의 일반적인 반복되는 흐름을 가르치기보다는 대부분 하루에 몇 퍼센트라도 이익을 취하고 매도할 수 있는 방법을 가르친다. 매수와 매도 타이밍을 설명하면서 쉽게 돈을 벌 수 있는 나만의 비법이라고 강조한다. 순진한 개미들은 가장 중요한 기술을 배웠다고 생각한다. 하지만 결과는 수수료를 제외하고 나면 수익은 손톱 만큼이고, 손실은 손가락 만큼이다.

키케로는 "과거에 어떤 일이 이루어졌는지를 알지 못한다면 항상 어린 아이처럼 지내는 셈이다. 과거의 노력을 무시한다면 세계는 늘 지식의 유아기에 머물러 있을 것이다."라고 말했다. 이 말은 자신의 경험에서 배우라는 의미를 내포하고 있다.

개인 투자자는 과거에 수많은 비법에 당했고, 현재도 여전히 수많은 비법에 현혹되고 있다. 이 책을 읽고 있는 여러분은 어떤가. 돈을 벌 수 있는 비법이 정녕 있다고 믿는가. 여러분에게 하루에 꼬박 꼬박 40만 원씩을 벌 수 있다고 말하는 비법이 있다면 현혹되지 않을 자신이 있는가. 이성은 아니라 부정하고 있지만, 마음은 이미 기울어져 있다.

1회용 티슈를 한 장 뽑듯이 매일매일 매매를 이어간다면, 마지막 티슈 한 장이 남을 때쯤이면 여러분의 계좌 또한 한 자리 숫자로 바뀌어 있을 것이다. 잦은 매매를 지양하면서 기업 분석을 통해 투자 여부를 결정한다면 성공하는 투자자가 될 수 있다.

주식 투자의 전통적인 분석 방법으로는 기본적 분석과 기술적 분석이 있다. 기본적 분석은 주로 재무제표로 기업의 내재 가치를 분석한다. 기술적 분석은 주로 차트를 활용하는 분석 방법이다. 과거 주가와 거래량을 분석해서 특정한 추세나 패턴을 찾아서 투자 시점을 예측하려 한다.

해외 ETF 투자 분석을 할 때는 거시적 분석과 미시적 분석, 2가지 방법이 더 있다. 전통적인 분석 방법까지 포함한다면 총 4가지의 분석 방법이 있다. ETF에 투자할 때 기본적 분석은 사용할 필요가 없다. PDF의 투자 대상은 적게는 몇 개에서, 많으면 몇 천 개로 구성된다. 그 많은 종목의 재무제표를 모두 분석해서 투자하기는 현실적으로 어렵다. 기술적 분석은 바로 다음 장에 따로 설명되어 있다. 여기에서는 거시적 분석과 미시적 분석에 관해서만 설명하려고 한다.

거시적 분석은 경제 전망과 산업 전망을 살펴보는 것을 뜻한다. 해외 ETF에 투자한다면 외국 매체와 해외 기관의 자료를 참조하는 게 좋다. 외국 매체로는 미국의 미디어 그룹 블룸버그와 영국의 국제 통신사 로이터 등이 있다.

해외 기관의 자료는 경제 지표 위주로 확인하면 좋다. 인베스팅닷컴 kr.investing.com의 상단 '뉴스'에서 경제 지표 뉴스와 경제 캘린더 등에서 확인할 수 있다. 연합인포맥스news.einfomax.co.kr의 경우 상단 '국제뉴스' 메뉴에서 주요 지표와 기사를 확인할 수 있다. 앞의 사이트 두 곳은 즐겨찾기를 해놓고 자주 확인하기 바란다.

경제 전망에 대한 이해가 어느 정도 있으면 주식시장 대표 지수, 레버리지·인버스, 환율 ETF 등의 투자에 활용할 수 있다. 필자도 경제 전망에 대한 이해력을 높이려고 꾸준히 노력하고 있다.

산업 전망은 1~2개 분야를 선택해서 집중적으로 공부하면 좋다. 가장 좋은 것은 내가 일하는 업종과 관련 있는 산업 분야에 대해 더 심도 있게 공부하는 것이다. 다른 산업 분야의 전망보다 이해도가 높기에 상대적으로 투자에 활용하기 괜찮다.

예를 들어 반도체 분야 직종에 종사한다면 반도체 섹터, 금융 분야에서 일한다면 금융 섹터에 대한 이해도와 정보가 다른 투자자보다 더 높을 것이다. 아니면 관심 있는 산업 분야 1개를 정해놓고 집중적으로 공부해도 된다. 산업 전망에 대한 이해도가 높아지면 각 산업별 섹터와 섹터 레버리지·인버스 ETF 투자에 적용할 수 있다. IT 기술, 소프트웨어, 헬스케어, 자유소비재 등의 섹터가 유망하다.

미시적 분석은 경제 주체인 생산자와 소비자의 경제활동을 분석하는 것을 말한다. 거시적 분석이 위에서부터 아래로 분석하는 것과 반대로 미시적 분석은 아래에서부터 위로 분석한다. 미시적 분석의 다른 말은 통합적 분석이다. 신문과 책에서 얻은 자료와 일상생활에서 관찰하고 경험한 것을 바탕으로 분석하는 것이다. 쉽지는 않지만, 필자가 가장 계발하고 싶어 하는 분석 방법이기도 하다.

미국의 전설적인 투자자인 피터 린치가 저술한《전설로 떠나는 월가의 영웅》에는 다음과 같은 대목이 나온다.

"투자 정보지나 기업체 임원이 아니라 쇼핑몰과 가족들에게서 대박주를 찾아라. '이 멋진 걸 누가 만들었을까?'라고 자주 질문을 던져라."

그는 아내와 두 딸을 데리고 백화점에 갔을 때 어느 매장과 어떤 상품에 먼저 관심을 두는지 유심히 살펴봤다. 그리고 그렇게 발견한 종목에 투자해서 높은 수익률을 달성하곤 했다. 대박주는 항상 우리 주변에 있다. 많은 수익을 주는 종목을 찾기에 가장 적합한 장소는 집이다. 집 근처가 아니라면 직장 주변을 둘러봐도 된다. 피터 린치는 던킨 도너츠, 타코 벨, GAP 등을 일상 속에서 발굴하여 높은 수익률을 기록했다.

일상생활에서 주변을 둘러보면 유망한 종목을 찾을 수 있다. 찾은 종목을 추가 조사해서 괜찮다고 판단되면 그때 투자에 나서면 된다. 마트에서 자주 구매하는 식료품은 어떤 기업에서 만드는지, 모바일 쇼핑을 할 때 어느 택배회사가 자주 오는지, 우리나라 시장점유율 1등 카페의 주식을 매수할 수 있는지 등을 살펴본다면 투자에도 도움이 될 것이다.

통합적 분석 능력을 향상시키려면 2가지가 필요하다.

① **평소 다양한 부분에 관심을 두고 생각해보는 습관을 들이는 것이다.** 예를 들어 새로운 분야를 배워보는 것도 좋다. 외국어도 좋고, 요리도 좋고, 운동도 좋다. 모든 것이 나중에 새로운 분야에 투자할 때 도움이 될 수 있다.

② **새로 배운 것이나 알게 된 사실을 투자와 연결해 생각해보는 습관이 필요하다.** 사실과 경험에 기반한 추론력과 상상력 등을 키우다 보면 평균 이상의 수익률을 달성할 수 있으며, 역발상 투자도 가능해진다. 남들과 다른 눈

으로 세상을 바라보다 보면 레드오션이 아닌 블루오션을 찾을 수 있고, 남들보다 한발 앞서 투자할 수 있는 가능성이 커진다.

앞으로도 세상은 계속해서 복잡해지고 세분화된다. 복잡함 속에서도 시간 대비 최소한의 노력으로 최대 수익률을 달성하려면 최대한 단순하게 투자하는 방법을 찾아야 한다.

매일 주식 공부를 1~2시간씩 할 수 있다면 직접 투자에 나서도 나쁘지 않다. 그렇지 않다면 ETF가 가장 가성비 높은 투자 방법이라고 생각한다. 매일 1시간이면 직접 요리를 할 수 있고, 운동을 할 수 있고, 독서도 할 수 있고, 드라마 한 편도 볼 수 있는 시간이다. 나의 시간을 돈보다 소중하게 만들어야 한다.

성공한 투자자가 되기 위한 어떠한 노력과 공부 없이 돈만 들고 주식시장에 뛰어든다면, 모래성이 빗물에 쓸려가듯 손안의 돈은 손밖으로 사라질 것이다. 워런 버핏은 "이해할 수 없는 곳에 투자하지 마라."고 했고, 피터 린치는 "그림으로 표현할 수 없는 아이디어에는 투자하지 마라."고 투자자들에게 조언하고 있다.

해외 ETF 기술적 분석

세상에 공짜는 없다. 뭔가를 얻기 위해서는 그만큼 다른 것을 포기해야 한다. 투자도 마찬가지다. 투자수익이란 주식을 분석하는 노력과 더불어 손실을 볼 수 있다는 리스크를 짊어진 결과다.

그렇다고 방법이 없는 것은 아니다. 주식 분석이 어렵고 리스크를 이겨내기 힘든 개인 투자자도 할 수 있는 투자 방법이 있다. 벤저민 그레이엄의《현명한 투자자》에서 소개하는 정액매입법이 그것이다.

정액매입법은 주식시장이 매일 오르락내리락 흔들리더라도 혼란을 극복할 수 있는 투자법이다. 그저 매주, 매월 또는 분기마다 시장의 상황과는 상관없이 계속 사면 된다. 지금 주식시장 상황이 좋지 않다고 하는데도? 그냥 계속 사야 한다. 시장의 미래는 알 수 없다는 전제로 만들어진 투자 방법이

| 캔들 차트 |

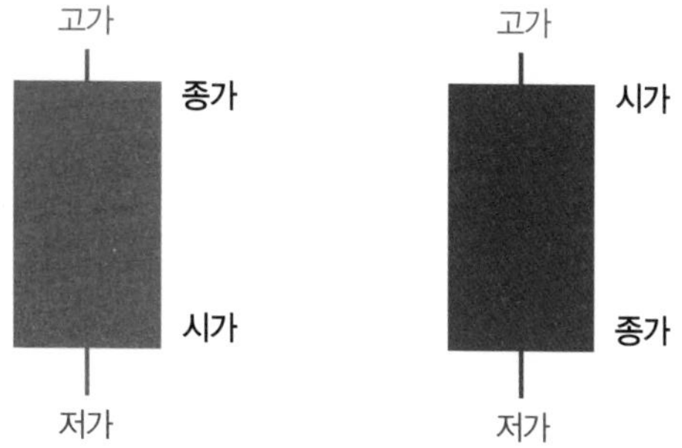

기 때문에, 시장 상황과는 상관없이 꾸준히 매수하는 것이 중요하다.

정액매입법보다 조금 높은 수익률을 목표로 한다면, 매매 타이밍을 통한 기술적 분석에 대한 공부가 필요하다. 참고로 차트 활용은 MTS 또는 HTS를 활용하면 된다. 그중 HTS가 차트 보기에 더 편하다.

차트의 종류에는 대표적으로 캔들 차트와 바 차트가 있다. 국내에서는 캔들 차트를 주로 활용하고, 바 차트는 거의 활용하지 않는다. 증권사 MTS나 HTS에서 차트를 봐도 대부분 캔들 차트로 되어 있다.

그림에서 왼쪽의 빨간색 캔들이 양봉이고, 오른쪽 파란색 캔들은 음봉이다. 시가는 장 시작 가격이고, 종가는 장 종료 가격이다. 시가보다 종가가 높으면 양봉이 된다. 반대로 시가보다 종가가 낮으면 음봉이 된다. 캔들은 몸통과 꼬리 부분으로 표시된다. 시가와 종가의 차이가 몸통이 된다. 차이가 클수록 몸통이 커진다.

위 몸통은 매수세, 아래 몸통은 매도세를 말한다. 꼬리 부분에서 위 꼬리는 매도세를 말한다. 매도자는 최대한 비싼 가격에 팔고 싶어 한다. 매도 호

| 캔들 차트 형태 |

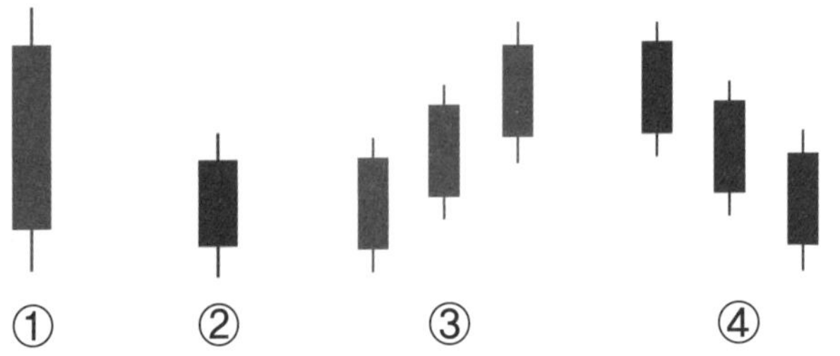

가가 높을수록 매도세가 강해져서 꼬리가 길어진다. 반대로 아래 꼬리는 매수세를 말한다.

캔들 차트 형태의 그림을 보자.

①은 Long Days라고 부르며, 시가와 종가 사이의 차이인 몸통이 큰 경우를 말한다. 양봉이 크면 장대양봉, 음봉이 크면 장대음봉으로 불린다.

②는 Short Days라고 한다. Long Days와 반대로 몸통이 작은 경우를 말한다.

| 지지선과 저항선 |

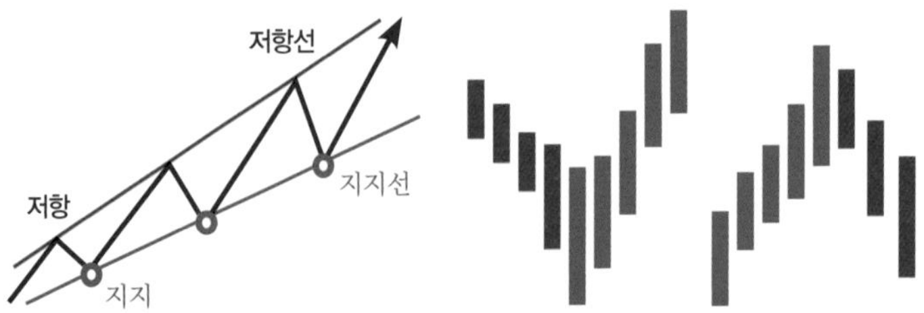

③과 ④는 삼병이다. 빨간색 양봉 3개가 연속으로 있으면 적삼병, 파란색 음봉 3개가 연속으로 있으면 흑삼병이라고 한다. 주가 저점 근처에서 적삼병이 나타나면 주가 상승으로 이어질 거라 전망한다. 주가 고점 근처에서 흑삼병이 나타나면 주가 하락이 올 거라 전망한다.

차트 안에는 '지지'와 '저항'이 있다. 지지는 주가가 더 하락하지 않고 유지되는 저점 부분을 말한다. 낮은 주가로 인해 매수 수요가 강해지고, 매도 수요는 약해져서 지지되는 것이다. 지지선은 여러 개의 지지 부분을 직선으로 이은 선이다. 반대로 저항은 주가가 더 상승하지 않고 유지되는 고점 부분이다. 높은 주가로 인해 매수 수요가 약해지고, 매도 수요는 강해져서 저항이 된다. 저항선은 여러 개의 저항 부분을 직선으로 이은 선이다.

지지선과 저항선으로 두 가지를 유추할 수 있다. 첫째, 지지선 근처는 반등 구간이 된다. 둘째, 지지선에서 이탈했다면 하락 추세로 변할 수 있다. 저항선은 지지선과 반대로 적용된다.

'지지선과 저항선' 그림에서 오른쪽은 V자형 반등과 역 V자형 하락이다. 둘 다 급격한 추세 전환이 이루어지는 곳이다. V자형 반등은 하락세에서 상승세로 강한 추세 전환이 이루어질 가능성이 있는 곳이며, 주가 상승의 시작이 될 수 있다. 반대로 역 V자형 하락은 상승세에서 하락세로 강한 추세 전환이 이루어질 가능성이 크며, 주가 하락의 시작이 될 수 있다.

뉴턴의 운동 제1법칙은 관성의 법칙이다. 모든 물체는 외부로부터 힘이 작용하지 않는 한 정시해 있던 물체는 계속 정지 상태로 있고, 움직이던 물체는 계속 일직선 위를 똑같은 속도로 운동한다는 법칙을 말한다. 주가에도 관성의 법칙과 비슷한 '추세'가 있다. 추세도 관성처럼 일정 기간 같은 방향으로 움직이려는 경향이 있다.

| 3가지 추세선 |

추세는 크게 상승 추세, 하락 추세, 수평 추세가 있다. 주가의 움직임은 지그재그로 움직이기 때문에 추세 확인이 쉽지는 않다. 추세가 있어서 오르는 주식은 더 상승하고 떨어지는 주식은 더 하락하게 된다. 수평 추세는 다른 말로 박스권이라고 한다.

예를 들어 코스피 지수는 최근 1년 동안 박스권에 머물고 있다. 주로 단기 투자는 일봉을, 중기 투자는 주봉을, 장기 투자는 월봉을 참고하면 된다. 주식 투자는 보통 상승 추세에 있는 주식을 매수해야 수익을 올린다. 하락 추세에 있는 주식을 매수해서 수익을 올리기는 쉽지 않다.

추세를 연결하면 상승 추세선과 하락 추세선을 만들 수 있다. 상승 추세선은 차트에서 확인된 저점과 다음에 있는 높은 저점들을 직선으로 연결한다. 이때 최소 3개 이상의 저점을 연결해야 한다. 연결한 저점이 상승하는 기울기를 가지면 상승 추세선이 된다. 보통 상승 추세선 아래로 주가가 하락하지는 않는다. 상승 추세선이 매수 호가를 받쳐 주는 지지대 역할을 한다.

하락 추세선은 차트에서 확인된 고점과 다음에 있는 낮은 고점들을 직선으로 연결한다. 이때도 최소 3개 이상의 고점을 연결해야 한다. 보통 하락 추세선 위로 주가가 상승하지는 않는다. 하락 추세선이 매도 호가를 받쳐 주

5일	1주일 동안 주가 평균값으로 단기 선이다. 가장 최근의 움직임으로 다른 선보다 움직임이 짧다.
20일	1달 동안 주가 평균값으로 단기·중기 선이다. 투자자 심리에 많은 영향을 미쳐서 심리선이라고도 한다. 다양한 보조 지표에서 20일 이동평균선을 많이 활용한다.
60일	3달 동안 주가 평균값으로 중기 선이다.
120일	6달 동안 주가 평균값으로 장기 선이다. 경기 사이클과 유사해서 경기 선이라고 한다.

는 저항대 역할을 한다. 따라서 추세가 변화하는 시점을 주목해야 한다.

이동평균선은 기간별 주가의 평균값을 이어서 그린 선이다. 대표적으로 5일, 20일, 60일, 120일의 이동평균선이 있다. 단기 투자자라면 5일, 20일 이동평균선을 활용하면 된다. 중기 투자자라면 60일, 장기 투자자라면 120일 이동평균선을 활용하면 된다. 이동평균선은 주가 방향을 예측할 수 있지만 후행성 지표다.

주가 전환의 신호로 파악될 수 있는 지표로는 골든크로스와 데드크로스가 있다. 골든크로스는 단기 이동평균선이 중장기 이동평균선을 아래에서 위로 뚫고 올라가는 현상이다. 5일 이동평균선이 20일 이동평균선을 뚫고 올라갈 때나, 20일과 60일 이동평균선이 120일 이동평균선을 뚫고 올라갈 때를 말한다. 반대로 데드크로스는 단기 이동평균선이 중장기 이동평균선 위에서 아래로 떨어지는 현상이다. 매매 시점 파악 용도로 활용하면 괜찮다.

해외 ETF의 매매 노하우

필자가 투자를 하면서 터득한 해외 ETF 매매 노하우에 대해 설명하려 한다. 필자는 단기 투자보다는 장기 투자를 추구한다. 장기 투자가 필자에게 잘 맞고 마음이 편하기 때문이다. 그렇다고 단기 투자가 나쁘다는 게 아니다. 투자 방법에 좋고 나쁘고는 없다. 어떠한 투자를 하더라도 수익을 보면 된다. 다만 본인한테 맞는 철학과 방법으로 투자하면 훨씬 좋은 결과가 나올 것이다.

투자는 결국 자신과의 싸움, 자신만의 길을 찾아가는 과정이다. 성공한 사람들과 투자를 통해 부를 축적한 사람들의 공통점은 바로 자신과의 약속을 철저히 지켰다는 것이다. 투자자가 제일 자신 있는 매매 원칙을 정립했다면, 그것은 자신과의 약속이 되는 것이다.

비용을 최소화해야 한다

ETF와 펀드의 가장 큰 차이점은 운용보수다. 운용보수 차이를 작은 비용이라 생각할 수 있지만, 긴 시간 동안 누적되면 수익률 결과에 큰 영향을 미친다. 비용을 절약하는 것만으로도 기대수익률의 10% 정도를 상승시킬 수 있다는 점을 알아야 한다.

투자할 때 눈에 바로 보이는 비용으로는 증권사의 거래수수료와 세금이 있다. 눈에 보이지 않는 비용은 유관기관 제비용과 괴리율이 있다. 이런 비용 중에서 줄일 수 있는 부분은 가능한 최소화해야 한다.

눈에 보이는 비용 중에서도 해외 주식 거래수수료는 증권사와 투자 매체별로 다르다. 보통 미국 주식의 거래수수료는 0.25%다. 매수 및 매도 시에 거래수수료가 발생하기 때문에 합하면 0.5%에 해당한다. 세금은 매매 차익 분리과세 양도소득세 22%고, 분배금은 배당소득세 15.4%가 있다. 자주 거래할수록 수수료가 있기에, 국내 주식처럼 단기로 자주 사고파는 것은 지양해야 한다.

눈에 보이지 않는 또 다른 비용으로 유관기관 제비용이 있다. 주식 거래를 할 때 예탁결제원과 한국거래소 등의 금융 관련 기관에 내는 비용이다. 증권사 주식 거래수수료보다 훨씬 적지만 그래도 비용은 비용이다.

ETF는 거래할 때 현재가와 NAV순자산 가치 사이에 괴리율이 발생할 수 있다. 괴리율이 크게 차이가 나면 NAV와 비슷한 가격으로 매수하거나 매도해야 한다. 거래하기 전에 MTS에서 NAV 차이를 확인하고 매매하면 된다.

지나친 확신은 금물이다

필자는 투자 초기에 투자에 대한 큰 교훈을 얻었던 경험이 있다. 당시 가지고 있었던 투자금 5,000만 원당시 필자한테는 전 재산이었다을 국내 상장된 중국 관련 주식 한 종목에 몰빵 투자했다. 그러나 이 투자금은 1년 뒤 1,000만 원이 되었다. 천만다행으로 그 주식은 몇 달 뒤 10배 이상 상승해, 투자 원금 대비 3배 정도 평가수익 상태였다.

그런데 필자는 이 주식이 끝없이 상승할 것 같았다. 그렇게 몇 달 정도만 상승하면 대박이 날 것이라 생각했다. 주변에서는 절반 정도만이라도 매도하라고 권했지만, 한 번 욕심이 생기고 나니 그렇게 하지 못했다. 결국 다시 하락하고 나서야 50% 정도 수익률로 투자를 마무리했다.

그때 이후로 필자는 투자금 전부를 한 종목에 몰빵 투자하지 않는다. 지나치게 확신하지 않으려 하고, 늘 내가 틀릴 수도 있다고 생각하면서 방어적으로 투자한다. 투자에 100%는 없다. 은행 예금이나 적금이 아니라면 원금 손실 가능성이 존재한다.

그때 이후부터는 투자할 때 심리적 안정을 위해 2~3번 정도로 나눠서 분할 매수와 분할 매도를 하고 있다. 예를 들어 'A 주식에 투자하면 대박 날 거야' 또는 'B 주식에 투자하면 무조건 50%는 먹어'라는 생각은 하지 않는다. 지인이 추천한 주식을 어떠한 공부나 조사 없이 투자하는 것도 위험하다.

2017년에 있었던 비트코인 투자 광풍을 잊지 말아야 한다. 소수의 투자자는 큰 이익을 얻었지만, 많은 투자자는 큰 손실을 봤다. 장밋빛 전망은 언제나 주의해야 한다.

단기 소음에 휘둘리지 않아야 한다

단기 투자자가 아니라면 단기 소음에 휘둘리지 않아야 한다. 중장기적으로 미국 주식시장은 상승하고 있다. 10~15년에 한 번씩 찾아오는 위기를 제외하고 말이다.

주가는 단기적으로 봤을 때는 움직임이 크지만, 장기적으로 보면 꾸준히 우상향한다. 미국을 대표하는 S&P 500 지수는 최근 10년 동안 3배 정도 상승했다. 2012년 연말 기준 S&P 500 지수는 1,400이었다. 2023년 1월 기준 S&P 500 지수는 4,110이다.

ETF는 수많은 투자 대상을 모아서 포트폴리오를 구성한다. 그래서 소수 종목으로 인한 주가 변동이 주식 투자보다 작다. 주식시장이 상승세라면 ETF의 주가도 상승한다. 하락세라면 ETF의 주가도 하락한다. 미국 주식시장은 과거부터 지금까지 장기적으로 상승했다. ETF에 투자하면 주가의 움직임에 따라 일희일비하지 않아도 된다. 그러려면 차트에서 일봉과 주봉보다는 월봉 위주로 봐야 한다.

자기자본으로 투자해야 한다

투자 경험이 적거나 거의 없다면 자신의 투자금으로만 투자해야 한다. 대출을 받아 투자하는 건 2가지 이유로 추천하지 않는다.

① **대출 이자율이 높다.** 주식 투자를 할 때 신용 대출 또는 스탁론주식 매수 자금 대출을 받을 수 있다. 대출을 하면 처음 3~6개월 동안은 이자율이 낮다.

그러나 시간이 갈수록 이자율은 높아진다. 각종 비용이나 세금을 제외하고 내 주머니로 들어오는 돈이 최종수익이다. 이자율이 높아지면 돈을 아무리 많이 벌어도 내가 아닌 증권사 주머니로 들어가게 된다.

② **반대 매매다.** 반대 매매는 대출금을 갚지 못하거나 담보 가치가 일정 비율 이하가 되면, 투자자의 의사와 상관없이 강제로 매도하는 것을 말한다. 쉽게 말해 증권사가 손해를 최소화하려고 원금을 강제 회수하는 제도다.

주가는 상승할 수도 있고 하락할 수도 있다. 주가는 그 누구도 정확히 알 수 없다. 단기간 하락 폭이 크다면 반대 매매로 손실이 확정된다. 본인의 투자금이라면 반대 매매 없이 기다릴 수 있다. 다른 사람의 돈보다 내 돈으로 투자할 때 심리적 안정감이 높다.

대출받아서 하는 투자는 최소 3년 이상 투자 경험이 있을 때 고려해봐야 한다. 증권사 대출 이자는 보통 은행 대출 이자보다 높다. 대출 이자 이상으로 안정적인 수익률이 가능해질 때 하면 된다. 필자도 신용 대출로는 투자할 생각을 하지 않는다. 부동산 투자할 때는 대출로 수익률을 높일 수 있지만, 주식 투자에서의 대출은 수익률에 필요악 같은 존재다.

단기 하락 추세 중인 종목은 매수를 보류한다

매달 정액매입법으로 꾸준히 매수해서 주식을 모으는 투자자에 해당하는 내용은 아니다. 조금이라도 수익률을 높이고 싶다면 단기 하락 추세 중인 종목은 매수를 보류해야 한다. 주식은 부동산과 다르게 투자금에 따른 투자 방법에 차이가 없고 수익률에서만 차이가 있다. 그렇기에 매수는 보류하고 투자금은 계속 계좌에 모아야 한다.

주가가 상승할 때는 저항과 지지를 반복하면서 우상향하지만 일정한 시점에 전 고점을 돌파하지 못하면, 주가는 우하향으로 저항과 지지를 반복하면서 하락한다. 주가가 하락할 때는 반등의 힘, 즉 지지선이 약하기 때문에 쉽게 무너진다.

일 년에 2~3번 정도 단기적인 주가 하락이 발생한다. 이때 그동안 모아 놓은 투자금으로 매수하면 된다. 좋은 종목이라면 주가는 장기적으로 상승할 것이다. 그러나 단기적으로는 상승과 하락을 반복한다.

개별 종목은 주식시장이 상승세라면 상승하는 경향이 있고, 하락 추세라면 계속 하락하는 경향이 있다. 지지선 근처 또는 V자 반등을 확인하고 매수하는 것도 방법이다. 투자 적기가 왔을 때 매수하면 된다.

자신만의 매매 원칙 1~2가지를 만들어야 한다

앞에서 설명했던 것처럼 필자는 대학생 시절 한 종목에 몰빵 투자했던 경험이 있다. 그후로 보유 종목 중 매수가 또는 전 고점 대비 10% 이상 하락하면 비중의 $\frac{1}{3}$은 기계적으로 매도하려 한다. 장기 투자를 지향하기 때문에 단기적인 소음은 최대한 배제하고 있다. 필자가 중요하게 생각하는 매매 원칙이다.

투자를 오랫동안 지속할 생각이라면 자신만의 매매 원칙 1~2가지는 있어야 한다. 그래야 주변 상황에 흔들리지 않는다. 매매 원칙은 밤하늘의 북두칠성처럼 가야 할 길을 알려준다. 그러한 원칙은 성격과 상황에 비추어 자신만의 스타일에 맞춰서 만들면 된다. 예를 들어 손절매, 익절, 보유 종목 수, 분할 매수 및 매도 등이 있다. 자신만의 매매 원칙에 따라 투자한다면 부화뇌동하는 빈도가 줄어들게 될 것이다.

투자자 자신이 해야 할 일은 첫째, 단순함을 유지하는 것이다. 사람의 처리 능력은 한계가 있다. 매매에 있어서도 여러 가지의 매매 원칙은 빈번한 매매를 하게 한다.

둘째, 단순함을 지키는 것이다. 매매할 때 상승 종목에 이끌려 매수에 가담하는 어리석은 행동을 피할 수 있다.

셋째, 반복된 단순함을 유지하는 것이다. 단기 매매든, 장기 매매든 자신이 정한 단순한 매매를 반복해야 한다. 언뜻 쉬워 보이지만 단순함을 추구하는 것은 복잡하게 하는 것보다 더 어렵다.

최선과 함께 최악의 상황도 생각해야 한다

최선의 상황만 생각한다면 필자를 포함해 모든 투자자가 부자가 되었을 것이다. 그래서 최악의 상황은 과연 무엇이 있을지 생각해야 한다. 그것은 손실률과 투자 기간에 따라 달라진다. 가능성은 낮겠지만 하루 아침에 투자한 ETF 종목의 수익이 -30% 이상이 될 수도 있다. 이때 어떻게 대응할 것인지 미리 한 번쯤 생각해둬야 한다.

손절매 기준을 정하는 것도 한 가지 방법이다. 손절매는 자신이 정한 원칙에 대한 오류를 인정하는 행위다. 그렇기 때문에 더 어려운 일이며, 기술적인 문제보다는 심리적인 면이 강하게 작용한다.

투자 기간이 3년 이하라면 안정적인 ETF에 투자해야 한다. 만약 섹터 ETF에 투자하면 손실이 날 수도 있다. 투자 기간이 길다면 매수하기 전에 '언제 투자한 종목을 매도할 것인가?' 생각해둬야 한다. 목표수익률에 도달하면 매도할 것인지, 목표한 투자 기간에 도달하면 매도할 것인지, 다른 목표에 도달하면 매도할 것인지 말이다.

종목에 투자하기 전에 항상 최악의 상황을 생각해야 한다. 그러면 투자했을 때 마음 편한 종목을 대략 알 수 있다. 성격에 따라 투자하기 괜찮은 종목은 달라진다. 투자 성향에 따라 투자 종목과 투자 방법이 달라야 한다.

그리고 일반적인 현금 보유 비율은 상승장에는 주식 70%에 현금 30%, 박스권에서는 주식 50%에 현금 50%, 하락장에는 주식 30%에 현금 70% 또는 전액 현금을 보유하는 것이다.

PART 3

해외 ETF 실전 투자 기본

고배당 ETF

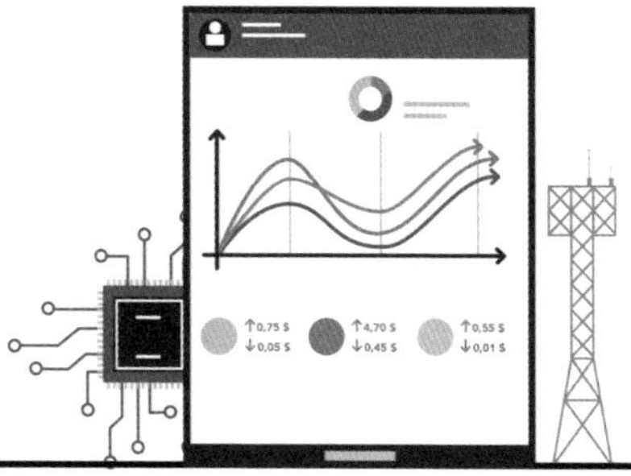

배당은 기업이 주주에게 이익 일부를 나눠주는 것을 말한다. 보유 중인 주식 지분이 많을수록 배당을 많이 받는다. 주식에서의 배당은 ETF에서 분배금에 해당한다. 고배당주에 대한 정의는 없지만, 개인적으로 배당률 3% 이상 되는 주식을 고배당주라고 생각한다. **배당주 투자의 '주 수익'은 배당금이고, 시세 차익은 '덤'이라는 마인드를 갖고 투자해야 한다.**

물론 연간 성과의 기여도를 보면 배당주에 투자하여 얻는 배당금 수익보다 시세 차익에서 얻게 되는 수익이 훨씬 큰 경우가 많다. 그럼에도 불구하고 시세 차익을 '덤'이라는 이유가 있다. 바로 해당 종목에 투자하여 끈기 있게 끌고 갈 수 있는 힘의 원천이 배당금에서 나오기 때문이다. 일시적으로 주가가 크게 하락해도, 단기 악재 뉴스가 쏟아져서 투자 심리가 위축되어도 마음 편하게 버틸 수 있게 하는 힘은 배당금이다.

이제 배당받는 ETF 투자를 시작해보기를 추천한다. 예를 들어 분배율 4%인 배당 ETF에 3억 원을 투자하면 월 100만 원씩 분배금이 나온다. 배당 ETF에 장기 투자한다면, 충분히 노후 연금 역할도 할 수 있다. 당연히 시세 차익까지 덤으로 얻으면서 말이다.

미국의 고배당 ETF는 크게 5가지 종류가 있다. 미국 고배당, 글로벌 고배당, 배당 성장, 월 지급 배당, 우선주다. 참고로 미국은 50년 이상 배당이 증가한 주식, 25년 이상 배당이 증가한 주식에 대한 명칭이 있다. 자세한 내용은 111쪽에 표로 정리돼 있다.

미국 고배당 ETF

▼ VYM : Vanguard High Dividend Yield ETF

추종 지수	FTSE High Dividend Yield Index	**운용보수**	0.06%	**주당 가격**	$98.52
상장일자	2006-11-10	**시가총액**	$43.61B	**PDF 종목 수**	444
TOP 5 국가 비중		**TOP 5 섹터 비중**		**TOP 5 종목 비중**	
1. 미국 100%		1. 금융 20.13%		1. 존슨&존슨(JNJ) 3.1%	
		2. 헬스케어 13.75%		2. 엑슨모빌(XOM) 2.95%	
		3. 필수소비재 11.26%		3. JP모건체이스(JPM) 2.43%	
		4. 전자 기술 9.31%		4. 프록터 앤드 갬블(PG) 2.41%	
2022년 분배율 3.04%		5. 에너지·광물 8.7%		5. 셰브론(CVX) 2.27%	
PER 12.88		PBR 2.55		TOP 10 비중 22.56%	
수익률	3개월	1년	3년	5년	
VYM	-1.12%	-2.71%	7.37%	7.11%	

〈2023년 1월 기준〉

VYM은 FTSE High Dividend Yield Index를 추종하는 미국 고배당 ETF다. 추종 지수는 평균배당률보다 높은 고배당 주식으로 구성된다. PDF자산 구성 내역에서 종목당 비중은 시가총액에 따라 구성된다. 단 리츠 주식은 제외하고 PDF를 구성한다. 주식 배당수익률과 같은 분배율은 2022년에 3.04%였다. 매 분기 마지막 달 중순에 분배금을 지급했다.

VYM의 운용보수는 0.06%다. 다른 고배당주 ETF의 운용보수는 SDY가 연 0.35%, DVY는 연 0.38%다. 다른 ETF 대비 VYM의 운용보수가 뱅가드 창업주 존 보글의 철학을 따라서 그런지 낮은 편이다.

TOP 5 섹터에서는 금융주 비중이 20%로 가장 높다. 다음으로 헬스케어 13%, 필수소비재 11%다. 수익률은 3년 기준 연 7.37%, 5년 기준 연 7.11%였다.

▼ DVY : iShares Select Dividend ETF

추종 지수	Dow Jones US Select Dividend Index	**운용보수**	0.38%	**주당 가격**	$110.84
상장일자	2003-11-03	**시가총액**	$20.27B	**PDF 종목 수**	101
TOP 5 국가 비중		**TOP 5 섹터 비중**		**TOP 5 종목 비중**	
1. 미국 99.81%		1. 유틸리티 25.83%		1. 알트리아(MO) 2.45%	
		2. 금융 22.62%		2. 발레로 에너지(VLO) 2.42%	
		3. 필수소비재 9.86%		3. 길리어드 사이언스(GILD) 2.13%	
		4. 에너지·광물 7.64%		4. 엑슨모빌(XOM) 2.11%	
2022년 분배율 3.43%		5. 장치 산업 6.13%		5. IBM((IBM) 2%	
PER 10.81		PBR 2.02		TOP 10 비중 19.64%	

수익률	3개월	1년	3년	5년
DVY	-4.21%	-5.13%	6.64%	6.54%

<2023년 1월 기준>

DVY는 Dow Jones US Select Dividend Index를 추종하는 블랙록사의 고배당 ETF다. 추종 지수는 미국 대형주에서 소형주 사이 100종목을 배당수익률에 따라 구성한다.

PDF에서 종목당 비중은 5년간 지급한 배당수익률에 따라 가중한다. 이때 리츠 주식도 포함해서 구성한다. 2022년 분배율은 3.43%였다. 매 분기 마지막 달 말에 분배금을 지급했다.

DVY의 큰 특징은 유틸리티 섹터가 26%로 안정적이라는 점이다. 여기서 유틸리티는 공익 사업을 말한다. 공익 사업은 일상에서 필수불가결한 용역과 서비스를 공급하는 사업이다. 곧 제외하거나 뺄 수 없다는 뜻이다. 우리가 일상생활을 영위하기 위해서는 반드시 수도, 가스, 전기가 필요하다. 미국은 국토가 넓지만 51개 주마다 소수의 유틸리티 업체가 아주 제한적으로 경쟁한다.

유틸리티 요금은 물가 상승에 따라 꾸준히 상승한다. 석유와 같은 원자재 가격이 내려가면 비용이 적어져서 수익성이 좋아진다. 물론 원자재 가격이 올라가면 수익성이 악화한다. 우리나라와 비슷하게 정부의 입김에 영향을 받고 가격 인상 폭도 제한적이다.

사람은 경제 상황과 관계없이 매일 물과 전기를 사용해야 한다. 경기가 좋든 나쁘든 꾸준한 수요가 매일 발생한다. 다른 고배당 ETF보다 유틸리티와 금융 섹터 비중의 합이 48%로, 경기 영향을 적게 받는다는 측면에서 장기적으로 사서 모아 가기 괜찮은 상품이다. 분배금만으로도 최소한 은행 이자 이상의 수익률을 기대할 수 있다.

▼ HDV : iShares Core High Dividend ETF

추종 지수	Morningstar Dividend Yield Focus Index	**운용보수**	0.08%	**주당 가격**	$98.16
상장일자	2011-03-29	**시가총액**	$12.23B	**PDF 종목 수**	77
TOP 5 국가 비중		**TOP 5 섹터 비중**		**TOP 5 종목 비중**	
1. 미국 99.88%		1. 에너지·광물 24.47%		1. 엑손모빌(XOM) 10.27%	
		2. 헬스케어 21.23%		2. 셰브론(CVX) 7.63%	
		3. 필수소비재 10.83%		3. 애브비(ABBV) 6.45%	
		4. IT 기술 7.98%		4. 버라이즌(VZ) 6.08%	
2022년 분배율 3.69%		5. 유틸리티 7.45%		5. 머크(MRK) 4.69%	
PER 14.63		PBR 3.85		TOP 10 비중 55.22%	

수익률	3개월	1년	3년	5년
HDV	-2.62%	1.73%	4.93%	5.88%

〈2023년 1월 기준〉

HDV는 Morningstar Dividend Yield Focus Index를 추종 지수로 한다. 추종 지수는 ① 경제적 해자垓字, moat 유무, ② 재무제표 건전성으로 산출된다. 배당주 ETF 중에서 대장급이다.

①의 요소는 '매출 하락에서 자유로울 수 있는지'인 해자의 유무다. ②의 요소는 자산 대비 부채 예상치와 꾸준한 배당 지급 같은 재무 건전성이다. 이 2가지 점수를 더해서 미국 상위 75종목까지 배당수익률에 따른 가중 방식으로 구성한다. 2022년 분배율은 3.69%였다.

PDF에서 TOP 4 섹터 비중의 합은 65%다. 에너지 섹터는 미국 경세 및 정치 상황에 많은 영향을 받는다. 필수소비재소비재 가운데 TV나 자동차처럼 오래 쓸 수 있는 것이 아닌 식량이나 화장품처럼 단기간에 소비하는 상품 섹터는 경제 상황에 상관없이 꾸준한 수요가 있다.

에너지 섹터 다음으로 비중이 큰 헬스케어 섹터도 전 세계 고령화로 인해 꾸준한 수요가 예상된다. 유엔에 따르면 2050년 고령층 인구는 17억 명으로 전망한다. 이제 고령화는 글로벌 메가트렌드다.

배당 성장 ETF

▼ SDY : **SPDR S&P Dividend ETF**

추종 지수	S&P High Yield Dividend Aristocrats Index	**운용보수**	0.35%	**주당 가격**	$116.69
상장일자	2005-11-08	**시가총액**	$21.18B	**PDF 종목 수**	121

TOP 5 국가 비중	TOP 5 섹터 비중	TOP 5 종목 비중
1. 미국 99.79%	1. 금융 21.15%	1. 엑손모빌(XON) 1.85%
	2. 유틸리티 13.23%	2. 카디널헬스(CAH) 1.77%
	3. 필수소비재 12.84%	3. IBM(IBM) 1.76%
	4. 산업 10.3%	4. 셰브론(CVX) 1.73%
2022년 분배율 2.55%	5. 공정 제조 8.98%	5. 월그린스 부츠 얼라이언스(WBA) 1.64%
PER 16.36	PBR 2.59	TOP 10 비중 16.48%

수익률	3개월	1년	3년	5년
SDY	-4.89%	-4.96%	6.5%	7.53%

〈2023년 1월 기준〉

SDY는 S&P High Yield Dividend Aristocrats Index를 추종 지수로 한다. 추종 지수는 20년 이상 배당을 늘려 온 종목으로 구성한다. 자세하게는 S&P 1500 지수에서 해당 종목을 선정한다. PDF에는 121종목이 있다.

2022년도 분배율은 2.55%였다. SDY는 미국 배당 ETF 44종목 중 시가총액 3위에 해당하는 배당 성장 ETF다. 참고로 시가총액 1위는 바로 앞에서 소개한 VYM, 2위는 미국 대표 배당 성장 ETF인 **SCHD**다.

배당 성장은 '기업이 꾸준히 성장하면서 배당금도 증가하는' 상태를 말한다. 즉 배당수익과 함께 시세 차익을 추구하는 방법이다. 사업을 영위하면서 20년 이상 꾸준히 배당금을 늘리는 게 쉽지만은 않다. 기업은 계속해서 돈을 잘 벌어야 예전보다 더 많은 이익을 남길 수 있다. 그래야 주주들한테 배당금을 늘려 지급해줄 여유가 생긴다.

이런 측면에서 배당 성장 ETF는 장기적으로 사서 모아 가기 좋은 전략이다. 예를 들어 지금 SDY에 투자했는데 10년 뒤에 주가가 2배가 됐다고 가정해보자. 그럼 분배율도 투자 시점 대비 최소 2배 이상 상승해서 5%대가 된다. 그렇게 장기 투자로 매년 분배율만 10% 이상 받는 날이 오게 된다.

▼ DGRO : iShares Core Dividend Growth ETF

추종 지수	Morningstar US Dividend Growth Index	**운용보수**	0.08%	**주당 가격**	$46.69
상장일자	2014-06-10	**시가총액**	$22.02B	**PDF 종목 수**	416
TOP 5 국가 비중		**TOP 5 섹터 비중**		**TOP 5 종목 비중**	
1. 미국 99.77%		1. 금융 20.46%		1. JP모건체이스(JPM) 2.98%	
		2. IT 기술 19.41%		2. 마이크로소프트(MSFT) 2.95%	
		3. 헬스케어 17.67%		3. 존슨앤존슨(JNJ) 2.92%	
		4. 산업 13.11%		4. 애플(AAPL) 2.78%	
2022년 분배율 2.35%		5. 필수소비재 11.36%		5. 화이자(PFE) 2.63%	
PER 15.43		PBR 3.15		TOP 10 비중 24.89%	

수익률	3개월	1년	3년	5년
DGRO	-1.94%	-8.43%	8.39%	9.62%

〈2023년 1월 기준〉

DGRO는 Morningstar US Dividend Growth Index를 추종 지수로 한다. 추종 지수 구성 조건은 최소 5년 이상 연속해서 배당이 증가하고, 순이익 중 배당금 지급 비율은 75% 이하여야 한다. 순이익의 25% 이상은 사업이나 미래에 대비해 투자해야 한다. 단 배당률이 급격하게 감소하는 기업은 PDF에서 제외한다. 2022년 분배율은 2.35%였다.

DGRO의 추종 지수가 될 수 있는 기준은 배당 성장 5년 이상이다. 앞에서 설명한 SDY는 기준이 20년 이상이다. 20년보다는 5년 동안 배당 성장을 지속하기가 쉬워서 PDF 종목 수가 더 많은 편이다.

사실 무엇이 더 좋고 나쁘기를 말하기는 어렵다. 다만 미국 경기가 상승할 때는 DGRO가 괜찮고, 경기가 좋지 않을 때는 SDY가 괜찮다. 지금까지는 미국 경기가 좋을 때 DGRO의 주가 상승률이 SDY보다 더 높았다.

▼ VIG : Vanguard Dividend Appreciation ETF

추종 지수	S&P US Dividend Growers Index	**운용보수**	0.06%		**주당 가격**	$141.54
상장일자	2006-04-21	**시가총액**	$57.51B		**PDF 종목 수**	291
TOP 5 국가 비중		**TOP 5 섹터 비중**			**TOP 5 종목 비중**	
1. 미국 99.75%		1. 금융 13.34%			1. 유나이티드헬스그룹(UNH) 4.4%	
		2. IT 기술 11.32%			2. 존슨앤존스(JNJ) 4%	
		3. 필수소비재 10.36%			3. 마이크로소프트(MSFT) 3.73%	
		4. 헬스케어 9.66%			4. JP모건체이스(JPM) 2.86%	
2022년 분배율 1.97%		5. IT 서비스 9.64%			5. 프록터 앤드 갬블(PG) 2.84%	
PER 18.87		PBR 4.44			TOP 10 비중 29.53%	
수익률	3개월	1년		3년		5년
VIG	-1.68%	-10.3%		7.71%		9.99%

<2023년 1월 기준>

VIG는 S&P US Dividend Growers Index를 추종 지수로 한다. 미국 시장에서 최소 10년 이상 배당금이 지속해서 증가한 종목으로 구성한다. 종목별 비중은 주식 시가총액에 따라 결정된다. 2022년 분배율은 1.97%였다.

VIG의 특징은 시가총액이 $57B로 매우 크다. 시가총액이 커서 일일 평균 거래량도 많은 편이다. 미국은 증권거래소의 역사가 오래되었기 때문에 배당금을 지급한 종목들이 많다.

| 미국 배당주 애칭 |

별칭		정의	종목 수
배당블루칩	배당킹(Dividend Kings)	50년 이상 배당금 증가	31
	배당귀족(Dividend Aristocrats) • S&P 500 Dividend Aristocrats Index를 구성	• 25년 이상 배당금 증가 • S&P 500 지수 편입 • 시가총액 30억 달러 이상 • 거래량 500만 달러 이상	65
	배당성취자(Dividend Achievers) • NASDAQ US Broad Dividend Achievers Index를 구성	• 10년 이상 배당금 증가 • 거래량 100만 달러 이상	254
배당챔피언(Dividend Champions)		25년 이상 배당금 증가	142
배당경쟁자(Dividend Contenders)		10~24년 연속 배당금 증가	279
배당도전자(Dividend Challengers)		5~9년 연속 배당금 증가	308

* 종목 수는 2021년 2월 Suredividend 집계 기준
* 출처 : Suredividend, NASDAQ

글로벌 고배당 ETF

IDV는 Dow Jones EPAC Select Dividend를 추종 지수로 한다. 미국을 제외한 다른 나라의 주식 중에서 배당률이 높은 TOP 100으로 구성한다. 국

▼ IDV : iShares International Select Dividend ETF

추종 지수	Dow Jones EPAC Select Dividend	운용보수	0.49%	주당 가격	$23.35
상장일자	2007-06-11	시가총액	$3.8B	PDF 종목 수	102
TOP 5 국가 비중		TOP 5 섹터 비중		TOP 5 종목 비중	
1. 영국 19.51%		1. 원자재 15.58%		1. Rio Tinto(ASX:RIO) 7.46%	
2. 호주 8.54%		2. 유틸리티 15.3%		2. British American Tobacco(LON:BATS) 3.75%	
3. 홍콩 8.38%		3. 보험 14.92%		3. Fortescue Metals Group Ltd (ASX:FMG) 3.45%	
4. 대한민국 8.34%		4. 물류 9.87%		4. NYK(TYO:9101) 2.67%	
5. 일본 8.22%		5. 은행 9.66%		5. Mitsui O.S.K.Lines(TYO:9104) 2.57%	
PER 5.09		PBR 0.98		TOP 10 비중 31.33%	

수익률	3개월	1년	3년	5년
IDV	-11.12%	-22.45%	-4.2%	-1.68%

<2023년 1월 기준>

가별 비중과 종목별 비중은 배당률에 따라 구성한다.

PDF 안에 포함되려면 최소한 지난 3년 동안 배당금을 지급했어야 한다. 지난해 주당 배당액도 최근 3년 동안의 주당 배당액보다 최소한 같거나 높고, 3개월 동안의 일일 평균 거래량이 300만 달러 이상이어야 한다.

IDV는 미국에서 거래 중인 글로벌 고배당 ETF 중에 시가총액이 큰 편이다. 2022년 분배율은 7.09%였다. 미국을 포함해서 세계적으로도 금융과 유틸리티 섹터는 배당률이 높은 편이다.

글로벌 고배당 ETF는 미국 고배당 ETF보다 배당률은 높다. 그러나 그만큼 주가 변동성도 높다는 것을 유의해야 한다.

▼ VIGI : Vanguard International Dividend Appreciation ETF

추종 지수	S&P Global Ex-US Dividend Growers Index	운용보수	0.15%	주당 가격	$63.14
상장일자	2016-02-25	시가총액	$3.38B	PDF 종목 수	317
TOP 5 국가 비중		TOP 5 섹터 비중		TOP 5 종목 비중	
1. 캐나다 17.25%		1. 헬스케어 22.6%		1. Novo nordisk a/s(CPH:NOVO-B) 4.62%	
2. 스위스 16.49%		2. 금융 14.74%		2. Novartis AG(SWX:NOVN) 4.5%	
3. 일본 15.31%		3. 필수소비재 13.05%		3. 네슬레(SWX:NESN) 4.15%	
4. 홍콩 8.67%		4. IT 서비스 12.6%		4. Roche Holding(SWX:RO) 4.05%	
5. 영국 7.48%		5. 소매업 5.61%		5. Toronto-Dominion Bank (TSE:TD) 3.46%	
PER 18.07		PBR 2.88		TOP 10 비중 36.23%	

수익률	3개월	1년	3년	5년
VIGI	-10.12%	-25.7%	0.78%	2.07%

<2023년 1월 기준>

VIGI는 S&P Global Ex-US Dividend Growers Index를 추종 지수로 한다. 추종 지수는 미국을 제외한 선진국과 개발도상국 배당 성장주로 구성한다. 선진국 중심으로 국가별 비중이 높은 편이다. 대륙별 비중은 유럽 44%, 태평양 국가 25%, 이머징마켓 14% 등이다. 2022년 분배율은 2.01%였다. VIGI는 글로벌 배당 성장 ETF다. 최소 7년 이상 배당금이 상승했던 종목으로 PDF를 구성한다.

2019년 상반기에는 세계적으로 보호무역 기조가 강했고, 2022년 하반기에는 글로벌 공급망 리스크 및 높은 인플레이션이 있었다. 해당 ETF는 세계 경제가 골고루 성장할 때 투자하면 좋다. 지금은 투자해도 다른 ETF보다 좋은 수익률을 기대하기는 힘들다.

▼ DWX : SPDR S&P International Dividend ETF

추종 지수	S&P International Dividend Opportunities Index	**운용보수**	0.45%	**주당 가격**	$28.85
상장일자	2008-02-12	**시가총액**	$456.73M	**PDF 종목 수**	103

TOP 5 국가 비중	**TOP 5 섹터 비중**	**TOP 5 종목 비중**
1. 일본 16.27%	1. 금융 34.47%	1. 에넬(BIT:ENEL) 1.77%
2. 캐나다 13.74%	2. 유틸리티 18.05%	2. 중국건설은행(SHA:601939) 1.69%
3. 홍콩 9.01%	3. 커뮤니케이션 11.1%	3. 알리안츠(ETR:ALV) 1.65%
4. 독일 8.12%	4. 산업 7.23%	4. 에온(ETR:EOAN) 1.64%
5. 스위스 7.72%	5. 헬스케어 5.77%	5. 부이그(EPA:EN) 1.63%
PER 11.46	PBR 1.16	TOP 10 비중 16.08%

수익률	3개월	1년	3년	5년
DWX	-13.87%	-23.21%	-6.15%	-2.59%

〈2023년 1월 기준〉

DWX는 S&P International Dividend Opportunities Index를 추종 지수로 한다. 미국을 제외한 일본, 캐나다, 홍콩, 독일, 스위스에서 배당률이 높은 TOP 100을 추종한다. PDF 비중은 배당률에 따라 구성한다. 2022년 분배율은 4.49%였다.

DWX는 금융, 유틸리티 섹터 비중의 합이 53%다. 두 섹터 모두 경기 변동과 상관없이 꾸준한 수요가 있다. 참고로 정보통신 섹터는 보통 우리나라 SK텔레콤, KT, LG U+와 같은 통신사를 말한다. 앞에서 설명한 IDV와 비슷한 ETF다.

신흥국 고배당 ETF

▼ DVYE : iShares Emerging Markets Dividend ETF

추종 지수	Dow Jones Emerging Markets Select Dividend Index	운용보수	0.49%	주당 가격	$23.67
상장일자	2012-02-23	시가총액	$523.42M	PDF 종목 수	110
TOP 5 국가 비중		TOP 5 섹터 비중		TOP 5 종목 비중	
1. 브라질 26.89%		1. 원자재 19.61%		1. Colbun(Chile) 2.67%	
2. 홍콩 22.68%		2. 금융 15.34%		2. Unipar Carbocloro(BVMF: UNIP6) 2.59%	
3. 대만 8.9%		3. 유틸리티 14.23%		3. JHSF Participacoes(BVMF: JHSF3) 2.2%	
4. 인도 7.85%		4. 에너지 13.48%		4. Metalurgica Gerdau(BVMF: GOAU4) 2.11%	
5. 남아프리카공화국 6.3%		5. 부동산 9.71%		5. CPFL Energia(BVMF:CPFE3) 2.02%	
PER 5.95		PBR 0.67		TOP 10 비중 20.74%	

수익률	3개월	1년	3년	5년
DVYE	-5.11%	-37.42%	-9.12%	-5.31%

<2023년 1월 기준>

DVYE는 Dow Jones Emerging Markets Select Dividend Index를 추종 지수로 한다. 신흥국 시장에서 배당률이 높은 TOP 100에 집중적으로 투자한다. 이때 리츠 주식과 규모가 작은 프런티어 시장은 제외한다. 2022년 분배율은 9.56%였다. 2016년 연초 주가 $26.38을 기점으로 다시 반등하기 시작했다. 2022년 12월 말 주가는 $24.34였다.

신흥국은 세계 경제의 영향을 많이 받으며 선진국 시장보다 GDP 및 내수 시장이 작아 수출을 많이 해야 경제가 성장한다. 그러나 지금 세계 경제는 안개 속에 있다. 대표적으로 미국과 중국의 무역 전쟁이 수면 아래서 계속 진행 중이고, 우크라이나 전쟁과 글로벌 인플레이션도 문제다. 중국은 국유 기업과 지방정부의 부채 문제가 심각하다.

신흥국 고배당 ETF는 미국 고배당 ETF와 비교했을 때 고위험·고수익 상품이다. 투자한다면 중·단기보다는 장기로 투자하는 것이 좋지만 글로벌 외부 요인에 선진국보다 너무 취약하다.

참고로 국내 배당 ETF는 'ARIRANG 고배당주'가 투자하기 괜찮다. 코스피 200 지수 종목 중 배당수익률이 높은 상위 30종목에 투자할 수 있다.

| 한눈에 보는 고배당 ETF |

티커	종목명	시가총액	분류
VYM	Vanguard High Dividend Yield ETF	$43.61B	미국 고배당
DVY	iShares Select Dividend ETF	$20.27B	〃
HDV	iShares Core High Dividend ETF	$12.23B	〃
SDY	SPDR S&P Dividend ETF	$21.18B	미국 배당 성장
DGRO	iShares Core Dividend Growth ETF	$22.02B	〃
VIG	Vanguard Dividend Appreciation ETF	$57.51B	〃
IDV	iShares International Select Dividend ETF	$3.8B	글로벌 고배당
VIGI	Vanguard International Dividend Appreciation ETF	$3.38B	〃
DWX	SPDR S&P International Dividend ETF	$456.73M	〃
DVYE	iShares Emerging Markets Dividend ETF	$523.42M	신흥국 고배당

<2023년 1월 기준>

미국 주식시장 대표 지수 ETF

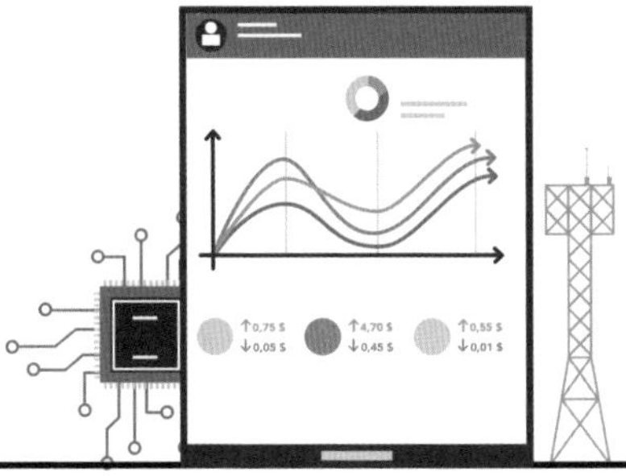

S&P 500 지수는 세계적인 신용평가사 S&P사에서 발표하는 주가 지수다. S&P는 1923년 처음 주가 지수를 내놓았지만, 1957년부터 사용되기 시작한 S&P 500 지수가 미국 주식시장의 표준 벤치마크가 되었다. 다우존스 지수, 나스닥 지수와 함께 미국의 대표적인 주가 지수다. 다우존스 지수와 마찬가지로 뉴욕 증권거래소에 상장된 기업의 주가 지수지만, 지수 산정에 포함되는 종목 수가 다우 지수의 30개보다 훨씬 많은 500개다.

2022년 10월 기준 섹터별 비중은 IT 기술이 26%로 가장 높다. 금융, 헬스케어, 경기소비재, 산업 등의 섹터도 있다. 자세한 설명은 S&P 500 지수를 추종하는 ETF, SPY에 잘 설명되어 있다.

S&P사에 의하면 S&P 500 기업의 평균 수명은 계속 줄어들고 있다. 평균

| S&P 500 지수 |

수명이 1970년 기준 30년에서 2015년에는 15년 이하로 줄었다. 맥킨지 보고서에 따르면 2027년에는 S&P 500 기업의 평균 수명이 12년으로 감소할 것으로 예상했다. 평균 수명은 줄어들지만, S&P 500 지수 그 자체는 경제 성장과 함께 꾸준히 상승할 것이다.

경쟁력 있는 기업은 지수에 추가되고, 경쟁력이 낮아지는 기업은 지수에서 제외한다. 그래서 대표 지수 ETF에 투자하면 기업 평균 수명에 큰 상관없이 PDF가 변경된다.

S&P 초창기인 1923년부터 2022년까지의 평균수익률은 연 7.81%다. 이 기간 동안 7.81%의 수익률을 복리로 계산하면, 100만 원이 21억 원이 되는 마법이 일어난다. 최근 5년간 S&P 500 지수는 약 47% 상승했고, 10년간 평균수익률은 연 13%였다.

S&P 500 지수 ETF

▼ SPY : SPDR S&P 500 ETF Trust

<table>
<tr><td>추종 지수</td><td>S&P 500</td><td>운용보수</td><td>0.09%</td><td>주당 가격</td><td>$374.29</td></tr>
<tr><td>상장일자</td><td>1993-01-22</td><td>시가총액</td><td>$331.35B</td><td>PDF
종목 수</td><td>506</td></tr>
<tr><td colspan="2">TOP 5 국가 비중</td><td colspan="2">TOP 5 섹터 비중</td><td colspan="2">TOP 5 종목 비중</td></tr>
<tr><td colspan="2">1. 미국 100%</td><td colspan="2">1. IT 기술 26.29%</td><td colspan="2">1. 애플(AAPL) 6.91%</td></tr>
<tr><td colspan="2"></td><td colspan="2">2. 헬스케어 15.09%</td><td colspan="2">2. 마이크로소프트(MSFT) 5.66%</td></tr>
<tr><td colspan="2"></td><td colspan="2">3. 경기소비재 11.15%</td><td colspan="2">3. 아마존(AMZN) 3.28%</td></tr>
<tr><td colspan="2"></td><td colspan="2">4. 금융 11.09%</td><td colspan="2">4. 알파벳A(GOOGL) 1.92%</td></tr>
<tr><td colspan="2">2022년 분배율 1.6%</td><td colspan="2">5. 커뮤니케이션 8.18%</td><td colspan="2">5. 테슬라(TSLA) 1.87%</td></tr>
<tr><td colspan="2">PER 18.82</td><td colspan="2">PBR 3.88</td><td colspan="2">TOP 10 비중 27.27%</td></tr>
<tr><td>수익률</td><td>3개월</td><td colspan="2">1년</td><td>3년</td><td>5년</td></tr>
<tr><td>SPY</td><td>-2.43%</td><td colspan="2">-15.75%</td><td>9.35%</td><td>9.61%</td></tr>
</table>

<2023년 1월 기준>

SPY는 S&P 500 지수를 추종한다. 미국을 대표하는 500종목의 보통주로 구성한다. 쉽게 말해 미국판 코스피 200 지수다. 다우존스 산업 지수보다 종목 수가 많아서 미국 시장에 더 넓게 분산 투자할 수 있다.

시가총액은 $331B이다. 원화로는 430조 원 정도다. 우리나라 삼성전자 시가총액이 365조 원 정도이니, 삼성전자보다 SPY의 시가총액이 더 크다. SPY는 해외 ETF 중 시가총액과 하루 평균 거래량이 가장 많다.

섹터를 보면 상위 비중에 IT 기술, 헬스케어, 경기소비재가 있다. 해당 섹터들이 앞으로도 미국 주식시장에서 유망할 것이다. IT 기술 섹터는 3차 산업혁명인 인터넷에서부터 현재 4차 산업혁명까지 진행되면서 장기간 호황기를 누리고 있다. 가까운 미래에 AI, 메타버스, 로봇, 6G 같은 기술들이 현실에서 우리를 기다리고 있다. 헬스케어 섹터는 고령화와 평균 수명의 연장 등으로 인해 유망할 것으로 전망된다.

티커	종목명	추종 지수	시가총액	운용보수
SPGP	Invesco S&P 500 GARP ETF	S&P 500 GARP Index	$1.27B	0.36%
IVV	iShares Core S&P 500 ETF	S&P 500	$269.78B	0.03%
VOO	Vanguard S&P 500 ETF	S&P 500	$243.12B	0.03%

〈2023년 1월 기준〉

같은 S&P 500 지수를 추종하는 ETF에 **IVV**와 **VOO**도 있다. 운용보수가 0.09%인 SPY보다 싼 0.03%다.

SPY보다 장기수익률이 연 2% 높았던 ETF로 **SPGP**가 있다. SPGP는 S&P 500 종목 중에서 성장률, 퀄리티 등으로 지수를 구성한다. PDF에는 76종목이 있다. 수익률은 3년 연 11.28%, 5년 연 12.87%였다.

| S&P 사이즈 지수 ETF |

티커	종목명	추종 지수	시가총액	운용보수
IJH	iShares Core S&P Mid Cap ETF	S&P Mid Cap 400	$57.75B	0.05%
IVOO	Vanguard S&P Mid Cap 400 ETF	S&P Mid Cap 400	$1.34B	0.1%
MDY	SPDR S&P Mid cap 400 ETF Trust	S&P Mid Cap 400	$16.88B	0.22%
IJR	iShares Core S&P Small Cap ETF	S&P Small Cap 600	$61.62B	0.06%
VIOO	Vanguard S&P Small Cap 600 ETF	S&P Small Cap 600	$1.99B	0.1%
RSP	Invesco S&P 500 Equal Weight ETF	S&P 500 Equal Weight Index	$28.71B	0.2%
OEF	iShares S&P 100 ETF	S&P 100	$7.31B	0.2%
XLG	Invesco S&P 500 Top 50 ETF	S&P 500 Top 50 Index	$1.86B	0.2%

〈2023년 1월 기준〉

IJH, **IVOO**, **MDY**는 S&P Mid Cap 400 지수를 추종한다. 3개 ETF가 같은 중형주 지수를 추종하는 상품으로, 운용사만 다를 뿐 똑같은 상품이다. 중형주 투자를 생각한다면 IJH에 투자하면 된다. 3개 중에 시가총액이 제일 많고, 운용보수도 낮으면서, 거래량도 많다.

IJR, **VIOO**는 S&P Small Cap 600 지수를 추종한다. 소형주 투자는 둘 중에 IJR에 투자하면 된다. 같은 이유로 시가총액이 커서 거래가 수월하다.

RSP는 S&P 500 Equal Weight Index를 추종 지수로 한다. S&P 500 지수를 동일 비중으로 투자하니 소형주와 중형주의 비중이 높아진다. 반대로 대형주의 비중은 작아진다.

OEF는 S&P 500 지수에서 TOP 100에 투자한다.

XLG는 S&P 500 지수에서 TOP 50에 투자한다. OEF보다 더 상위 종목에 집중 투자한다. 3년 이상 수익률에서 XLG는 SPY보다 조금 더 높다.

다우존스 지수 ETF

미국 다우존스 지수의 정식 명칭은 다우존스 산업평균 지수다. 다우 지수 또는 다우 30 지수로도 불린다. 다우존스 지수는 월스트리트 저널 편집자인 찰스 다우가 1884년 7월에 만들었다.

보통의 지수들과 달리 다우존스 지수는 비율 평균 방식으로 지수를 산출한다. 주가의 총합을 제수로 나눈다. 이렇게 하는 이유는 주식 분할이나 기타 영향을 최소화하기 위해서다.

해당 지수는 30종목의 우량 기업들로 구성된다. 지수 구성 종목 수가 너무 적어서 미국 주식시장을 전체적으로 반영하지는 못한다. 다우존스 지수는 S&P 500 지수나 나스닥 지수보다는 안정적이다. 소수의 대기업 위주로 지수를 구성하기 때문이다.

그런 이유 때문인지 2022년에는 다우존스 지수수익률이 S&P 500 지수와 나스닥 지수를 10%p 앞섰다. 매우 드문 경우다. 아마도 2022년에 비중이 낮은 기술주가 급락하고 상대적으로 비중이 높은 에너지·헬스케어가 상승하여, S&P 500 지수와 나스닥 지수에 비해 선방한 것으로 보인다.

▼ DIA : SPDR Dow Jones Industrial Average ETF Trust

추종 지수	DJ Industrial Average	**운용보수**	0.16%	**주당 가격**	$310.88
상장일자	1998-01-14	**시가총액**	$26.07B	**PDF 종목 수**	31
TOP 5 국가 비중		**TOP 5 섹터 비중**		**TOP 5 종목 비중**	
1. 미국 100%		1. 헬스케어 22.3%		1. 유나이티드헬스그룹(UNH) 11.27%	
		2. IT 기술 20%		2. 골드만삭스(GS) 6.77%	
		3. 금융 16.08%		3. 홈디포(HD) 6.15%	
		4. 경기소비재 13.17%		4. 암젠(AMGN) 5.44%	
2022년 분배율 1.95%		5. 산업 13.26%		5. 맥도날드(MCD) 5.38%	
PER 17.22		PBR 4.09		TOP 10 비중 55.64%	
수익률	3개월	1년	3년	5년	
DIA	-1.21%	-11.73%	6.55%	7.88%	

<2023년 1월 기준>

DIA는 DJ Industrial Average 지수를 추종한다. 다우존스 산업평균 지수는 미국을 대표하는 30종목의 우량주 주가를 나타낸 지수다. 다우존스 지수는 S&P 500 지수, 나스닥 지수와 함께 미국 주식시장 3대 대표 지수다. 다우존스 지수에는 TOP 5종목을 포함한 비자, 3M, P&G, 나이키, 디즈니, 코

| 다우존스 지수 |

카콜라 등이 있다. 2022년 분배율은 1.95%였다.

다우존스 지수에는 전 세계에서 사용되는 소비재 주식이 많다. 예를 들면 항공기 2대 중에서 1대는 보잉에서 만들었다. 전 세계 스마트폰 영업이익의 70% 이상은 애플이 가져간다. 비자는 세계 카드 시장 점유율 1위다. 대부분의 컴퓨터는 마이크로소프트에서 만든 윈도우 운영 체제를 사용한다. 이렇게 다우존스 지수 ETF는 세계적으로 많이 소비되는 글로벌 1등 기업들 위주로 PDF가 구성되어 있다.

세상이 변하고 기술이 변해도 먹고 마시는 취향은 잘 바뀌지 않는다. 10년이 지나고 20년이 지나도 맥도날드에서 비자카드로 결제한 빅맥과 코카콜라를 마실 것이다. 인플레이션에 따라 가격 인상도 꾸준하다. 지구촌 인구가 증가하면 그만큼의 수요도 같이 증가한다. DIA는 분배금을 재투자하면서 안정적으로 장기간 사서 모아 가기 괜찮은 ETF다.

▼ IYY : iShares Dow Jones US ETF

추종 지수	Dow Jones US Index	**운용보수**	0.2%	**주당 가격**	$91.56
상장일자	2000-06-12	**시가총액**	$1.41B	**PDF 종목 수**	1,153

TOP 5 국가 비중	**TOP 5 섹터 비중**	**TOP 5 종목 비중**
1. 미국 98.14%	1. IT 기술 25.78%	1. 애플(AAPL) 6.14%
	2. 헬스케어 14.68%	2. 마이크로소프트(MSFT) 4.99%
	3. 금융 11.54%	3. 아마존(AMZN) 2.89%
	4. 경기소비재 11.16%	4. BlackRock Funds MMF 2%
2022년 분배율 1.43%	5. 산업 8.68%	5. 알파벳A(GOOGL) 1.7%
PER 19.42	PBR 3.74	TOP 10 비중 24.82%

수익률	3개월	1년	3년	5년
IYY	-7.61%	-20.63%	7.89%	8.43%

〈2023년 1월 기준〉

IYY는 Dow Jones US Index 지수를 추종한다. PDF에는 1,150종목이 있다. 추종 지수는 시가총액 기준으로 상위 95%를 포함한다. 시가총액이 매우 작거나 유동성이 너무 작은 5%는 제외한다. TOP 10 비중은 25%로 다른 ETF에 비해 낮은 편이다.

참고로 미국 다우존스 지수와 다우존스 산업 지수는 다르다. 전자는 IYY가 추종하는 지수로 다우존스 지수 전체다. 후자는 DIA가 추종하는 지수로 다우존스 30 지수로도 불린다. 다우존스 산업 지수는 다우 지수로도 많이 불린다. 그렇기에 다우존스 지수와 다우 지수가 많이 헷갈릴 수 있다.

참고로 다우 지수에 포함되는 30개 주식은 경제 상황에 따라 교체된다. 30종목 중에서 어떤 주식이 더 이상 소속 산업을 대표할 수 없다고 판단될 때에는 그 주식을 제외시키고, 해당 산업을 대표할 수 있는 새로운 기업의 주식으로 대체시킨다.

나스닥 지수 ETF

나스닥 지수는 나스닥 주식시장에 상장된 모든 기업을 반영하는 지수다. 지수 산출은 1971년 2월 5일 지수를 100으로 기준하고, 시가총액 가중 방식으로 산출한다. 나스닥 종합주가 지수라고도 불린다. 지수에는 구글, 애플, 야후, 아마존닷컴과 같은 첨단 기술과 인터넷 기업들이 상장되어 있다.

다른 주식시장 대표 지수인 S&P 500과 다우존스 지수보다 나스닥 지수에 성장주가 특히 많다. 장점으로는 성장성이 높지만, 단점으로는 그만큼 안전성이 조금 낮다.

참고로 투자 안전성을 최우선으로 생각하면 다우존스, S&P 500, 나스닥 지수 순서대로 괜찮다. 수익률을 생각하면 나스닥, S&P 500, 다우존스 지수 순서대로 괜찮다. 대체로 수익률과 안전성은 반비례한다.

| 나스닥 지수 |

▼ QQQ : Invesco QQQ Trust

추종 지수	NASDAQ 100 Index	운용보수	0.2%		주당 가격	$275.42
상장일자	1999-03-10	시가총액	$141.97B		PDF 종목 수	103
TOP 5 국가 비중		TOP 5 섹터 비중			TOP 5 종목 비중	
1. 미국 98.33%		1. IT 기술 49.32%			1. 애플(AAPL) 13.58%	
		2. 경기소비재 16.26%			2. 마이크로소프트(MSFT) 10.46%	
		3. 커뮤니케이션 15.93%			3. 아마존(AMZN) 6.97%	
		4. 헬스케어 6.87%			4. 테슬라(TSLA) 4.02%	
2022년 분배율 0.73%		5. 필수소비재 6.76%			5. 알파벳C(GOOG) 3.67%	
PER 24.43		PBR 6.54			TOP 10 비중 51.78%	
수익률	3개월	1년		3년		5년
QQQ	-6.02%	-26.7%		13.01%		13.58%

〈2023년 1월 기준〉

QQQ는 NASDAQ 100 지수를 추종한다. 추종 지수는 금융 섹터를 제외한 나스닥 TOP 100으로 구성한다. 애플, 아마존, 구글, 페이스북 같은 세계적인 IT 기술 주식들이 PDF에 있다. 또한 스타벅스, 펩시, 코스트코 같은 경기소비재 주식도 PDF에 있다. 또한 유망한 섹터 대형 성장주에 분산 투자할 수 있다는 점이 매력적인 상품이다.

2022년 10월 시가총액 기준 미국 TOP 10 중에서 6종목이 IT 섹터 주식이다. IT 기술 섹터 비중이 49%다. 1999년에 상장했으며, 시가총액은 $142B로 미국 ETF 중 5번째로 크다.

앞으로도 글로벌 경제위기, 지정학적 위기, 정치적 위기 등이 오면 나스닥 지수는 S&P 500 지수와 다우존스 지수보다 많이 떨어질 것이다. 최근 5년 동안 지수를 비교해보면 나스닥 지수가 가장 많이 상승했다. 상승 폭이 다른 지수에 비해 크니 하락 폭도 그만큼 클 것이다. 그런데도 미국의 3대 대표 지수에 투자하는 QQQ, SPY, DIA 중에 한 종목에만 투자해야 한다면 QQQ를 추천한다.

그 이유는 3대 대표 지수 중에서 장기적인 기대수익률이 가장 괜찮다. 다른 이유로는 앞으로 미국의 실리콘 밸리가 바꿀 4차 산업혁명들의 기술 하나하나가 파격적이기 때문이다. 예를 들면 인공지능, 메타버스, 사물인터넷, 자율주행차, 가상 현실 등이 있다. 이 기술의 활용도를 생각하면 아직 제대로 시작조차 하지 않았다.

미국의 소설가 윌리엄 깁슨은 “미래는 이미 와 있다. 아직 널리 퍼지지 않았을 뿐이다.”라고 말했다. 아주 가까운 미래에 SF 영화에서 봤던 장면들이 하나둘씩 현실이 되는 시대가 온다. 코로나 팬데믹으로 그 속도가 더 빠르게 다가오기 시작했다.

▼ QTEC : **First Trust NASDAQ 100 Technology Sector Index Fund**

<table>
<tr><td>추종 지수</td><td>NASDAQ 100 Technology Index</td><td>운용보수</td><td>0.56%</td><td>주당 가격</td><td>$105</td></tr>
<tr><td>상장일자</td><td>2006-04-19</td><td>시가총액</td><td>$1.37B</td><td>PDF 종목 수</td><td>43</td></tr>
<tr><td colspan="2">TOP 5 국가 비중</td><td colspan="2">TOP 5 섹터 비중</td><td colspan="2">TOP 5 종목 비중</td></tr>
<tr><td colspan="2">1. 미국 95.27%</td><td colspan="2">1. 소프트웨어 42.2%</td><td colspan="2">1. 포티넷(FTNT) 2.75%</td></tr>
<tr><td colspan="2"></td><td colspan="2">2. 반도체 28.94%</td><td colspan="2">2. 베리사인(VRSN) 2.75%</td></tr>
<tr><td colspan="2"></td><td colspan="2">3. IT 장비 9.7%</td><td colspan="2">3. 줌비디오커뮤니케이션(ZM) 2.73%</td></tr>
<tr><td colspan="2"></td><td colspan="2">4. 컴퓨터 디지털 서비스 8.9%</td><td colspan="2">4. 마이크론 테크놀로지(MU) 2.73%</td></tr>
<tr><td colspan="2">2022년 분배율 0.14%</td><td colspan="2">5. 컴퓨터 서비스 7.69%</td><td colspan="2">5. 오토데스크(ADSK) 2.73%</td></tr>
<tr><td colspan="2">PER 33.3</td><td colspan="2">PBR 6.06</td><td colspan="2">TOP 10 비중 26.73%</td></tr>
<tr><td>수익률</td><td>3개월</td><td>1년</td><td>3년</td><td colspan="2">5년</td></tr>
<tr><td>QTEC</td><td>-18.61%</td><td>-38.5%</td><td>5.45%</td><td colspan="2">8.05%</td></tr>
</table>

<2023년 1월 기준>

QTEC는 NASDAQ 100 기술 지수를 추종한다. 나스닥 100 기술 지수는 나스닥에 상장된 기업들 중에서도 금융주를 제외하고, 시가총액 기준 TOP 100으로 이루어진 지수다. 그래서 나스닥 100 기술 지수를 보면 미국에 상장된 혁신 기업들의 시장 흐름을 파악할 수 있다.

TOP 5 섹터를 보면 첫 번째는 소프트웨어, 두 번째는 반도체다. 나스닥 주식시장에서도 이처럼 컴퓨터나 스마트폰 같은 하드웨어보다 반도체와 소프트웨어가 더 유망하다. 소프트웨어는 사람의 정신에, 반도체는 사람의 신체에 비유할 수 있다. 소프트웨어가 아무리 좋아도 하드웨어인 반도체가 좋지 않으면 제 성능이 나올 수가 없다. 앞으로도 소프트웨어의 발전을 위해서도 반도체는 함께 성장할 것이다. 주식시장에서도 하드웨어 섹터보다 소프트웨어 섹터를 더 높게 평가하고 있다.

QTEC는 QQQ와 달리 IT 섹터에 동일 비중으로 소수 종목에 집중 투자하는 특징이 있다. QTEC와 QQQ의 수익률을 비교해보면 팬데믹 코로나 이전은 QTEC가 높았고 이후로는 QQQ가 높았다. 참고로 같은 나스닥 지수 ETF로는 NASDAQ 100 지수에 동일 비중으로 투자하는 **QQQE**가 있다. QQQE는 QQQ를 동일 비중으로 투자하는 상품이다.

러셀 지수 ETF

IWM은 Russell 2000 지수를 추종한다. 미국 시가총액 1,001~3,000등 주식에 투자한다. 미국을 대표하는 중·소형주 지수로 코스닥 지수와 비슷하다고 생각하면 된다. 수익률은 3년 연 4.74%, 5년 연 3.71%였다.

티커	종목명	추종 지수	시가총액	운용보수
IWM	iShares Russell 2000 ETF	Russell 2000	$49.45B	0.19%
IWB	iShares Russell 1000 ETF	Russell 1000	$26.32B	0.15%
IWV	iShares Russell 3000 ETF	Russell 3000	$9.71B	0.2%
IWR	iShares Russell Mid Cap ETF	Russell Mid cap	$25.56B	0.18%
IWC	iShares Micro Cap ETF	Russell Micro cap	$852.83M	0.6%

〈2023년 1월 기준〉

IWB는 Russell 1000 지수를 추종한다. 미국 시가총액 1등에서 1,000등 주식에 투자한다. 1년 수익률은 -19.88%, 3년 연 8.44%였다.

IWV는 Russell 3000 지수를 추종한다. 미국 시가총액 1등에서 3,000등 주식에 투자한다. 러셀 1000 지수에 러셀 2000 지수를 더하면 러셀 3000 지수가 된다. 결론은 IWM과 IWB를 합치면 IWV가 된다. 수익률은 3년 연 8.14%, 5년 연 8.44%였다.

IWR은 Russell Mid Cap 지수를 추종한다. 미국 시가총액 201~1,000등 주식에 투자한다. 수익률은 3년 연 7.07%, 5년 연 7.43%였다. 주로 성장주 위주의 섹터가 높은 비중이고, 가치주 섹터 비중은 낮은 편이다.

IWC는 Russell Micro Cap 지수를 추종한다. 미국 시가총액 2,001~3,000등 주식에 투자한다. 수익률은 3년 연 5.49%였다.

IWM과 IWC는 수익률이 다르다. 러셀 대형주 지수는 S&P 500 지수와 상관관계가 높은 편이다. 러셀 중·소형주 지수는 상관관계가 낮다. 러셀 지수 ETF 투자를 생각한다면 IWB 또는 IWV 중에 선택하면 된다. 소형주 투자보다는 대형주 투자가 안전하고 마음이 편하다.

기타 지수 ETF

티커	종목명	추종 지수	시가총액	운용보수
VTI	Vanguard Total Stock Market ETF	CRSP US Total Market	$240.48B	0.03%
ITOT	iShares Core S&P Total US Stock Market ETF	S&P Total Market Index	$37.23B	0.03%
SPTM	SPDR Portfolio S&P 1500 Composite Stock Market ETF	S&P Composite 1500 Index	$5.34B	0.03%
SCHB	Schwab US Broad Market ETF	Dow Jones US Broad Stock Market	$19.18B	0.03%
MGC	Vanguard Mega Cap ETF	CRSP US Mega Cap	$3.39B	0.07%
VV	Vanguard Large Cap ETF	CRSP US Large Cap	$23.38B	0.04%
VO	Vanguard Mid Cap ETF	CRSP US Mid Cap	$46.44B	0.04%
VB	Vanguard Small Cap ETF	CRSP US Small Cap	$38.98B	0.05%

〈2023년 1월 기준〉

VTI, **ITOT**는 미국 주식시장 전체에 투자한다. 운용사만 다를 뿐 추종 지수에 전부 Total Market이 들어가는 비슷한 상품이다. 3년 이상 장기수익률은 비슷한 편이다. 시가총액은 VTI가 ITOT보다 압도적으로 높다. 미국 3대 주식시장 대표 지수 ETF처럼 VTI에 투자해도 나쁘지 않다. VTI의 수익률은 3년 연 8.84%, 5년 연 9.04%였다.

SPTM은 미국 시가총액을 가중해서 상위 1,500개 주식에 투자한다. 또한 선물 계약에도 투자할 수 있다.

SCHB는 미국 시가총액을 가중해서 상위 2,500개 주식에 투자한다. VTI가 S&P 500 + 중형주 + 소형주가 포함되어 있다면, SCHB는 S&P 500 + 중형주라 생각하면 된다.

MGC는 미국 주식시장 시가총액 상위 70%를 포함시켜 투자한다. PDF에는 240종목이 있다.

VV는 미국 주식시장 시가총액 상위 15%에 해당하는 대형주에 투자한다. PDF에는 580종목이 있다. 수익률은 3년 연 8.55%, 5년 연 9.04%였다.

VO는 중형주에 투자한다. PDF에는 332종목이 있다. 수익률은 3년 연 7.35%, 5년 연 8.44%였다.

VB는 시가총액 하위 2%에서 15%에 해당하는 소형주에 투자한다. 수익률은 3년 연 5.61%, 5년 연 5.48%였다. 주식시장에서 보통 소형주 지수는 대·중형주 지수보다 고수익·고위험이다. 소형주 투자는 상승장에 투자할 때 빛을 발한다.

| 한눈에 보는 미국 주식시장 대표 지수 ETF |

티커	종목명	시가총액	분류
SPY	SPDR S&P 500 ETF Trust	$331.35B	S&P 500 지수
IVV	iShares Core S&P 500 ETF	$269.78B	〃
VOO	Vanguard S&P 500 ETF	$243.12B	〃
IJH	iShares Core S&P Mid Cap ETF	$57.75B	S&P 사이즈 지수
IJR	iShares Core S&P Small Cap ETF	$61.62B	〃
RSP	Invesco S&P 500 Equal Weight ETF	$28.71B	S&P 500 지수 동일 비중
DIA	SPDR Dow Jones Industrial Average ETF Trust	$26.07B	다우존스 지수
QQQ	Invesco QQQ Trust	$141.97B	나스닥 100 지수
QTEC	First Trust NASDAQ 100 Technology Sector Index Fund	$1.37B	나스닥 100 IT 기술 동일 비중 지수
IWM	iShres Russell 2000 ETF	$49.45B	러셀 2000 지수
IWB	iShares Russell 1000 ETF	$26.32B	러셀 1000 지수
IWR	iShares Russell Mid Cap ETF	$25.56B	러셀 중형주 지수
VTI	Vanguard Total Stock Market ETF	$240.48B	CRSP 미국 전체 시장 지수
VV	Vanguard Large Cap ETF	$23.38B	CRSP 미국 대형주 지수
VO	Vanguard Mid Cap ETF	$46.44B	CRSP 미국 중형주 지수
VB	Vanguard Small Cap ETF	$38.98B	CRSP 미국 소형주 지수

〈2023년 1월 기준〉

글로벌 주식시장 대표 지수 ETF

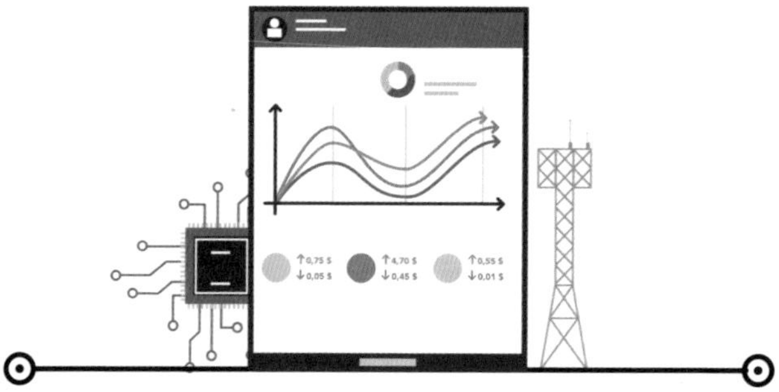

글로벌 주식시장 대표 지수 ETF가 국내 상장 ETF와 다른 점은 단일 ETF로 다양한 국가의 주식시장 지수에 투자할 수 있다는 것이다. 예를 들면 선진국 ETF, 유럽 지수 ETF, 아시아 지수 ETF 등이 있다.

코로나 팬데믹, 미중 패권 경쟁, 우크라이나 전쟁, 전 세계적 인플레이션, 금리 인상 이슈로 미국의 대표 지수인 S&P 500 지수가 하락하고 있다. 시장의 변화에 따라 변동성이 심한 주식의 경우는 세계 경제 방향에 대한 축을 세워야 한다. 글로벌 지수 ETF에 투자한다는 것은 전 세계 주식시장을 매수한다고 해도 과언이 아니다.

참고로 선진국은 신흥국보다 배당률이 높은 편이다. 성장률이 과거보다 많이 낮아졌기 때문이다. 이와 반대로 신흥국은 성장률이 높은 편이다. 그래서 배당률이 낮고, 성장하는 데 지속적으로 많은 자본을 투자한다.

글로벌 주식시장 대표 지수 ETF는 장기 투자하기 괜찮은 상품이 꽤 있다. 많은 펀드가 시장 지수수익률 이상을 목표로 벤치마크한다. 주식시장 대표 지수 ETF만 꾸준히 매수해도 평균 이상의 수익률은 쉽게 가능하다. 그리고 웬만한 펀드의 수익률보다 높은 수익률을 손쉽게 달성할 수 있다.

세계적으로 보면 투자 1순위는 미국에 상장된 ETF다. 미국은 경제력, 정치력, 군사력 강국이다. 2순위는 선진국 지수 ETF다. 신흥국 지수 ETF는 투자를 추천하지 않는다. 신흥국 시장은 지금의 위기 후에 다시 성장하기 시작할 때 투자를 생각해봐야 한다. 세계 경제가 좋으면 신흥국은 성장률이 높은 만큼 수익률이 더 높다. 신흥국 ETF는 다른 글로벌 주식시장 대표 지수 ETF보다 고수익·고위험이다.

선진국은 신흥국보다 신기술들을 먼저 활용한다. 예전에는 전기, 철도, 인터넷 등을 먼저 사용했다. 지금은 4차 산업혁명 기술들을 먼저 활용하려고 부지런히 준비 중이다. 예를 들면 구글의 자율주행차, 아마존의 드론을 이용한 배달, 끊임없는 AI 개발 등이 있다. 4차 산업혁명을 생각해서도 신흥국 투자보다는 선진국 투자가 괜찮다.

참고로 4차 산업혁명과 관련해서 투자하기 매력적인 ETF도 많다. 자세한 내용은 뒤에 나오는 '테마 ETF'에서 설명하겠다.

4차 산업혁명은 초연결 사회다. 그 예로 2022년 10월에 카카오톡 데이터센터 화재 사건이 있었다. 앞으로 몇 년 뒤 5G 시대가 돼서 비슷한 사건이 발생하면 더 큰 혼란이 발생한다. 앞으로의 세상은 거미줄처럼 더욱더 촘촘히 연결되어 가는 중이다.

| 아마존 프라임 에어 |

| 구글 웨이모 자율주행차 |

글로벌 지수 ETF

▼ VEU : Vanguard FTSE All-World ex-US ETF

<table>
<tr><td>추종 지수</td><td>FTSE All World ex-US Index</td><td>운용보수</td><td>0.07%</td><td>주당 가격</td><td>$45.55</td></tr>
<tr><td>상장일자</td><td>2007-03-02</td><td>시가총액</td><td>$28.5B</td><td>PDF 종목 수</td><td>3,620</td></tr>
<tr><td colspan="2">TOP 5 국가 비중</td><td colspan="2">TOP 5 섹터 비중</td><td colspan="2">TOP 5 종목 비중</td></tr>
<tr><td colspan="2">1. 일본 15.53%</td><td colspan="2">1. 금융 22.71%</td><td colspan="2">1. Nestle S.A.(SWX:NESN) 1.4%</td></tr>
<tr><td colspan="2">2. 영국 9.66%</td><td colspan="2">2. 헬스케어 9.2%</td><td colspan="2">2. 미국 달러 1.2%</td></tr>
<tr><td colspan="2">3. 홍콩 9.31%</td><td colspan="2">3. 필수소비재 9.02%</td><td colspan="2">3. Roche Holding(SWX: ROG) 1.08%</td></tr>
<tr><td colspan="2">4. 캐나다 6.58%</td><td colspan="2">4. 전자 기술 8.32%</td><td colspan="2">4. 텐센트(HKG:700) 0.97%</td></tr>
<tr><td colspan="2">5. 프랑스 6.26%</td><td colspan="2">5. IT 서비스 5.63%</td><td colspan="2">5. TSMC(TPE:2330) 0.95%</td></tr>
<tr><td colspan="2">PER 12.3</td><td colspan="2">PBR 1.58</td><td colspan="2">TOP 10 비중 9.56%</td></tr>
</table>

수익률	3개월	1년	3년	5년
VEU	-9.64%	-26.78%	-1.38%	-0.7%

<2023년 1월 기준>

VEU는 FTSE All World ex-US Index를 추종 지수로 한다. 미국을 제외한 선진국 위주로 세계 곳곳에 투자할 수 있다. 글로벌 시장에서 해당 국가 주식시장 총액을 가중 평균해서 지수 비중을 정한다. 지역별 비중은 유럽 38.5%, 태평양 27.3%, 이머징마켓 26.7% 등이다. 2022년 분배율은 2.97%였다.

VT는 미국을 포함한 전 세계 주식시장에 투자하며, 세계 주식시장 시가총액의 98%를 포함한다. PDF에는 9,300종목이 있다. 2022년 분배율은 2.1%였다. 국가별 비중은 미국 61%, 일본 6%, 영국 4% 등이다. 단 1개의 ETF로 전 세계 49개국 1만 개 기업에 투자한다.

티커	종목명	추종 지수	시가총액	운용보수
VT	Vanguard Total World Stock ETF	FTSE Global All Cap Index	$20.75B	0.07%
VXUS	Vanguard Total International Stock ETF	FTSE Global All Cap ex-US Index	$43.16B	0.07%
IXUS	iShares Core MSCI Total International Stock ETF	MSCI ACWI ex-USA IMI Index	$24.85B	0.07%

<2023년 1월 기준>

VXUS, IXUS는 VT에서 미국만 제외한 ETF로 매우 비슷하다. 미국을 제외한 세계 주식시장 시가총액의 99%를 포함한다.

▼ ACWI : **iShares MSCI ACWI ETF**

추종 지수	MSCI ACWI Index	**운용보수**	0.32%	**주당 가격**	$80.83
상장일자	2008-03-26	**시가총액**	$14.29B	**PDF 종목 수**	2,320
TOP 5 국가 비중		**TOP 5 섹터 비중**		**TOP 5 종목 비중**	
1. 미국 62.19%		1. IT 기술 20.6%		1. 애플(AAPL) 4.38%	
2. 일본 5.39%		2. 금융 14.59%		2. 마이크로소프트(MSFT) 3.21%	
3. 홍콩 3.76%		3. 헬스케어 12.92%		3. 아마존(AMZN) 1.98%	
4. 영국 3.72%		4. 경기소비재 11.07%		4. 알파벳A(GOOGL) 1.14%	
5. 캐나다 3.11%		5. 산업 9.6%		5. 테슬라(TSLA) 1.1%	
PER 15.87		PBR 2.56		TOP 10 비중 16.1%	
수익률	3개월	1년	3년	5년	
ACWI	-4.33%	-20.95%	4.47%	4.8%	

<2023년 1월 기준>

ACWI는 티커와 같은 MSCI ACWI Index를 추종 지수로 한다. ACWI는 'All Country World Index'의 약자다. 추종 지수는 선진국과 신흥국의 중·대

형주에 투자한다. 주식시장 시가총액의 85%를 포함한다.

국가별 비중으로는 미국이 62%로 가장 크다. 글로벌 주식시장에서 미국의 비중이 60% 전후라고 유추할 수 있다. 해당 추종 지수는 기관 투자자들이 해외 투자 분석과 성과 측정 시 벤치마크로 많이 활용한다.

티커	종목명	추종 지수	시가총액	운용보수
ACWX	iShares MSCI ACWI ex-US ETF	MSCI ACWI ex-USA Index	$3.44B	0.32%
CWI	SPDR MSCI ACWI ex-US ETF	MSCI ACWI ex-USA Index	$1.36B	0.3%

<2023년 1월 기준>

ACWI와 비슷한 상품으로는 **ACWX, CWI**가 있다. 둘 다 미국을 제외한 ACWI 지수를 추종한다. 시가총액은 ACWX가 CWI보다 2배 이상 크다. 수익률은 3년 연 -2.15%, 5년 연 -1.24%였다.

글로벌 소형주 ETF

티커	종목명	추종 지수	시가총액	운용보수
VSS	Vanguard FTSE All-World ex-US Small Cap ETF	FTSE Global ex-US Small Cap Index	$6.68B	0.07%
SCHC	Schwab International Small Cap Equity ETF	FTSE Developed Small Cap ex-US Liquid Index	$2.92B	0.11%
FNDC	Schwab Fundamental International Small Company Index ETF	Russell RAFI Developed ex-US Small Company Index	$2.29B	0.39%
GWX	SPDR S&P International Small Cap ETF	S&P Developed x United States	$610.23M	0.4%

<2023년 1월 기준>

글로벌 소형주에 투자하는 ETF는 크게 4종목이 있다.

VSS는 미국을 제외한 글로벌 소형주에 투자한다. 선진국과 이머징마켓을 포함해서 4,160종목에 투자한다. 기간별 수익률은 3년 연 -1.44%, 5년 연 -1.81%였다.

SCHC는 미국을 제외한 선진국 소형주에 투자한다. 주식시장에서 시가총액이 낮은 하위 10%까지 투자한다. 기간별 수익률은 3년 연 -1.46%, 5년 연 -1.48%%였다.

FNDC와 **GWX**도 미국을 제외한 선진국 소형주에 투자한다. 글로벌 소형주 ETF는 지금의 고금리, 인플레이션이 지나고 세계 경제가 좋아지면 그때 투자를 생각하면 된다. 세계 경제 또는 정치적으로 불안할수록 소형주 투자는 조심 또 조심해야 한다.

선진국 지수 ETF

미국을 제외한 선진국에 투자하는 **EFA**는 MSCI EAFE 지수를 추종한다. EAFE는 'Europe, Australia, Far East' 지역의 약자다. 흔하게 투자하는 미국을 배제하여 포트폴리오를 다각화할 수 있다.

추종 지수는 일본, 영국, 프랑스 등 EAFE 지역을 포함한 선진국에 투자한다. 단 미국과 캐나다는 제외한다. PDF에는 대형주와 중형주를 포함하고 소형주는 제외한다. 2022년 분배율은 2.53%였다.

EFA 말고도 MSCI EAFE 지수로 만든 대표적인 ETF에는 IEFA, HEFA, DBEF가 있다.

▼ EFA : iShares MSCI EAFE ETF

추종 지수	MSCI EAFE Index	운용보수	0.32%	주당 가격	$59.84
상장일자	2001-08-14	시가총액	$40.91B	PDF 종목 수	804
TOP 5 국가 비중		TOP 5 섹터 비중		TOP 5 종목 비중	
1. 일본 22.74%		1. 금융 17.66%		1. Nestle S.A.(SWX:NESN) 2.39%	
2. 영국 15.66%		2. 산업 15.22%		2. Roche Holding(SWX:ROG) 1.82%	
3. 프랑스 11.11%		3. 헬스케어 13.61%		3. Shell PLC(LON: SHEL) 1.56%	
4. 스위스 10.69%		4. 경기소비재 11.02%		4. ASML홀딩(AMS:ASML) 1.53%	
5. 호주 7.93%		5. 필수소비재 10.74%		5. Novo Nordisk(CPH:NOVO-B) 1.39%	
PER 11.77		PBR 1.44		TOP 10 비중 14.92%	
수익률	3개월	1년		3년	5년
EFA	-7.22%	-23.06%		-1.08%	0.01%

〈2023년 1월 기준〉

티커	종목명	추종 지수	시가총액	운용보수
IEFA	iShares Core MSCI EAFE ETF	MSCI EAFE IMI	$78.16B	0.07%
HEFA	iShares Currency Hedged MSCI EAFE ETF	MSCI EAFE 100% Hedged to USD	$3.46B	0.35%
DBEF	Xtrackers MSCI EAFE Hedged Equity ETF	MSCI EAFE 100% Hedged to USD	$3.99B	0.35%

〈2023년 1월 기준〉

IEFA는 EAFE 지수에 집중적으로 투자한다. PDF에는 3,060종목이 있다. EFA보다 3배 이상 많다. 수익률은 3년 연 -0.71%, 5년 연 0.25%였다.

HEFA, **DBEF**는 사실상 같은 상품이다. 추종 지수에 대해 100% 환헤지를 목표로 한다.

▼ VEA : **Vanguard FTSE Developed Markets ETF**

추종 지수	FTSE Developed All Cap ex-US Index Net TR US RIC	**운용보수**	0.05%	**주당 가격**	$38.85
상장일자	2007-07-20	**시가총액**	$87.7B	**PDF 종목 수**	4,075
TOP 5 국가 비중		**TOP 5 섹터 비중**		**TOP 5 종목 비중**	
1. 일본 20.74%		1. 금융 21.73%		1. 미국 달러 2.49%	
2. 영국 12.75%		2. 헬스케어 10.68%		2. 네슬레(SWX:NESN) 1.71%	
3. 캐나다 10.24%		3. 내구소비재 9.44%		3. 로슈 Holdings(SWX:ROG) 1.32%	
4. 프랑스 7.98%		4. 전자 기술 6.95%		4. 로열 더치 쉘(LON:SHEL) 1.06%	
5. 스위스 7.9%		5. 제조공정 6.23%		5. 삼성전자(KSC:005930) 1.02%	
PER 11.46		PBR 1.33		TOP 10 비중 12.28%	

수익률	3개월	1년	3년	5년
VEA	-7.6%	-23.79%	-0.3%	0.33%

〈2023년 1월 기준〉

VEA는 선진국에 투자하는 대표 ETF다. 미국을 제외한 주식시장 시가총액을 가중해서 대형주, 중형주, 소형주에 모두 투자한다. PDF에는 4,075종목이 있다. 2022년 분배율은 2.75%였다.

지역별 비중은 유럽 51%, 태평양 37% 등이다. VEA는 선진국 시장에 투자하는 160개 ETF 중에서 시가총액이 가장 크다. 그다음으로 앞에서 설명한 IEFA가 $78B로 두 번째다.

SPDW와 **IDEV**도 선진국 시장에 투자하는 ETF다. 2개 ETF 모두 VEA처럼 미국을 제외한 선진국 시장에 투자하며, 1년에 2번 배당금을 지급하는 반기 배당 ETF다. 수익률과 변동성을 고려할 때 SPDW보다 IDEV를 추천한다.

티커	종목명	추종 지수	시가총액	운용보수
SPDW	SPDR Portfolio Developed World ex-US ETF	S&P Developed x United States BMI	$11.3B	0.04%
IDEV	iShares Core MSCI International Developed Markets ETF	MSCI World ex-USA IMI	$7.06B	0.04%

<2023년 1월 기준>

이머징마켓 지수 ETF

티커	종목명	추종 지수	시가총액	운용보수
VWO	Vanguard FTSE Emerging Markets ETF	FTSE Emerging Markets All Cap China A Inclusion Index	$60.78B	0.08%
IEMG	iShares Core MSCI Emerging Markets ETF	MSCI Emerging Markets Investable Market Index	$56.89B	0.09%
EEM	iShares MSCI Emerging Markets ETF	MSCI Emerging Markets Index	$20.35B	0.68%
FNDE	Schwab Fundamental Emerging Markets Large Company Index ETF	Russell RAFI Large Company Emerging Markets	$4.19B	0.39%

<2023년 1월 기준>

VWO는 FTSE 이머징마켓 지수를 추종한다. 홍콩, 대만, 인도, 중국 A주를 포함한 이머징마켓에 투자한다. 한국은 제외한다. 대형주, 중형주, 소형주를 포함한 4,580종목이 PDF에 있다. 분야별 비중은 금융, IT, 임의소비재, 통신 순이다. PER은 11.8, PBR은 1.62다. 2022년 분배율은 4%였다. 수익률은 3년 연 -2.61%, 5년 연 -1.67%였다.

IEMG는 PDF에 한국 비중 11%가 있다는 걸 제외하고는 VWO와 비슷하다. 수익률은 3년 연 -3.48%, 5년 연 -2.5%였다.

EEM은 IEMG와 추종 지수가 비슷하지만 수익률은 조금 낮은 편이다. 자세히 보면 EEM과 IEMG처럼 자산운용사에서 비슷한 지수를 추종하는 ETF가 꽤 있다. 이럴 때는 ETF를 비교해서 조금 더 높은 수익률이 예상되는 상품에 투자하면 좋은 선택이 된다.

FNDE는 종목명 그대로 이머징마켓 대형주에 집중적으로 투자한다. 이때 매출액, 현금흐름, 배당금 등을 고려한다. PDF에는 340종목이 있다. 국가별 비중은 홍콩 32%, 대만 18%, 브라질 12% 등이다. 수익률은 3년 연 -3.26%, 5년 연 -1.09%였다.

유럽 지수 ETF

▼ VGK : Vanguard FTSE Europe ETF

추종 지수	FTSE Developed Europe All Cap Index	운용보수	0.08%	주당 가격	$50.53
상장일자	2005-03-04	시가총액	$12.76B	PDF 종목 수	1,355
TOP 5 국가 비중		TOP 5 섹터 비중		TOP 5 종목 비중	
1. 영국 25.33%		1. 금융 18.14%		1. 네슬레(SWX:NESN) 3.39%	
2. 프랑스 15.94%		2. 내구소비재 15.63%		2. 로슈 Holdings(SWX:ROG) 2.67%	
3. 스위스 15.7%		3. 헬스케어 15.45%		3. ASML홀딩(AMS:ASML) 1.94%	
4. 독일 11.58%		4. 제조공정 6.17%		4. Shell PLC(LON:SHEL) 1.93%	
5. 네덜란드 6.29%		5. 에너지 5.87%		5. 아스트라제네카(LON:AZN) 1.89%	
PER 11.25		PBR 1.5		TOP 10 비중 19.66%	

수익률	3개월	1년	3년	5년
VGK	-6.79%	-24.45%	-0.43%	0.13%

〈2023년 1월 기준〉

VGK는 FTSE 선진국 유럽 지수를 추종한다. 이때 선진국은 영국을 포함한 서유럽과 북유럽을 말한다. 유럽에서 상대적으로 GDP가 낮은 동유럽과 남유럽의 비중은 낮은 편이다. TOP 5 국가 비중을 합하면 75%다. 유럽 주식시장에서 영국, 프랑스, 스위스, 독일 4개 국가 비중이 크다는 뜻이기도 하다.

2022년 분배율은 3.02%였다. 유럽 주식은 대체로 배당률이 높은 편이다. 2020년에는 코로나 팬데믹으로 인해 예외적으로 분배율이 낮았다. 보통 분배율은 3% 전후였다. 참고로 TOP 5 종목 비중에 있는 괄호 표시의 앞에는 증권거래소 코드다. 뒤에는 해당 주식 종목 코드다. 예를 들면 SWX는 스위스 증권거래소 코드다. NESN은 네슬레의 종목 코드다.

티커	종목명	추종 지수	시가총액	운용보수
EZU	iShares MSCI Eurozone ETF	MSCI EMU Index	$4.76B	0.5%
IEUR	iShares Core MSCI Europe ETF	MSCI Europe IMI	$3.2B	0.09%
IEV	iShares Europe ETF	S&P Europe 350 Index	$1.41B	0.58%

〈2023년 1월 기준〉

EZU는 유로를 사용하는 유로존 국가의 중·대형주에 투자한다. 국가별 투자 비중은 프랑스 37%, 독일 25% 등이다. 상위 2개 국가 비중이 62%다. PDF에는 230종목이 있다. 수익률은 3년 연 -1.79%, 5년 연 -1.43%였다.

IEUR은 유럽 주식시장을 시가총액 비중에 따라 투자한다. 대형주, 중형주, 소형주에 투자한다. 국가별 비중은 영국 24%, 프랑스 17% 등이다. 수익률은 3년 연 -0.5%, 5년 연 0.11%였다.

IEV는 유로존 주식시장 상위 360개 대형주에 투자한다. PDF 비중은 시가총액에 따라 구성된다. 수익률은 3년 연 -0.22%, 5년 연 0.16%였다.

유럽 스톡스 50 지수는 2021년 말 최고점 4,401을 찍은 이후, 2023년 3월 여전히 4,000선을 유지하고 있다. 유럽 기업은 50% 이상이 경기민감주로 한국과 유사해, 유럽이 좋으면 한국이 좋다고 예상할 수 있다.

태평양 지수 ETF

▼ VPL : Vanguard FTSE Pacific ETF

추종 지수	FTSE Developed Asia Pacific All Cap Index	**운용보수**	0.08%	**주당 가격**	$59.3
상장일자	2005-03-04	**시가총액**	$5.16B	**PDF 종목 수**	2,467
TOP 5 국가 비중		**TOP 5 섹터 비중**		**TOP 5 종목 비중**	
1. 일본 54.61%		1. 금융 22.35%		1. 미국 달러 4.66%	
2. 호주 18.4%		2. 전자 기술 10.42%		2. 삼성전자(KSC:005930) 2.68%	
3. 한국 11.06%		3. 제조공정 7.95%		3. Toyota Motor(TYO:7203) 2.44%	
4. 홍콩 6.38%		4. 내구소모재 7.69%		4. BHP Group(NYSE:BHP) 1.93%	
5. 미국 4.94%		5. 헬스케어 7.48%		5. AIA생명(HKG:1299) 1.53%	
PER 11.69		PBR 1.11		TOP 10 비중 19.24%	

수익률	3개월	1년	3년	5년
VPL	-9.69%	-25.39%	-2.18%	-0.86%

〈2023년 1월 기준〉

VPL은 FTSE 아시아·태평양 선진국 지수를 추종한다. 국가별 주식시장 시가총액을 가중해서 대형주에서 소형주까지 투자한다. 태평양 지역은 다른 지역의 선진국보다 중·소형주와 신흥국 비중이 높은 편이다. VPL은 태평양 지역에 분산 투자하는 ETF 중에 시가총액이 높은 편이다.

전 세계 국가들의 경쟁력과 주식시장을 비교해봤을 때, 지역에 따라 시장 등급이 획일적으로 나뉘지는 않는다. 유럽에도 신흥국이 존재하고 아시아에도 선진국이 존재한다. 아시아·태평양 지역은 아시아 동부 태평양과 맞닿은 지점에 있는 지역으로, 호주 대륙을 비롯한 남태평양도 아우르는 지역이다.

해외 ETF를 살펴보면 우리나라는 세계 주식시장에서 동북아시아에서의 선진국에 지나지 않는다는 것을 느낄 수 있다. 코로나 팬데믹이 일어나기 전인 2020년 수익률은 16.67%였다.

국가별 비중은 상위 3개 국가의 합이 84%다. 일본의 비중은 55%다. 전 세계에서 미국과 중국 다음으로 일본이 시가총액 3위다. 2022년 분배율은 3.31%였다.

티커	종목명	추종 지수	시가총액	운용보수
IPAC	iShares Core MSCI Pacific ETF	MSCI Pacific IMI	$1.49B	0.09%
EPP	iShares MSCI Pacific ex-Japan ETF	MSCI Pacific ex-Japan Index	$1.95B	0.47%

〈2023년 1월 기준〉

IPAC는 MSCI Pacific IMI 지수를 추종한다. 국가별 비중은 일본 64%, 호주 23%로 합하면 87%다. PDF에는 1,540종목이 있다. 섹터별 비중은 금융 25%, 경기소비재 23%다. 수익률은 3년 연 2.44%, 5년 연 -0.32%였다.

EPP의 국가별 비중은 호주 65%, 홍콩 21%, 싱가포르 12% 등이다. 국가 3곳에 집중적으로 투자한다. PDF에는 120종목이 있다. 수익률은 3년 연 -2.51%, 5년 연 -0.1%였다.

아시아 지수 ETF

▼ AAXJ : iShares MSCI All Country Asia ex-Japan ETF

추종 지수	MSCI AC Asia ex-Japan Index	운용보수	0.69%	주당 가격	$56.9
상장일자	2008-08-13	시가총액	$2.43B	PDF 종목 수	1,040
TOP 5 국가 비중		TOP 5 섹터 비중		TOP 5 종목 비중	
1. 홍콩 36.9%		1. IT 기술 21.88%		1. TSMC(TAI:2330) 6.25%	
2. 인도 17.41%		2. 금융 21.75%		2. 삼성전자(KSC:005930) 4.05%	
3. 대만 15.78%		3. 경기소비재 13.72%		3. 텐센트(HKG:700) 3.39%	
4. 한국 12.07%		4. 커뮤니케이션 8.55%		4. 알리바바(BABA) 2.52%	
5. 중국 5.62%		5. 산업 7.01%		5. 릴라이언스 인더스트리 (NSE:RELIANCE) 1.94%	
PER 12.25		PBR 1.43		TOP 10 비중 25.2%	

수익률	3개월	1년	3년	5년
AAXJ	-17.96%	-35.49%	-5.35%	-3.8%

〈2023년 1월 기준〉

AAXJ는 MSCI AC Asia ex-Japan Index를 추종 지수로 한다. 국가별 비중은 일본을 제외하고 아시아 11개 국가의 주식시장 시가총액을 고려한다. 대형주 및 중형주에 투자한다. 섹터별 비중은 IT 기술 22%, 금융 22%다. 2022년 분배율은 1.69%였다.

티커	종목명	추종 지수	시가총액	운용보수
AIA	iShares Asia 50 ETF	S&P Asia 50 Index	$1.12B	0.5%
EEMA	iShares MSCI Emerging Markets Asia ETF	MSCI EM Asia Custom Capped Index	$436.44M	0.5%

〈2023년 1월 기준〉

AIA는 아시아 4개국의 주식을 추종 지수로 한다. 한때 네 마리 용이라 불렸던 홍콩, 한국, 대만, 싱가포르에만 투자한다. 해당 국가에서 시가총액이 높은 55종목에 집중적으로 투자한다.

국가별 비중은 중국 38%, 한국 24%, 대만 21%, 싱가포르 6% 등이다. 섹터별 비중은 IT 기술 35%, 금융 24%다. 아시아 TOP 50 초대형주에 투자할 수 있다. 수익률은 3년 연 -7.64%, 5년 연 -4.54%였다.

EEMA는 한국과 홍콩을 포함한 이머징마켓에 투자한다. EEMA는 시가총액이 6배 많은 AAXJ와 큰 차이점은 없다. 수익률은 3년 연 -4.5%, 5년 연 -3.49%였다.

아시아 지수 ETF는 추후 투자를 생각해보는 게 좋다. 우리나라를 포함해 홍콩, 대만 등은 미중 무역 전쟁의 영향을 많이 받는다. 대중 수출 비중이 높아서 중국 내수 영향이 적지 않은 영향을 미친다.

또한 신흥국 통화 위험 가능성이 있다. 신흥국 통화가 미국 달러 대비 환율이 불안하기 때문이다. 경제가 안 좋아지면 신흥국 화폐가 선진국 화폐보다 상대적으로 변동 폭이 높아진다. 수익이 생겼다고 해도 환율까지 최종 계산해보면 마이너스가 될 수도 있다.

2023년 3월 기준 미국 중앙은행 기준 금리는 5.00%다. 미국의 테이퍼링이 현재 진행 중이다.'테이퍼링은 미국 연방준비제도Fed가 '양적 완화 규모를 조금씩 축소해나가는 것'을 의미한다.

지금까지 미국을 포함한 전 세계 주식시장은 돈의 힘으로 주가가 상승했던 측면도 있었다. 그렇기에 테이퍼링 정책을 시행하면 주식시장은 한동안 힘을 발휘하기가 쉽지 않다.

개별 국가 지수 ETF

▼ FM : iShares MSCI Frontier and Select EM ETF

추종 지수	MSCI Frontier and Emerging Markets Select Index	운용보수	0.79%	주당 가격	$23.67
상장일자	2012-09-13	시가총액	$307.52M	PDF 종목 수	176
TOP 5 국가 비중		TOP 5 섹터 비중		TOP 5 종목 비중	
1. 베트남 22.33%		1. 금융 40.06%		1. 미국 달러 6.86%	
2. 나이지리아 8.03%		2. 부동산 9.59%		2. Ahli United Bank(KUW:AUB) 6.47%	
3. 바레인 6.77%		3. 원자재 9.58%		3. Commercial International Bank Egypt SAE(CIBEY) 5.04%	
4. 이집트 5.84%		4. 필수소비재 8.63%		4. Credicorp(BAP) 3.38%	
5. 방글라데시 5.66%		5. 현금 7.41%		5. Kaspi.kz JSC(KSPI) 3.05%	
PER 7.94		PBR 1.42		TOP 10 비중 35.1%	

수익률	3개월	1년	3년	5년
FM	-11.39%	-31.59%	-3.39%	-2.79%

<2023년 1월 기준>

FM은 MSCI Frontier and Emerging Markets Select Index를 추종 지수로 한다. 프런티어 시장은 이머징마켓 중에서도 시장 규모가 작고, 유동성이 낮은 나라를 말한다. 베트남, 나이지리아, 바레인, 이집트, 방글라데시, 아르헨티나 등이 있다. 국가별 비중은 베트남이 높은 편이다. 섹터별 비중은 금융이 40%다.

FM은 투자를 추천하지 않는다. 프런티어 시장에 속해 있는 나라의 개별 투자도 고려하지 않는 게 좋다. 그 이유에는 3가지 있다.

① **주식시장 시가총액이 너무 작다.** 전 세계적으로 우리나라 주식시장 시

가총액 비중은 2% 정도다. 그런데 프런티어 국가의 개별 주식시장 비중은 이보다 훨씬 더 낮다.

② **경제력이 낮다.** 경제력이 낮은데 고성장하려면, 수출을 많이 해야 한다. 글로벌 경기 상황에 의존을 많이 해서 불안하다. 아니면 인구가 많아서 미국과 중국처럼 내수경제가 뒷받침되면 가능하다.

③ **정치적으로 예측이 힘들다.** 정치가 경제보다 우위에 있는 나라에서는 어떤 사고가 일어나도 이상하지 않다. 그래서 민주주의는 소득 수준에 따라 이루어진다는 속설이 있는 것이다.

위와 같은 이유로 FM은 투자하지 않는 게 좋다. 해외 ETF와 미국 주식을 보면 투자금만 충분하면 사고 싶은 종목은 널리고 널려 있다.

▼ EWJ : iShares MSCI Japan ETF

추종 지수	MSCI Japan Index	**운용보수**	0.5%	**주당 가격**	$50.38
상장일자	1996-03-12	**시가총액**	$8.29B	**PDF 종목 수**	239
TOP 5 국가 비중		**TOP 5 섹터 비중**		**TOP 5 종목 비중**	
1. 일본 99.82%		1. 산업 22%		1. Toyota Motor(TYO:7203) 5.12%	
		2. 경기소비재 18.19%		2. Sony(TYO:6758) 2.94%	
		3. IT 기술 13.35%		3. Keyence(TYO:6861) 2.31%	
		4. 금융 10.35%		4. Mitsubishi UFJ Financial Group(TYO:8306) 2.03%	
2022년 분배율 1.17%		5. 헬스케어 10.23%		5. Daiichi Sankyo(TYO:4568) 1.85%	
PER 13.13		PBR 1.15		TOP 10 비중 22.23%	

수익률	3개월	1년	3년	5년
EWJ	-8.41%	-25.13%	-3.09%	-1.11%

<2023년 1월 기준>

EWJ는 MSCI Japan Index를 추종 지수로 한다. 추종 지수는 도쿄 증권거래소에 상장된 대형주 및 중형주 위주로 구성된다. 일본 주식시장 시가총액의 85%를 포함한다. 섹터별 비중은 산업, 경기소비재, IT 기술 순이다. 2022년 분배율은 1.17%였다.

일본 대표 지수인 닛케이 지수는 나쁘지 않다. 2012년 중반 8,500을 기점으로 2020년 1월 초 지수는 23,850이었다. 3배 상승한 수치다. 코로나 팬데믹으로 17,000까지 급하락했지만, 2023년 5월 기준으로 30,000이다. 일본은 소재와 제조업 기술이 매우 뛰어나다.

2021년 일본은 코로나 확진자가 많이 나와서 그동안 긴급 사태 발령이 많았다. 참고로 코로나 팬데믹 이전에는 실업률이 낮았다. 예를 들어 대학생들은 졸업하기 전에도 취업했다.

티커	종목명	추종 지수	시가총액	운용보수
HEWJ	iShares Currency Hedged MSCI Japan ETF	MSCI Japan 100% Hedged to USD Index	$335.17M	0.5%
DXJ	WisdomTree Japan Hedged Equity Fund	WisdomTree Japan Hedged Equity Index	$1.91B	0.48%

〈2023년 1월 기준〉

일본 주식 지수 ETF는 환헤지에 따라 수익률 차이가 크다. **HEWJ**는 EWJ와 동일한 PDF를 보유한 환헤지형 ETF에 해당한다. 수익률은 3년 연 8.39%, 5년 연 5.65%였다.

DXJ는 수출 비중이 높은 배당주를 가중한 후 엔화를 환헤지한다. 환차익에 따른 손실을 최소화하는 구조여서, 달러가 강세일 때 유리하다.

중국 지수 ETF

티커	종목명	추종 지수	시가총액	운용보수
FXI	iShares China Large-Cap ETF	FTSE China 50 Index	$4.23B	0.74%
MCHI	iShares MSCI China ETF	MSCI China Index	$5.97B	0.57%
ASHR	Xtrackers Harvest CSI 300 China A-Shares ETF	CSI 300 Index	$1.48B	0.65%
GXC	SPDR S&P China ETF	S&P China BMI Index	$914.57M	0.59%

<2023년 1월 기준>

FXI는 중국 본토 주식 중에서 홍콩 주식시장에 상장된 시가총액 TOP 50 대형주를 추종 지수로 한다. 섹터별 비중은 경기소비재 31%, 금융 29%다. 2020년 초까지는 금융 비중이 56%로 높았다. 2년 동안 비중이 절반 가까이 줄었다. 2022년 분배율은 2.51%였다. 수익률은 3년 연 -17.48%, 5년 연 -11.65%였다.

MCHI는 중국 주식시장에 폭넓게 투자한다. 섹터별 비중은 경기소비재 28%, 금융 17%, 커뮤니케이션 16%다. PDF를 보면 620종목이 있다. TOP 10 비중은 37%다. 참고로 MSCI는 중국 A주 편입 비중을 5%에서 2019년 20%까지 4배 확대했다. 앞으로 중국 주식에 대한 수요는 많아질 것으로 예상한다. 수익률은 3년 연 -13.41%, 5년 연 -9.42%였다.

ASHR은 CSI 300 지수를 추종한다. CSI 300은 KOSPI 200 지수처럼 중국을 대표하는 300종목을 말한다. 종목 수는 FXI와 MCHI 사이에 있다. 수익률은 3년 연 -2.68%, 5년 연 -2.61%였다.

GXC는 중국 주식시장에 상장된 모든 주식을 시가총액 가중한 지수를 추종한다. 수익률은 3년 연 -11.58%, 5년 연 -8.3%였다.

중국 주식 지수 ETF 투자를 생각한다면 장기로 생각하고 사서 모아 가야 한다. 중국 금융시장이 글로벌 금융시장에서 차지하는 비중을 생각하면, 여전히 무시할 수 없다. 현재는 미국이 세계에서 경제적, 정치적, 군사적으로 1등이다. 10년 뒤 미국과 대등하게 될 나라가 있다면, 그건 중국이 아닐까?

| 한눈에 보는 글로벌 주식시장 대표 지수 ETF |

티커	종목명	시가총액	분류
VEU	Vanguard FTSE All-World ex-US ETF	$28.5B	FTSE 미국 제외 세계 지수
VT	Vanguard Total World Stock ETF	$20.75B	FTSE 글로벌 지수
VSS	Vanguard FTSE All-World ex-US Small Cap ETF	$6.68B	FTSE 미국 제외 세계 소형주 지수
ACWI	iShares MSCI ACWI ETF	$14.29B	MSCI ACWI 지수
EFA	iShares MSCI EAFE ETF	$40.91B	MSCI EAFE 지수
IEFA	iShares Core MSCI EAFE ETF	$78.16B	MSCI EAFE IMI 지수
VEA	Vanguard FTSE Developed Markets ETF	$87.7B	FTSE 미국 제외 선진국 지수
VWO	Vanguard FTSE Emerging Markets ETF	$60.78B	FTSE 신흥국 지수
IEMG	iShares Core MSCI Emerging Markets ETF	$56.89B	MSCI 신흥국 투자시장 지수
VGK	Vanguard FTSE Europe ETF	$12.76B	FTSE 유럽 선진국 지수
VPL	Vanguard FTSE Pacific ETF	$5.16B	FTSE 아시아·태평양 선진국 지수
AAXJ	iShares MSCI All Country Asia ex-Japan ETF	$2.43B	MSCI 일본 제외 아시아 지수
FXI	iShares China Large-Cap ETF	$4.23B	FTSE 중국 50 지수
MCHI	iShares MSCI China ETF	$5.97B	MSCI 중국 지수

<2023년 1월 기준>

섹터 ETF ①

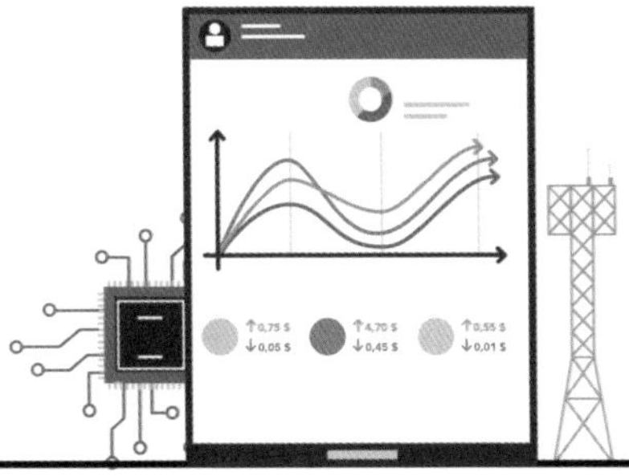

미국 섹터 ETF는 종류가 11가지다. 섹터 ETF ①에서는 필수소비재, 자유소비재, 금융, IT 기술, 헬스케어 섹터에 관해 설명하려고 한다. 섹터 중에는 성장하는 섹터가 있고, 안정적인 섹터가 있다. 그리고 투자하면 괜찮은 섹터와 안 좋은 섹터도 있다. 장기간 투자에 괜찮은 섹터와 좋지 않은 섹터가 정해져 있다.

장기 투자했을 때 수익률이 높은 섹터가 우리가 투자해야 할 좋은 섹디다. 미국은 IT 기술, 헬스케어, 자유소비재가 크게 성장 중인 섹터로 대표 ETF의 수익률이 괜찮다. IT를 대표하는 XLK의 10년 수익률은 연 17.84%였다. 헬스케어를 대표하는 XLV의 10년 수익률은 연 14.25%였다. 자유소비재를 대표하는 XLY의 10년 수익률은 연 13.8%였다.

필수소비재, 금융, 헬스케어는 안정적이다. 3가지 섹터 모두 꾸준한 수요가 있다. 필수소비재는 이름처럼 생활하면서 매일 소비하는 제품을 말한다. 제품을 사용하거나 먹기 때문에 주기적이고 반복적인 소비가 발생한다. 금융은 내 집 마련할 때나 사업 자금 대출을 받을 수 있다. 한 번 대출을 받으면 원금을 갚을 때까지 길게는 몇 십 년 동안 이용해야 한다. 흔히 경제를 인체에 비유하면, 금융은 혈액과 같은 역할을 한다.

"앞으로 20년 내 기업에 치명적인 영향을 미칠 주요 요소는 돌발적인 전쟁, 돌림병, 혜성 충돌 등을 제외하면 경제도 아니고 기술도 아니다. 그것은 바로 인구 구조의 변화다."

현대 경영학의 아버지라고 불리는 피터 드러커가 1997년 하버드비즈니스리뷰에 기고한 글의 일부다. 전 세계가 고령화라는 가장 장기적이며 구조적인 변화에 직면해 있다. 그리고 고령화에 가장 큰 수혜를 받을 섹터가 헬스케어다. 이번 섹터 ETF ①에는 투자하기 괜찮은 상품이 꽤 많다. 섹터마다 몇 가지 특징은 뒤에서 자세하게 설명했다. 투자할 때 주의가 필요한 섹터는 섹터 ETF ②에서 설명한다.

필수소비재 ETF

필수소비재 섹터는 4가지 특징이 있다.

① **꾸준한 수요가 있다.** 필수소비재는 이름 그대로 일상생활에 꼭 필요한 소비재를 의미한다. 예를 들어 아침에 일어나면 칫솔과 치약으로 양치를 하고, 샴푸로 머리를 감는다. 이처럼 치약과 샴푸처럼 꾸준한 수요와 반복적

인 소비가 생기는 제품이 필수소비재다. 보통 먹거나, 마시거나, 사용해서 없애는 제품을 말한다. 코로나 팬데믹으로 마스크도 새로운 필수소비재가 됐다. 다만 마스크는 강력한 브랜드를 갖기가 힘들다.

② **경기의 영향을 적게 받는다.** 하루 세 번 치약을 사용하던 사람이 경제가 호황이라고 하루 여섯 번 양치질하지 않는다. 반대로 경제가 불황이라고 하루 한 번만 양치질하지 않는다. 그래서 경기가 불황일 때는 필수소비재 섹터 주식이 강세를 보인다. 경기방어주로도 불리며, 안전하고 든든한 방패 역할을 해준다.

③ **인플레이션 헤지 수단이다.** 우리나라를 포함해서 많은 국가는 시간이 지나면서 물가가 오른다. 이에 자연스럽게 생필품 가격도 오른다. 최소한 화폐 가치 하락에 따른 인플레이션만큼 제품 가격을 올린다. 제품 가격이 오르면 회사 매출이 오르고, 주가도 상승한다.

2022년 물가 상승 억제를 위한 금리 인상으로 세계 주요국 물가 상승률이 다소 둔화된 상태다. 하지만 미국의 금리 인상의 움직임에 맞춰 금리 인상을 계속 진행하고 있어, 인플레이션 안정화 전까지 고금리 기조는 2023년에도 계속 유지될 것으로 보인다.

④ **세계화가 될수록 수요가 증가한다.** 콜라를 생각해보면 가장 먼저 코카콜라가 떠오른다. 생활용품을 생각해보면 P&G가 있다. 담배를 생각해보면 필립모리스가 있다.

이렇게 미국 필수소비재 기업은 전 세계적으로 사업을 한다. 개발도상국이 경제 성장을 할수록 햄버거와 피자를 먹을 때 코카콜라를 많이 마시게 될 것이다. 샤워할 때는 P&G 제품의 사용 가능성이 커진다.

▼ XLP : Consumer Staples Select Sector SPDR Fund

추종 지수	S&P Consumer Staples Select Sector Index	**운용보수**	0.1%	**주당 가격**	$71.54
상장일자	1998-12-16	**시가총액**	$15.2B	**PDF 종목 수**	35
TOP 5 국가 비중		**TOP 5 섹터 비중**		**TOP 5 종목 비중**	
1. 미국 99.89%		1. 음료 28.2%		1. P&G(PG) 14.18%	
		2. 가정용품 21.82%		2. 펩시코(PEP) 11.15%	
		3. 식품 소매 19.68%		3. 코카콜라(KO) 10.4%	
		4. 식품 생산 19.19%		4. 코스트코(COST) 10.02%	
2022년 분배율 2.54%		5. 담배 8.31%		5. 월마트(WMT) 4.78%	
PER 20.39		PBR 5.46		TOP 10 비중 69.24%	

수익률	3개월	1년	3년	5년
XLP	-2.76%	2.29%	7.99%	13.50%

〈2023년 1월 기준〉

XLP는 S&P 경기소비재 지수를 추종한다. 1998년에 상장했으며, 시가총액은 $15B이다. 필수소비재 ETF 중에서 규모가 가장 크다. PDF 상위 TOP 10 비중은 69%다. 투자 종목으로는 P&G, 코카콜라, 펩시, 코스트코, 월마트, 필립 모리스 등이 있다. 2022년 분배율은 2.54%였고, 분기별로 지급한다.

필수소비재 섹터 ETF는 연평균 10% 정도의 수익률을 기대해볼 수 있다. 성장주처럼 급격한 주가 상승은 없겠지만, 급격한 하락도 없다. 미국의 세계적인 투자자 워런 버핏은 필수소비재 투자로 큰 부자가 됐다. 실제로도 코카콜라, 질레트 등에 투자했다. 지금도 매일 코카콜라를 몇 잔씩 마신다고 한다.

기타 필수소비재 ETF

티커	종목명	추종 지수	시가총액	운용보수
VDC	Vanguard Consumer Staples ETF	MSCI US Investable Market Consumer Staples 25/50 Index	$6.25B	0.10%
KXI	iShares Global Consumer Staples ETF	S&P Global 1200 Consumer Staples Sector Capped Index	$1.17B	0.40%
FSTA	Fidelity MSCI Consumer Staples Index ETF	MSCI USA IMI Consumer Staples 25150 Index	$1.01B	0.08%
IYK	iShares US Consumer Staples ETF	Russell 1000 Consumer Staples RIC 22.5/45 Capped Index	$1.57B	0.39%

<2023년 1월 기준>

VDC는 미국 필수소비재 섹터를 시가총액 비중으로 투자한다. PDF에는 102종목이 있다. 2022년 분배율은 2.43%였다. 수익률은 3년 연 8.37%, 5년 연 8.67%였다.

KXI는 전 세계에서 사업하는 글로벌 필수소비재에 투자한다. 대형주 비중이 높으며, PDF에 96종목이 있다. 국가 비중은 미국이 56%다. 다른 국가로 영국, 스위스, 일본 등이 있다. 종목별 비중은 P&G 9%, 네슬레 8%, 코카콜라 5%, 월마트 5%다. 수익률은 3년 연 3.48%, 5년 연 4.48%였다.

FSTA는 후발 주자라서 운용보수가 가장 저렴하다. PDF에는 107종목이 있다. XLP, VDC와 상위 10개 구성 종목이 동일하다. 수익률은 3년 연 8.26%, 5년 연 8.7%였다.

IYK는 미국 상위 1,000개 필수소비재 기업에 투자한다. PDF에는 55종목이 있다. 수익률은 3년 연 16.92%, 5년 연 12.05%였다.

필수소비재 섹터 ETF는 경제가 불황일 때 투자하면 더 빛을 발한다. 경기가 호황일 때는 성장하는 섹터 투자가 수익률이 더 높다. 필수소비재보다 자유소비재 섹터 수익률이 더 높아진다. 그래도 언제나 든든하게 기본은 하는 섹터가 필수소비재 ETF다.

자유소비재 ETF

자유소비재는 3가지 특징이 있다.

① **경기에 따라 소비의 영향을 받는다.** 경제가 호황이면 소비가 증가하고, 불황이면 소비가 감소한다.

② **브랜드 파워가 매우 중요하다.** 브랜드 파워가 높은 기업이 낮은 기업보다 투자할 때 마음이 편하다. 백화점 명품관에 입점해 있는 브랜드는 브랜드 파워가 높다. 백화점에서 서로 모셔 가려고 경쟁한다.

③ **경쟁이 치열하다.** 누구나 경쟁할 수 있는 완전 경쟁시장이다. 자유소비재 기업은 지속적인 유·무형의 투자로 잠재적 경쟁자의 진입 장벽을 높이려고 한다.

예를 들면 소셜커머스 쿠팡은 계획된 적자로 적자 폭이 커도 계속 투자한다. 많은 투자를 해놓으면 그만큼 다른 기업에 비해 경쟁우위를 갖는다. 쿠팡은 2022년에 매출 26조 원을 돌파하면서, 신세계에 이어 국내 2위를 차지했다. 2023년에는 온라인의 쿠팡이 신세계를 뛰어넘을 것으로 예상된다.

▼ XLY : Consumer Discretionary Select Sector SPDR Fund

추종 지수	S&P Consumer Discretionary Select Sector Index	**운용보수**	0.1%	**주당 가격**	$145.39
상장일자	1998-12-16	**시가총액**	$14.31B	**PDF 종목 수**	58

TOP 5 국가 비중	**TOP 5 섹터 비중**	**TOP 5 종목 비중**
1. 미국 99.89%	1. 자동차 24.85%	1. 아마존(AMZN) 23.22%
	2. 인터넷 소매 23.53%	2. 테슬라(TSLA) 17.71%
	3. 호텔 & 레저 18.25%	3. 맥도날드(MCD) 4.95%
	4. 특화된 소매 18.02%	4. 홈디포(HD) 4.86%
2022년 분배율 0.9%	5. 다각화 소매 5.16%	5. 로우스(LOW) 4.09%
PER 26.71	PBR 8.03	TOP 10 비중 69.59%

수익률	3개월	1년	3년	5년
XLY	-4.27%	-25.25%	7.52%	11.26%

〈2023년 1월 기준〉

XLY는 S&P 자유소비재 지수를 추종한다. S&P 500 지수에서 자유소비재 기업을 시가총액 가중 방식으로 PDF를 구성한다. 총 10가지 섹터가 있고 자동차, 인터넷 소매, 호텔 & 레저 비중이 66%다. PDF 비중에는 아마존이 23%로 가장 높다. 테슬라, 맥도날드, 나이키, 스타벅스 같은 인지도 높은 기업으로 구성한다. 2022년 분배율은 0.9%였다. 분배율은 성장 중인 기업들이 많아서 낮은 편이다.

미국 자유소비재 섹터 종목들은 전 세계를 대상으로 사업하는 기업이 많다. 일상에서 자주 볼 수 있는 스타벅스, 맥도날드, 나이키는 선 세계적으로도 유명한 브랜드다. PDF 상위 종목들은 개별적으로 투자하기에도 괜찮다. 상위 종목으로는 아마존, 테슬라, 맥도날드가 있다. 2012년부터 2022년 상반기까지 10년 동안 아마존은 주가가 17배 상승했다. 맥도날드는 2.5배, 나이키는 5배 상승했다.

브랜드 파워가 약해지지 않는 한 꾸준히 사서 모아 가기 나쁘지 않다. 테슬라는 최근에 PDF에 편입되었지만, 주가의 급락으로 평균수익률을 많이 낮췄다. 하지만 최근 5년 동안 주가는 14배 상승했다.

기타 자유소비재 ETF

티커	종목명	추종 지수	시가총액	운용보수
VCR	Vanguard Consumer Discretionary ETF	MSCI US Investable Market Consumer Discretionary 25/50 Index	$4.21B	0.1%
IYC	iShares US Consumer Discretionary ETF	Russell 1000 Consumer Discretionary 40 Act 15/22.5 Daily Capped Index	$672.51M	0.39%
RXI	iShares Global Consumer Discretionary ETF	S&P Global 1200 Consumer Discretionary Sector Capped Index	$234.64M	0.4%

〈2023년 1월 기준〉

VCR은 MSCI 미국 자유소비재 지수를 추종한다. PDF에는 310종목이 있다. TOP 10 비중은 62%다. 수익률은 3년 연 11.77%, 5년 연 12.62%였다.

IYC의 섹터별 비중은 소매업 35%, 고객 서비스 17%다. PDF에는 180종목이 있다. 종목별 비중은 아마존 14%, 테슬라 8%다. 수익률은 3년 연 4.63%, 5년 연 9.37%였다.

RXI는 글로벌 자유소비재 지수를 추종한다. 국가별 비중은 미국 60%, 일본 12%, 프랑스 6% 등이다. PDF에는 143종목이 있다. 상위 종목으로는 미국 자유소비재 주식들과 알리바바, 소니, 루이비통 등이 있다. 수익률은 3년 연 1.75%, 5년 연 5.28%였다.

금융 ETF

금융 섹터는 2가지 특징이 있다.

① **생산 원가가 매우 낮다.** 금융업은 자기자본 비율BIS이 낮다. 은행은 다수가 맡긴 예금으로 돈이 필요한 기업과 개인들에게 대출해준다. 대출 이자와 예금 이자의 차이인 예대 마진과 순이자 마진이 주 수익원이다. 그래서 금리가 인상되면 대표적 수혜주로 금융주가 꼽힌다.

증권사는 주식을 사고팔 수 있게 서비스하는 주식 거래 수수료가 주 수익원이다. 보험은 현재 보험료 수입과 미래에 지출되는 보험금의 차이가 주 수익원이다. 즉 수입은 현재지만 지출은 미래라는 시간 차이가 있다.

금융업은 다른 섹터보다 기술 발전이나 매출을 위한 필요 투자액이 적은 편이다. 그러나 요즘은 디지털 시대를 맞아 디지털화를 추진하고 있다. 안정성을 위해 매출의 다각화도 추구하는 금융 회사들이 많아졌다.

② **금리의 영향을 많이 받는다.** 금리가 낮은 편이 보통 주식시장 상승에 좋다. 금리가 높으면 무위험 수익인 은행 이자와 안전한 채권 이자 수요가 증가한다. 돈의 사용료라고 할 수 있는 금리가 낮으면 시중에 통화량이 많아진다. 통화량이 많아지면 자산 가치가 상승하는 경향이 있다.

과거 중세 시대까지는 토지의 시대였다. 극소수의 귀족들과 왕족이 거의 대부분의 토지를 소유했다. 현대 시대는 기업의 시대다. 좋든 싫든 앞으로도 기업의 시대를 살아가야 한다. 글로벌 기업을 포함해서 기업의 지분을 나타내는 주식이 중요해졌다. 기업의 시대에 강한 섹터가 금융 섹터다.

사회적 기업이 아닌 이상 대부분 기업은 작년보다 올해 더 높은 매출을 목표로 한다. 그렇게 하려면 성장해야 한다. 성장하기 위해서는 투자가 필요하니 돈이 더 필요하다. 돈이 더 있어야지 원재료를 더 많이 살 수 있고, 인력도 확충할 수 있고, 중장기 투자도 실행할 수 있다. 그럴 때 은행을 이용하게 된다.

개인은 내 집 마련 시 주택담보 대출을 은행에서 받는다. 급전 마련 시에도 신용 대출을 은행에서 받는다. 은행이 없다면 현대 사회는 한순간에 신용경색에 걸린다. 돈이 원활하게 돌지 못하기 때문이다.

증권사는 개인의 자산 증진과 기업의 자금 조달을 해주는 역할을 한다. 개인은 주식 투자로 자산을 불릴 수 있다. 단 손해볼 가능성도 있고, 주식 투자로 돈을 버는 게 어렵다는 게 문제다. 기업은 주식시장 상장이라는 IPOInitial Public Offering를 통해서 자금 조달을 가능하게 한다. 보험은 혹시 모를 사고나 질병과 같은 위험에 대해 소액으로 대비할 수 있다.

은행, 증권, 보험을 포함한 금융은 세상의 필수 요소다. 금융은 물건처럼 눈에 명확하게 보이는 제조업은 아니다. 그러나 인생에 큰 영향을 미치는 서비스업이다. 금융에 대한 이해도가 낮으면 알게 모르게 손해를 보면서 살게 된다. 최소한의 금융 지식은 필수다. 금융을 알면 인생에서 적지 않은 돈을 절약할 수 있게 된다.

그리고 투자한다면 최소한 인플레이션은 방어할 수 있는 수익률이 되어야 한다. 요즘 기준으로 매년 최소 6% 이상의 수익률은 충족해야 한다.

▼ XLF : Financial Select Sector SPDR Fund

추종 지수	S&P Financial Select Sector Index	**운용보수**	0.1%	**주당 가격**	$33.09
상장일자	1998-12-16	**시가총액**	$29.42B	**PDF 종목 수**	68
TOP 5 국가 비중		**TOP 5 섹터 비중**		**TOP 5 종목 비중**	
1. 미국 99.77%		1. 은행 33.69%		1. Berkshire Hathaway(BRK.B) 14.47%	
		2. 투자시장 27%		2. JPMorgan Chase(JPM) 9.97%	
		3. 보험 20.1%		3. Bank of America(BAC) 6.86%	
		4. 금융 서비스 14.54%		4. Wells Fargo(WFC) 4.77%	
2022년 분배율 1.94%		5. 소매 금융 4.67%		5. Goldman Sachs group(GS) 3.14%	
PER 11.6		PBR 1.31		TOP 10 비중 53.31%	
수익률	3개월	1년	3년	5년	
XLF	0.67%	-17.06%	7.08%	6.52%	

<2023년 1월 기준>

XLF는 S&P 금융 지수를 추종한다. 금융 섹터 ETF 중 상장된 지 가장 오래되었고, 시가총액도 가장 높다. 섹터별 비중은 은행 34%, 투자시장 27%, 보험 20%다. 미국 금융주에 한 번에 투자할 수 있고, 12년간 분배금이 꾸준히 증가했다. XLF의 10년 장기수익률은 매년 복리로 연 12%였다.

미국은 대형 은행이 지주 회사처럼 은행, 증권, 카드, 보험, 자산 관리 서비스를 한 곳에서 제공한다. 예를 들면 신한금융지주에 신한은행, 신한카드, 신한금융투자, 신한생명이 포함되어 있는 것과 비슷하다. PDF 비중 1위인 버크셔 해서웨이는 세계적인 투자자 워런 버핏이 경영하는 투자 회사 겸 지주 회사다.

미국 금융주는 꾸준히 사서 모아 가기 괜찮은 섹터다. 사람의 혈액 순환과 같은 역할을 하는 돈이 원활하게 돌지 못하면 사회는 금융 경색, 자금 경색이 와 경제위기를 초래할 수 있다. 과거보다 사회가 더 촘촘하게 연결되었기 때문에 금융의 역할이 더 중요해졌다.

무엇보다 다른 섹터보다는 기술의 영향을 적게 받는다. 우리나라 4대 시중 은행은 평균적으로 90년 가까이 영업했다. 거의 한 세기 전부터 시작되어서 지금도 존재한다. 미국의 4대 시중 은행은 평균적으로 180여 년 전에 설립해서 지금도 영업하고 있다. 참고로 미국 4대 은행은 시티그룹, JP모건, 웰스파고, BOA다.

전기가 발명된 후에 2차 산업혁명이 시작됐다. 지금은 초연결, 초지능, 초융합으로 대표되는 4차 산업혁명 시대가 도래했다. 그동안 수많은 새로운 기술이 생겼다가 사라졌다. 그러나 금융 분야에서 변화는 적었고, 앞으로도 그 기조는 유지될 것이다.

예를 들어 2000년대에는 MP3로 음악을 듣고 2G 폴더폰을 사용했다. 지금은 스마트폰으로 음악을 듣고 LTE 시대를 넘어 5G 시대가 왔다. 30년 전에 거주할 집을 매수할 때 은행에서 대출받았다. 2022년인 지금도 거주할 집을 매수할 때는 은행에서 대출받아야 한다. 2040년에도 거주할 집을 매수할 때는 은행에서 대출을 받을 것이다.

단, 금융 섹터는 글로벌 경제 환경이 좋으면 수익이 많이 날 가능성이 높다. 하지만 글로벌 경기 침체와 위기가 오면, 가장 먼저 반응하고 가장 많이 하락한다. 또한 하락 폭이 매우 커서 멘탈 관리는 필수다. 무엇보다 핀테크 기업들의 부동산 대출과 기업 대출 점유율이 높아진다면 금융주는 유의해야 한다. 이것만 주의하면 사서 모아 가기 괜찮다.

은행·보험 ETF

티커	종목명	추종 지수	시가총액	운용보수
KBE	SPDR S&P Bank ETF	S&P Banks Select Industry Index	$2.1B	0.35%
KBWB	Invesco KBW Bank ETF	KBW Nasdaq Bank Index	$1.97B	0.35%
KIE	SPDR S&P Insurance ETF	S&P Insurance Select Industry Index	$449.48M	0.35%

〈2023년 1월 기준〉

KBE는 S&P 은행 지수를 추종한다. 추종 지수는 은행주를 동일 비중으로 하며, PDF에는 102종목이 있다. 동일 비중 구성으로 대형주보다 중소형주 투자 비중이 높아진다. 2022년 분배율은 2.83%였다. 수익률은 1년 -14.9%, 3년 연 4.78%, 5년 연 3.3%였다.

KBWB는 대형주 은행에 집중 투자할 수 있다. 은행주를 시가총액 가중한 지수를 추종한다. KBE보다 적은 24종목 은행주로 구성된다. TOP 10 비중은 63%다. 2022년 분배율은 2.81%였다. 수익률은 1년 -26.23%, 3년 연 1.97%, 5년 연 2.8%였다.

KIE는 S&P 보험 지수를 추종한다. 보험주를 동일 비중으로 해서, PDF에는 53종목이 있다. 국내 보험 주식들과 달리 장기 투자에 나쁘지 않다. 최근 10년 동안 3배 상승했다. 같은 기간 국내 보험주 ETF인 'KODEX 보험'은 상승과 하락을 반복하면서, 최근 10년 동안 25% 상승했다.

미국 은행주 ETF는 사서 모아 가기 괜찮다. 보통 은행은 본인 국적의 은행을 이용한다. 즉 국가별로 은행은 독과점 특성을 갖는다. 우리나라를 생각해봐도 대부분의 사람들이 시중 5대 은행 또는 지방 거점 은행을 주로 이용한다. 미국도 국내 은행 활용 비율이 높다. 게다가 증권 업무와 자산 관리 서비스까지 이용할 수 있다.

최근에 미국 실리콘밸리은행과 시그니처은행의 파산 소식이 전해져 금융주 주가가 크게 하락했다. 하지만 이 은행들은 지방은행이거나 중소은행이어서, 향후 수년간 인수되거나 대출 축소가 이루어질 것이다. KBWB처럼 대형 은행주들은 미국에서 웬만하면 망하기가 힘들다.

기타 금융 ETF

티커	종목명	추종 지수	시가총액	운용보수
VFH	Vanguard Financials ETF	MSCI US Investable Market Financials 25/50 Index	$8.44B	0.1%
IYF	iShares US Financials ETF	Russell 1000 Financials 40 Act 15/22.5 Daily Capped Index	$1.91B	0.39%
IYG	iShares US Financial Services ETF	Dow Jones US Financial Services Index	$1.33B	0.39%
IXG	iShares Global Financials ETF	S&P Global 1200 Financials Sector Index	$702.59M	0.4%

<2023년 1월 기준>

VFH는 MSCI 미국 금융 지수를 추종한다. PDF에는 375종목이 있다. 다른 금융 섹터 ETF보다 폭넓게 투자한다. 2022년 분배율은 2.24%였다. 수익률은 3년 연 6.66%, 5년 연 6.13%, 10년 수익률은 연 11.62%였다.

IYF는 러셀 1000 금융 지수를 추종한다. 섹터별 비중은 다각화 금융 43%, 은행 33%, 보험 23%다. 2022년 분배율은 1.76%였다. 수익률은 3년 연 5.68%, 5년 연 6.87%였다.

IYG는 미국에서 금융 서비스를 하는 다우존스 지수를 추종한다. 섹터 비중은 은행과 다각화 금융이 각각 41%였다. PDF에는 108종목이 있다. 종목별 비중은 시티그룹, JP모건, 비자, BOA, 마스터카드, 웰스파고 순이다. 투자, 자산 관리 등 금융 서비스를 제공하는 기업에 집중한다. 수익률은 3년 연 4.7%, 5년 연 6.27%였다.

IXG는 IYF의 글로벌 버전이다. S&P 글로벌 1200 금융 지수를 추종한다. 국가별 비중은 미국이 53%로 가장 높다. 미국을 포함한 15곳 국가의 금융주에 투자한다. PDF에는 199종목이 있다. 투자수익률은 3년 연 2.49%, 5년 연 1.98%였다.

참고로 금융은 유대인 자본이라 할 수 있는 미국 뉴욕 56번가 월스트리트가 최고다. 런던, 싱가포르, 홍콩 등도 미국보다는 최소한 한 수 아래다. 금융 섹터 ETF 투자를 생각한다면 XLF나 기타 금융 ETF 중에서 투자를 생각하면 된다.

IT ETF

IT 섹터는 4가지 특징이 있다.

① **IT는 완벽한 독점이 아닌 이상 기술 변화 속도가 빠르다.** 이때 독점은 마이크로소프트의 운영 체제, 오피스 프로그램, 스마트폰 안드로이드, iOS 운영 체제 등을 말한다. IT 섹터 ETF는 리밸런싱을 통해 성장하는 기업 비중을 늘리고, 그렇지 못한 기업 비중은 줄인다.

② **제조업과 다르게 IT 소프트웨어는 생산 비용이 낮다.** 초기 개발 비용이 많이 들지만, 한 번만 개발하면 꾸준히 업데이트하여 사용할 수 있다. 프로

그램을 개발하려면 인적 자원인 사람이 중요하다. 최근 IT 기술의 활용이 많아지면서 개발자 수요 부족으로 연봉이 치솟고 있다.

③ **소수의 승자 독식 구조다.** 우리나라를 대표하는 메신저는 카카오톡이다. IT는 초기에 시장을 선점하면 다른 사용자도 해당 서비스를 이용하는 네트워크 효과가 발생한다. 네트워크 효과는 특정 상품에 대한 수요가 다른 사람들의 수요에 의해 영향을 받는 걸 말한다. 참고로 초창기 서비스나 기능은 카카오톡보다 네이버의 라인이 더 좋았다고 한다.

검색 포털은 국내에서는 네이버가 거의 독점이지만, 해외에서는 구글과 상대가 되지 않는다. 문서 작업은 MS Office, 동영상 콘텐츠는 유튜브, 영화와 드라마 감상은 넷플릭스가 대표적이다.

그래서 IT 섹터는 독점을 만드는 기업에 투자하면 큰 수익이 된다. 컴퓨터 시대에는 마이크로소프트였다. 스마트폰 시대에는 애플이었다. 지금은 AI, 메타버스, 챗GPT와 같은 기술이 펼쳐지고 있다.

④ **일상을 조금씩 꾸준히 변화시킨다.** IT의 시작은 반세기 전 컴퓨터에서부터였다. 현재는 컴퓨터가 없는 업무 환경은 생각하기 힘들다. 스마트폰도 마찬가지다. 스마트폰이 없는 일상은 생각하기 힘들다. 통계청이 발표한 '2022 한국의 사회 지표'에 따르면, 우리나라 15세 이상 국민의 스마트 기기 사용 시간은 평일 1.4시간, 휴일 1.8시간이었다.

참고로 IT 섹터 ETF를 대표하는 XLK의 PDF 비중 1~2위는 애플과 마이크로소프트다. 얼핏 보면 QQQ와 비슷해 보인다. 하지만 XLK의 애플과 마이크로 소프트의 비중은 46%, QQQ는 23%다. 그래서 기술주에 더 집중하고 싶다면 XLK에, 성장주를 골고루 담고 싶다면 QQQ에 투자하면 된다.

▼ XLK : Technology Select Sector SPDR Fund

추종 지수	S&P Technology Select Sector Index	**운용보수**	0.1%	**주당 가격**	$124.18
상장일자	1998-12-16	**시가총액**	$46.95B	**PDF 종목 수**	78

TOP 5 국가 비중	**TOP 5 섹터 비중**	**TOP 5 종목 비중**
1. 미국 99.83%	1. 소프트웨어 34.23%	1. 애플(AAPL) 23.75%
	2. 하드웨어 24.01%	2. 마이크로소프트(MSFT) 22.61%
	3. 반도체 & 반도체 장비 19.77%	3. 엔비디아(NVDA) 4.02%
	4. IT 서비스 16.68%	4. 비자(V) 3.84%
2022년 분배율 0.92%	5. 커뮤니케이션 장비 3.01%	5. 마스터카드(MA) 3.21%
PER 21.11	PBR 7.16	TOP 10 비중 67.87%

수익률	3개월	1년	3년	5년
XLK	-5.55%	-18.46%	16.88%	17.56%

<2023년 1월 기준>

XLK는 S&P 기술 지수를 추종한다. 시가총액도 크고 IT 섹터를 대표하는 ETF다. PDF는 S&P 500 지수 중에서 GICS글로벌 산업 분류 기준, Global Industry Classification Standard에 따라 IT 기술 주식을 선별한다. 그다음으로 시가총액을 가중해서 종목 비중을 결정한다. PDF에는 78종목이 있다. 섹터별 비중은 소프트웨어가 34%로 가장 높다. 그다음으로 하드웨어 24%, 반도체 및 장비 20% 등이다.

PDF 상위 종목을 보면 TOP 3까지는 개별적으로 매수해 모아 가기 괜찮다. 애플은 아이폰, 아이패드, 앱스토어 매출 균형이 좋다. 마이크로소프트는 OS 운영 체제, MS오피스 제품, 클라우드 매출이 각각 $\frac{1}{3}$로 안정적이다. 두 기업 모두 반독점적이다.

참고로 애플은 전 세계 스마트폰 영업이익의 70% 정도를 가져간다. 비자는 국제 신용카드 브랜드 가운데 대표 주자다. 비자는 21,000여 개의 금융

기관이 합작하여 만든, 전 세계 카드 시장점유율 1위 기업이다. 최근 7년 동안 주가는 3.5배 상승했다. 국내 결제 수수료와 해외 결제 수수료에서 안정적인 매출이 발생한다. 상위 종목에는 마스터카드, 어도비, 시스코 등이 있다.

기타 IT ETF

티커	종목명	추종 지수	시가총액	운용보수
VGT	Vanguard Information Technology ETF	MSCI US IMI Information Technology 25/50 Index	$39.28B	0.1%
FDN	First Trust Dow Jones Internet Index Fund	Dow Jones Internet Composite Index	$4.03B	0.51%
IYW	iShares US Technology ETF	Russell 1000 Technology RIC 22.5/45 Capped Index	$8.2B	0.39%
FTEC	Fidelity MSCI Information Technology Index ETF	MSCI USA IMI Information Technology 25/50 Index	$4.95B	0.08%
RYT	Invesco S&P 500 Equal Weight Technology ETF	S&P 500 Equal Weighted / Information Technology Index	$1.95B	0.4%
TDIV	First Trust NASDAQ Technology Dividend Index Fund	NASDAQ Technology Dividend Index	$1.52B	0.5%
TECB	iShares US Tech Breakthrough Multisector ETF	NYSE Factset US Tech Breakthrough Index	$313.7M	0.4%

〈2023년 1월 기준〉

VGT는 MSCI 미국 IT 기술 지수를 추종한다. PDF에는 372종목이 있다. 종목별 비중은 애플 22%, 마이크로소프트 18%, 엔비디아 3%다. 수익률은 3년 연 15.33%, 5년 연 17.23%였다.

FDN은 다우존스 인터넷 대형주 지수를 추종한다. PDF에는 44종목이 있다. 아마존, 페이스북, 구글, 넷플릭스, 페이팔, 세일즈포스닷컴 등 글로벌 IT 기업에 골고루 투자할 수 있다. 수익률은 3년 연 -0.61%, 5년 연 4.69%였다.

IYW는 러셀 1000 IT 기술 지수를 추종한다. PDF에는 150종목이 있다. 수익률은 3년 연 13.66%, 5년 연 15.14%였다.

FTEC는 MSCI 미국 IT 기술 지수를 추종한다. PDF에는 383종목이 있다. 수익률은 3년 연 15.37%, 5년 연 16.62%였다.

RYT는 S&P 500 동일 비중 IT 기술 지수를 추종한다. PDF에는 77종목이 있다. TOP 50 비중이 70% 정도로, 한 기업당 비중은 1.2~1.5% 정도다. 수익률은 3년 연 10.78%, 5년 연 12.41%였다.

TDIV는 나스닥 기술 배당 지수를 추종한다. 추종 지수 조건으로는 2가지가 있다. 첫 번째로 시가총액이 최소한 $500M 이상인 기업을 고른다. 두 번째로 최근 12달 이내로 배당금을 지급한 기업을 고른다. 미국 기술주에 투자하여 시세 차익도 얻고, 분기마다 배당수익도 발생하는 배당 성장 ETF다. 2022년 분배율은 2.35%였다. PDF에는 95종목이 있다. TOP 10 비중은 57%다. 수익률은 3년 연 6.76%, 5년 연 9.13%였다.

TECB는 5가지 획기적인 기술 분야에 투자한다. 5가지 분야는 로봇틱스와 AI, 클라우드와 데이터, 사이버보안, 유전학과 면역학, 핀테크다. PDF에는 183종목이 있다. 섹터별로는 IT 비중이 6%, 통신 및 헬스케어가 10% 이상 포함되어 있다. TOP 10에는 애플, 알파벳, 마이크로소프트, 세일즈포스, 디즈니 등이 있다.

▼ IGV : iShares Expanded Tech-Software Sector ETF

추종 지수	S&P North American Expanded Technology Software Index	**운용보수**	0.4%	**주당 가격**	$264.54
상장일자	2001-07-10	**시가총액**	$5.29B	**PDF 종목 수**	118
TOP 5 국가 비중		**TOP 5 섹터 비중**		**TOP 5 종목 비중**	
1. 미국 98.9%		1. 어플리케이션 소프트웨어 59.28%		1. 세일즈포스(CRM) 9.48%	
		2. 시스템 소프트웨어 32.28%		2. 마이크로소프트(MSFT) 8.32%	
		3. 인터랙티브 홈 6.26%		3. 어도비(ADBE) 7.77%	
		4. 광고 1.47%		4. 인튜이트(INTU) 7.16%	
2022년 분배율 0.01%				5. 오라클(ORCL) 6.8%	
PER 75.08		PBR 6.64		TOP 10 비중 55.49%	
수익률	3개월	1년	3년	5년	
IGV	-4.37%	-39.45%	7.66%	11.53%	

〈2023년 1월 기준〉

IGV는 S&P 북아메리카 소프트웨어 지수를 추종한다. 섹터별 비중은 소프트웨어에 91%로 집중 투자한다. PDF에는 118종목이 있다. IGV는 최근 10년 동안 주가가 7배 상승했다. 연평균 상승률은 20% 이상이었다.

소프트웨어 주식 중에는 성장주가 많다. 그래서 PER이 다른 ETF보다 높은 편이다. 그리고 PDF 상위 종목 개별 주식 투자도 괜찮다. 최근 10년 동안 마이크로소프트 주가는 9.3배 상승했다. 어도비 14배, 세일즈포스 6.5배, 인튜인트는 8.3배 상승했다.

IT 기술은 크게 소프트웨어와 하드웨어로 나눌 수 있다. 무엇이 더 경쟁력 있을까? 정답은 독점력이 강한 소프트웨어다. 예를 들어보자. 컴퓨터 하드웨어는 삼성도 만들고, LG도 만들고, 맞춤 조립으로 맞출 수도 있다. 그 안에 들어가는 대부분의 소프트웨어 운영 체제는 마이크로소프트의 윈도우다. 스마트폰은 삼성도 만들고, LG도 만들고, 중국의 여러 기업에서 만든다. 그러나 소프트웨어인 운영 체제 대부분은 구글의 안드로이드 또는 애플의 ios다.

소프트웨어는 경쟁을 지나 독점 또는 과점의 형태가 강하다. 이러한 주식들에 집중 투자할 수 있는 ETF가 IGV다. 앞으로도 하드웨어보다는 소프트웨어가 세상을 바꾼다.

▼ SOXX : iShares Semiconductor ETF

추종 지수	ICE Semiconductor Index	**운용보수**	0.4%	**주당 가격**	$321.16
상장일자	2001-07-10	**시가총액**	$5.55B	**PDF 종목 수**	31
TOP 5 국가 비중		**TOP 5 섹터 비중**		**TOP 5 종목 비중**	
1. 미국 90.26%		1. 반도체 79.49%		1. Texas Instruments(TXN) 8.88%	
2. 대만 4.91%		2. 반도체 장비 20.33%		2. 브로드컴(AVGO) 8.41%	
3. 네덜란드 3.46%		3. 현금 0.18%		3. 엔비디아(NVDA) 7.15%	
				4. 퀄컴(QCOM) 6.06%	
2022년 분배율 1.04%				5. 어드밴스 마이크로 디바이스(AMD) 4.8%	
PER 14.94		PBR 3.77		TOP 10 비중 56.86%	

수익률	3개월	1년	3년	5년
SOXX	-14.49%	-28.23%	15.05%	15.99%

<2023년 1월 기준>

SOXX는 ICE 반도체 지수를 추종한다. 섹터별 비중은 반도체 79%, 반도체 장비 20%다. PDF에는 31종목이 있다. SOXX는 최근 10년 동안 주가가 8.3배 상승했다. 특히 PDF TOP 5 종목 중 브로드컴, 엔비디아, 어드밴스 마이크로 디바이스 주가는 폭등했었다.

반도체 섹터는 4차 산업혁명과 함께 수요가 폭증하고 있다. 반도체는 크게 메모리 반도체와 비메모리 반도체로 구분할 수 있다. 메모리 반도체는 기억력처럼 정보 저장용으로 사용된다. 비메모리 반도체는 계산력처럼 논리와 연산 같은 정보 처리용이다.

반도체시장 비중은 메모리 반도체 30%, 비메모리 반도체 70% 정도다. 우리나라 삼성전자는 메모리 반도체 분야에서 세계 1위다. 비메모리 반도체는 시스템 반도체로도 불린다. 이 시장의 절대 강자는 미국이다. 메모리 반도체는 미세 공정 기술로 원가 절감을 추구한다. 비메모리 반도체는 설계 자체가 어렵고, 고도의 창의성과 기술력이 필요한 기술 집약적 분야다.

최근 '카플레이션'이라는 신조어가 생겼다. 자동차의 공급이 수요를 못 따라가고 있는데, 그 이유가 바로 원재료 상승과 반도체 공급 부족 때문이다. 여기서 반도체 부족은 비모메리 반도체를 말한다. 반도체는 차량의 전자화에 따라 반드시 필요하다. 자동차를 포함해 많은 부분에서 반도체 수요는 증가하고 있다.

길거리를 걷다 보면 스타벅스, 이디야도 있지만 개인 카페도 많다. 파리바게뜨도 있지만 개인 빵집도 있다. 그러나 반도체는 아무나 만들 수 없다. 메모리 반도체는 대규모 투자가 필요하다. 비메모리 반도체는 뛰어난 인재, 뛰어난 기술력, 좋은 장비 등이 필요하다. 반도체 분야는 절대적으로 수요가 늘어날 수밖에 없다.

바로 앞에서 설명한 소프트웨어 IGV 또는 반도체 SOXX를 어느 정도 비중으로 가져가면 좋을 거 같다.

헬스케어 ETF

헬스케어 섹터는 3가지 특징이 있다.

① **고령화로 수요가 많아진다.** 우리나라를 포함해서 선진국의 평균 수명은 점점 높아지고 있다. 그에 비해 결혼과 출산율은 급속히 저하되고 있다. 혼인 대비 출산 비율이 역대 최저 수준이다. 2023년 통계청 조사에 따르면 우리나라 기대 수명은 평균 84세다. 남자가 80.8세, 여자는 87.2세다. 2012년에 비해서 2.5년 정도 증가했다.

의료비는 중장년층과 노년 시기에 많이 지출되는 경향이 있다. 고령화로 중장년층 인구가 증가하고, 의학의 발달로 평균 수명이 길어져서 헬스케어 수요가 증가하게 된다. 환경오염과 건강에 대한 높은 관심 덕분에, 헬스케어시장은 스마트폰시장을 작아 보이게 만들 것이다.

② **미국은 민간 의료보험 체계다.** 그렇기에 병원비가 매우 비싸다. 민간 의료보험 없이 진료나 치료를 받으면 병원비 감당이 안 된다. 미국 민간 의료보험 업계 1위는 유나이티드헬스UNH다. 2위는 앤섬ANTM이다. 최근 10년 동안 유나이티헬스 주가는 8.5배, 앤섬은 6.5배 상승했다.

③ **세계적인 수요가 있다.** 새로운 제약을 만든다는 건 쉽지 않다. 보통 3상 임상시험까지 하는데 시간과 돈이 많이 든다. 복제약을 만들 수 있기 전까지는 독점적으로 약을 생산하는 경우가 많다. 시간과 돈이 많이 필요하므로 신약 또는 효과가 좋은 약은 자본력이 있는 선진국의 대형 제약 회사에서 주로 만든다.

공급은 독과점인데 수요는 세계적이다. A라는 병은 우리나라뿐만 아니라 전 세계 사람에게 생길 수 있다. 그런데 B라는 제약 회사에서 만든 C라는 약물로만 치료가 가능하다면 어떻게 될까? 공급이 자신뿐이라 얼마든지 이익을 극대화할 수 있게 된다.

▼ XLV : **Health Care Select Sector SPDR Fund**

추종 지수	S&P Health Care Select Sector Index	**운용보수**	0.1%		**주당 가격**	$130.71
상장일자	1998-12-16	**시가총액**	$38.55B		**PDF 종목 수**	66
TOP 5 국가 비중		**TOP 5 섹터 비중**			**TOP 5 종목 비중**	
1. 미국 99.89%		1. 제약 30.75%			1. 유나이티드헬스그룹(UNH) 10.34%	
		2. 헬스케어 제공 & 서비스 24.09%			2. 존슨&존슨(JNJ) 9.18%	
		3. 헬스케어 장비 17.78%			3. 엘리 릴리(LLY) 5.67%	
		4. 바이오 14.81%			4. 애브비(ABBV) 5.42%	
2022년 분배율 1.58%		5. 생활과학 서비스 12.57%			5. 화이자(PFE) 5.23%	
PER 17.74		PBR 4.46			TOP 10 비중 55.08%	
수익률	3개월	1년		3년	5년	
XLV	-0.02%	0.08%		14.22%	11.28%	

<2023년 1월 기준>

XLV는 S&P 헬스케어 지수를 추종한다. 추종 지수는 시가총액을 가중해서 S&P 500 지수 헬스케어 종목으로 구성한다. 헬스케어 ETF 중에서 시가총액이 가장 크고 상장한 지 가장 오래됐다. 헬스케어를 대표하는 ETF라 할 수 있다. 섹터별 비중은 제약 31%, 헬스케어 제공 & 서비스 24%다. 2022년 분배율은 1.58%였다.

PDF 상위 종목에서 JNJ, UNH가 안정적으로 투자하기 괜찮다. JNJ는 최근 10년 동안 주가가 2.5배 상승했다. 사업 중에는 존슨앤존슨의 바디 제품,

의약품, 의료 장비가 있다. 3가지 사업에서 안정적인 매출을 올리고 있다. UNH는 최근 10년 동안 주가가 9.5배 상승했다. 미국 건강보험 시장점유율 1위 사업자다.

우리나라와 달리 미국의 의료보험은 연방정부와 주정부를 통해 운영되는 공공보험은 고령자, 장애인, 저소득층을 대상으로 하는 보완적인 역할만 한다. 대다수 국민은 사보험, 즉 민간 건강보험에 가입한다.

세계적으로 금리가 계속 인상되고 있다. 이에 따라 성장주들의 주가가 크게 하락했다. 헬스케어 업종은 필수소비재 성격이 강해서, 이런 금리 인상의 영향을 상대적으로 덜 타는 경기방어주 성격을 가지고 있다.

기타 헬스케어 ETF

티커	종목명	추종 지수	시가총액	운용보수
VHT	Vanguard Health Care ETF	MSCI US IMI Health Care 25/50 Index	$16.3B	0.1%
IYH	iShares US Healthcare ETF	Russell 1000 Health Care RIC 22.5/45 Capped Index	$3.12B	0.39%
RYH	Invesco S&P 500 Equal Weight Health Care ETF	S&P 500 Equal Weighted Health Care Index	$916.71M	0.4%
PSCH	Invesco S&P Small Cap Health Care ETF	S&P Small Cap 600 / Health Care-SEC	$320.83M	0.29%

〈2023년 1월 기준〉

VHT는 MSCI 미국 헬스케어 지수를 추종한다. 헬스케어 ETF 중 가장 광범위하게 대형주에서 소형주까지 투자한다. PDF에는 403종목이 있다. 2022년 분배율은 1.41%였다. 수익률은 3년 연 13.05%, 5년 연 10.71%였다.

IYH는 러셀 1000 헬스케어 지수를 추종한다. PDF에는 115종목이 있다. 대형주, 중형주, 소형주에 투자한다. 최근 10년 동안 주가는 4배 상승했다. 수익률은 3년 연 13.66% 5년 연 11.14%였다.

RYH는 S&P 동일 비중 헬스케어 지수를 추종한다. 헬스케어 대표 ETF인 XLV의 S&P 500 헬스케어 주식을 동일 비중으로 투자한다. PDF에 65종목이 있다. 수익률은 3년 연 11.92%, 5년 연 9.97%였다.

PSCH는 S&P 소형주 헬스케어 지수를 추종한다. 수익률은 3년 연 5.37%, 5년 연 8.6%였다. 높은 위험성에 비해 수익률은 평범했다. 몇 번을 반복하지만 경제 호황일 때는 소형주 상승률이 높아지고, 경제 불황일 때는 소형주 하락률이 높아진다.

▼ IHI : iShares US Medical Devices ETF

추종 지수	DJ US Select Medical Equipment	**운용보수**	0.39%	**주당 가격**	$49.4
상장일자	2006-05-01	**시가총액**	$6.06B	**PDF 종목 수**	68
TOP 5 국가 비중		**TOP 5 섹터 비중**		**TOP 5 종목 비중**	
1. 미국 96.48%		1. 헬스케어 장비 79.69%		1. 써모 피셔 사이언티픽(TMO) 16.5%	
		2. 생명과학 장비 & 서비스 19.7%		2. 애벗 래버러토리(ABT) 14.43%	
		3. 헬스케어 용품 0.34%		3. 메드트로닉(MDT) 9.5%	
				4. 인튜이티브 서지컬(ISRG) 5.31%	
2022년 분배율 0.46%				5. 스트라이커(SYK) 5.01%	
PER 29.28		PBR 3.93		TOP 10 비중 71.18%	

수익률	3개월	1년	3년	5년
IHI	-5.08%	-22.94%	7.58%	12.02%

〈2023년 1월 기준〉

IHI는 다우존스 미국 셀렉트 의료 장비 지수를 추종한다. 지수에는 헬스케어와 생명과학 장비 회사가 대부분이다. 여기서 헬스케어 장비는 MRI, X-ray 기계, 인공 장비, 심장 박동기 등을 말한다. 섹터별 비중은 헬스케어 장비 비중이 80%다.

미국 헬스케어 장비에 집중해서 투자할 수 있는 ETF다. 최근 10년 동안 주가는 4.5배 상승했다. 연평균 상승률은 17%였다.

티커	종목명	추종 지수	시가총액	운용보수
IHF	iShares US Healthcare Providers ETF	DJ US Select Health Care Providers	$1.61B	0.39%
XHE	SPDR S&P Health Care Equipment ETF	S&P Healthcare Equipment Select Industry	$381.38M	0.35%

〈2023년 1월 기준〉

IHF는 다우존스 헬스케어 공급자 지수를 추종한다. PDF에는 75종목이 있다. 섹터별 비중은 헬스케어 관리 48%, 헬스케어 서비스 38%, 헬스케어 시설 12%다. 종목별 비중은 의료보험 회사 유나이티드헬스 그룹 24%, CVS 헬스 14%다. IHF는 최근 10년 동안 주가가 4배 상승했다.

그동안의 고령화 정책은 노후소득 보장이나 돌봄 위주로 추진되어 왔다. 하지만 이제는 노인 건강을 고려한 돌봄, 요양, 의료가 고령화 시대에서 가장 중요한 과제가 되었다. 앞으로 폭발적인 의료 서비스 수요 증가가 예상된다.

XHE는 S&P 헬스케어 장비 산업 지수를 추종한다. PDF에는 84종목이 있다. 섹터별 비중은 헬스케어 장비 74%, 헬스케어 용품 26%다. 10년간 연평균 상승률은 13.5%다. 미국 인구의 고령화와 세계화를 생각하면 장기로 사서 모아 가기 나쁘지 않다. 마찬가지로 고령화일수록 의료 장비의 수요도 더 많아진다.

바이오 ETF

티커	종목명	추종 지수	시가총액	운용보수
IBB	iShares NASDAQ Biotechnology ETF	ICE Biotechnology Index	$7.71B	0.44%
XBI	SPDR S&P Biotech ETF	S&P Biotechnology Select Industry Index	$7.16B	0.35%
FBT	First Trust NYSE Arca Biotechnology Index Fund	NYSE Arca Biotechnology(TR)	$1.3B	0.55%

〈2023년 1월 기준〉

IBB는 ICE 생명공학 지수를 추종한다. PDF에는 370종목이 있다. 섹터별 비중은 생명공학 79%, 생명과학 18%다. 수익률은 3년 연 6.49%, 5년 연 4.13%였다.

XBI는 S&P 생명공학 지수를 추종한다. PDF에는 155종목이 있다. 종목별 비중은 시가총액 동일 가중 순이다. 수익률은 3년 연 0.31%, 5년 연 0.13%였다.

FBT은 NYSE 생명공학 지수를 동일 비중으로 추종한다. PDF에는 31종목이 있다. 수익률은 3년 연 3.55%, 5년 연 3.54%였다. 수익률을 생각하면 바이오 ETF보다는 헬스케어 ETF가 안정적이다.

| 한눈에 보는 섹터 ETF ① |

티커	종목명	시가총액	분류
XLP	Consumer Staples Select Sector SPDR Fund	$15.2B	S&P 필수소비재 지수
VDC	Vanguard Consumer Staples ETF	$6.25B	MSCI 미국 필수소비재 지수
XLY	Consumer Discretionary Select Sector SPDR Fund	$14.3B	S&P 경기소비재 지수
XLF	Financial Select Sector SPDR Fund	$29.42B	S&P 금융 지수
VFH	Vanguard Financials ETF	$8.44B	MSCI 미국 금융 지수
KBE	SPDR S&P Bank ETF	$2.1B	S&P 은행 지수
XLK	Technology Select Sector SPDR Fund	$46.95B	S&P IT 기술 지수
VGT	Vanguard Information Technology ETF	$39.28B	MSCI 미국 IT 기술 지수
FDN	First Trust Dow Jones Internet Index Fund	$4.03B	다우존스 인터넷 지수
IGV	iShares Expanded Tech-Software Sector ETF	$5.29B	S&P 북아메리카 소프트웨어 지수
XLV	Health Care Select Sector SPDR Fund	$38.55B	S&P 헬스케어 지수
VHT	Vanguard Health Care ETF	$16.3B	MSCI 미국 헬스케어 지수
IHI	iShares US Medical Devices ETF	$6.06B	다우존스 의료 장비 지수
IHF	iShares US Healthcare Providers ETF	$1.61B	다우존스 헬스케어 지수
IBB	iShares NASDAQ Biotechnology ETF	$7.71B	ICE 생명공학 지수
XBI	SPDR S&P Biotech ETF	$7.16B	S&P 생명공학 지수

〈2023년 1월 기준〉

섹터 ETF ②

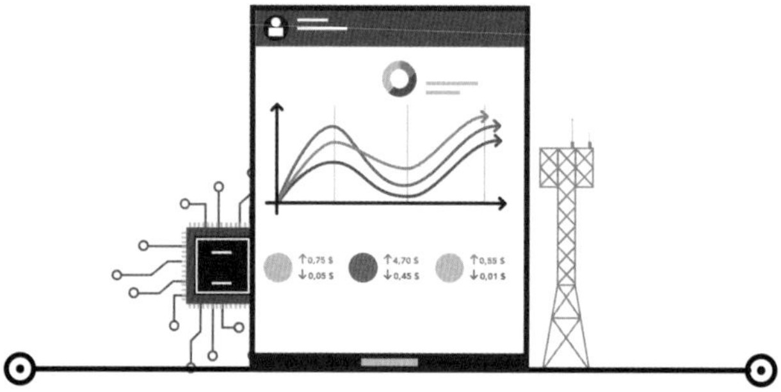

리츠 ETF

리츠 ETF는 3가지 특징이 있다.

① **시세 차익보다는 배당수익을 추구한다.** 보통 리츠에는 '90% 룰'이 있다. 리츠는 이익의 90% 이상을 배당으로 지급해야 세제 혜택을 받을 수 있다는 조항이다. 그래서 리츠 운영비와 기타 비용을 제외한 이익 대부분을 주주에게 배당으로 지급한다. 고배당 주식 투자처럼 시세 차익보다는 안정적인 배당수익을 목표로 투자한다.

② **해외 부동산이라는 실물자산에 투자한다.** 리츠 ETF PDF에는 다양한 해외 부동산을 금융 상품 투자 대상으로 만든 주식으로 구성된다. 즉 주식의

형태로 만든 실물 해외 부동산 지분을 소액으로 매수할 수 있다. 부동산 자산을 기초로 하기 때문에 장기적으로 꾸준히 우상향한다.

③ **특색 있고 전문적인 리츠가 있다.** 미국은 리츠 종류가 다양하다. 노인주거시설, 놀이동산 등을 자산으로 담은 리츠까지 상장되어 있다. 기본적으로 상업용 리츠와 주거용을 전문으로 하는 레지던스 리츠가 있다. 데이터 센터를 전문으로 하는 데이터 센터 리츠도 있고, 요양 시설을 전문으로 하는 리츠 등 다양한 리츠가 거래되고 있다.

리츠 ETF는 추종 지수 및 대부분의 PDF를 리츠로 구성하는 ETF를 말한다. 배당 ETF와 비슷한 특성을 갖는다. 웬만한 오피스텔 월세 투자보다 마음이 편하다. 조사에 따르면 서울 및 수도권 오피스텔보다 수익률 대비 공실, 세금, 관리에 대한 걱정이 적다. 신경쓸 부분이 적다는 게 매력적이다.

▼ VNQ : Vanguard Real Estate ETF

추종 지수	MSCI US IMI Real Estate 25/50 Index	**운용보수**	0.12%	**주당 가격**	$81.28
상장일자	2004-09-23	**시가총액**	$32.94B	**PDF 종목 수**	168
TOP 5 국가 비중		**TOP 5 섹터 비중**		**TOP 5 종목 비중**	
1. 미국 100%		1. 특수용 리츠 38.3%		1. 뱅가드 리츠 II 인덱스 펀드 11.87%	
		2. 주거용 리츠 15.3%		2. 아메리칸타워(AMT) 7.19%	
		3. 산업용 리츠 11.4%		3. 프로로지스(PLD) 5.52%	
		4. 상업용 리츠 11.3%		4. 크라운 캐슬 인터내셔널(CCI) 4.6%	
2022년 분배율 3.77%		5. 헬스케어 리츠 7.8%		5. 에퀴닉스(EQIX) 3.8%	
PER 26.92		PBR 2.27		TOP 10 비중 45.38%	

수익률	3개월	1년	3년	5년
VNQ	-13.42%	-23.61%	-1.52%	3.62%

<2023년 1월 기준>

필자는 오피스텔 월세 투자보다는 리츠 투자가 괜찮다고 생각한다.

VNQ는 MSCI 미국 리츠 지수를 추종한다. 지수는 미국 리츠 섹터 대형주, 중형주, 소형주로 구성한다. 시가총액은 $33B이다. 원화로는 46조 원으로 리츠 섹터 ETF 중에서 시가총액이 가장 크다. 섹터별 비중은 특수용 리츠 38%, 주거용 리츠 15%, 산업용 리츠 11%, 상업용 리츠 11%다. 2022년 분배율은 3.77%였다.

PDF 상위 종목 중에서는 아메리칸타워와 크라운 캐슬 인터내셔널이 개별 주식 투자로 고려할 만하다. 두 종목은 통신 기지국 임대 사업을 하는 인프라 리츠다. 안정적이고 꾸준한 현금흐름이 발생되는 사업 구조를 갖고 있다.

아메리칸타워는 전 세계에 220,000대의 타워를 소유하고 있다. 최근 10년 동안 주가는 3.5배 상승했다. 크라운 캐슬 인터내셔널은 40,000대 이상의 타워를 소유하고 있다. 최근 10년 동안 주가는 3배 상승했다.

기타 리츠 ETF

티커	종목명	추종 지수	시가총액	운용보수
SCHH	Schwab US REIT ETF	Dow Jones Equity All REIT Capped Index	$5.35B	0.07%
IYR	iShares US Real Estate ETF	Dow Jones US Real Estate Capped Index	$3.33B	0.39%
XLRE	Real Estate Select Sector SPDR Fund	Real Estate Select Sector Index	$4.5B	0.1%

〈2023 1월 기준〉

SCHH는 다우존스 미국 리츠 주식 지수를 추종한다. PDF에는 135종목이 있다. 분배율은 2022년 2.47%였다. 수익률은 1년 −21.72%, 3년 연 −5.1%, 5년 연 1.21%였다.

IYR은 다우존스 미국 리츠 부동산 지수를 추종한다. PDF에는 83종목이 있다. 섹터별 비중은 특화된 리츠 38%, 주거용 리츠 14%, 산업용 리츠 12%다. 분배율은 2022년 2.82%였다. 수익률은 1년 -23.67%, 3년 연 -1.85%, 5년 연 3.71%였다.

XLRE는 S&P 500 지수에 있는 리츠를 추종한다. PDF에는 34종목이 있다. 종목별 비중은 프로로지스 12%, 아메리칸타워 11%, 크라운캐슬인터내셔널 6%다. 분배율은 2022년 3.58%였다. 수익률은 1년 -22.3%, 3년 연 0.22%, 5년 연 5.65%였다.

▼ VNQI : **Vanguard Global ex-US Real Estate ETF**

추종 지수	S&P Global x United States Property	**운용보수**	0.12%	**주당 가격**	$38.11
상장일자	2010-11-01	**시가총액**	$3.36B	**PDF 종목 수**	696
TOP 5 국가 비중		**TOP 5 섹터 비중**		**TOP 5 종목 비중**	
1. 일본 23.63%				1. 미국 달러 2.72%	
2. 홍콩 16.23%				2. 미쓰이 부동산(TYO:8801) 2.19%	
3. 호주 9.24%				3. 미쓰비시부동산(TYO:8802) 2.1%	
4. 싱가포르 7.39%				4. Goodman Group(ASX:GMG) 2.07%	
5. 영국 6.91%				5. 보노비아 SE(XETRA:VNA) 2.07%	
PER 12.24		PBR 0.71		TOP 10 비중 19.37%	
수익률	3개월	1년		3년	5년
VNQI	−14.54%	−30.36%		−10.79%	−4.31%

<2023년 1월 기준>

VNQI는 S&P 미국 제외 글로벌 부동산 지수를 추종한다. 30곳이 넘는 국가의 부동산 696종목 주식에 투자한다. 대륙별 비중은 태평양 지역 52%, 유럽 21%, 이머징마켓 20% 등이다. 분배율은 2022년 0.57%였다. 2022년 분배율이 낮은 이유는 코로나 팬데믹의 영향 때문이다. 수익률 측면에서는 글로벌 리츠 ETF보다 미국 리츠 ETF 투자가 더 괜찮다.

티커	종목명	추종 지수	시가총액	운용보수
RWX	SPDR Dow Jones International Real Estate ETF	Dow Jones Global ex-US Select Real Estate Securities Index	$446.34M	0.59%

〈2023년 1월 기준〉

RWX는 다우존스 미국 제외 글로벌 부동산 지수를 추종한다. PDF에는 145종목이 있다. 국가별 비중은 일본 33%, 영국 13% 등이다. 분배율은 2022년 4.07%였다. 글로벌 리츠 ETF는 연평균 5~7% 정도 수익률을 기대해볼 수 있다.

리츠 ETF는 글로벌 투자자에겐 익숙한 투자 방법이다. 가장 거래가 활발한 미국은 세계 리츠시장의 60~70% 비중을 차지한다. 규모가 큰 만큼 종목도 다양하고, 거래량도 풍부해서 포트폴리오를 구성하기에 좋다.

무엇보다 경기가 안 좋을 때는 리츠가 자산 방어를 잘해준다고 알려져 있다. 부동산 계약은 장기간 계약을 맺는 형태이기 때문에 꾸준히 수익이 발생한다. 그래서 인플레이션 시대에 안정적인 수익을 가져다주는 리츠 ETF가 더욱 각광을 받고 있다.

▼ REZ : iShares Residential and Multisector Real Estate ETF

추종 지수	FTSE Nareit All Residential Capped Index	운용보수	0.48%		주당 가격	$69.81
상장일자	2007-05-01	시가총액	$684.14M		PDF 종목 수	41
TOP 5 국가 비중		TOP 5 섹터 비중			TOP 5 종목 비중	
1. 미국 100%		1. 주거용 리츠 49.3%			1. Public Storage(PSA) 12.57%	
		2. 헬스케어 리츠 25.38%			2. Welltower(WELL) 7.56%	
		3. 특화된 리츠 24.71%			3. AvalonBay Communities(AVB) 6.58%	
		4. 사무용 리츠 0.38%			4. Equity Residential(EQR) 6.38%	
2022년 분배율 3.16%		5. 현금 0.23%			5. Extra Space Storage(EXR) 6.13%	
PER 28.52		PBR 2.42			TOP 10 비중 62.5%	
수익률	3개월	1년		3년	5년	
REZ	-13.77%	-20.69%		-1.39%	5.6%	

〈2023년 1월 기준〉

REZ는 FTSE Nareit All Residential Index를 추종 지수로 한다. 참고로 Nareit는 '미국리츠협회'의 약자다. 미국리츠협회는 수년간 부진했던 리츠 시장이 2023년에는 회복될 것으로 전망했다. PDF에는 41종목이 있다. 대형주, 중형주, 소형주 중에서 시가총액이 1억 달러 이상 종목으로 구성한다. 섹터별 비중은 주거용 리츠 49%, 헬스케어 리츠 25%, 특화된 리츠 25%다. 분배율은 2022년 3.16%였다.

PDF 상위 종목 중에서는 Public Storage와 Equity Resudential이 괜찮다. 전자는 개인에게 창고 임대업을 하는 회사다. 미국을 포함해서 유럽에서도 사업을 하는 큰 규모의 리츠다. 후자는 미국 전역에서 주택을 임대하는 리츠 회사다. 대도시를 위주로 사업을 한다.

Telecom ETF

▼ XLC : Communication Services Select Sector SPDR Fund

추종 지수	Communication Services Select Sector Index	운용보수	0.1%	주당 가격	$47.82
상장일자	2018-06-18	시가총액	$8.75B	PDF 종목 수	27
TOP 5 국가 비중		TOP 5 섹터 비중		TOP 5 종목 비중	
1. 미국 99.92%		1. 인터랙티브 미디어 & 서비스 45.93%		1. 메타(META) 16.18%	
		2. 엔터테인먼트 23.88%		2. 알파벳A(GOOGL) 11.4%	
		3. 미디어 15.72%		3. 알파벳C(GOOG) 10.19%	
		4. 다각화 정보통신 서비스 9.85%		4. 넷플릭스(NFLX) 5.42%	
2022년 분배율 0.98%		5. 무선 정보통신 서비스 4.62%		5. AT&T(T) 5.08%	
PER 13.63		PBR 2.28		TOP 10 비중 70.92%	

수익률	3개월	1년	3년	5년
XLC	-8%	-36.68%	0.76%	-

<2023년 1월 기준>

XLC는 S&P 500 지수에서 정보통신 서비스 섹터 주식에 투자한다. 시가총액에 따라 PDF 비중을 결정한다. PDF에는 27종목이 있다. TOP 10 비중은 71%다.

XLC의 PDF 종목들은 소비자의 이용 시간을 기업의 광고로 연결시켜 매출이 되는 특징이 있다. 메타 플랫폼스와 구글은 소비자한테 서비스를 거의 무료로 제공한다. 게임 회사 블리자드와 OTTOver The Top 기업은 최대한 많은 시간을 사로잡으려고 한다. 미국 통신 회사 AT&T와 버라이즌도 소비자가 사용한 시간과 서비스를 요금제로 정해서 매출을 만든다.

XLC는 장기로 꾸준히 사서 모아 가기 괜찮은 ETF다. 메타 플랫폼스는 경쟁 상대가 될 만한 강력한 신생 소셜미디어가 나오면 인수해 버린다. 왓츠앱과 인스타그램를 인수한 사례처럼 빅 데이터로 지켜보다가 M&A를 계속 시도한다. 구글도 독점력 높은 검색포털, 안드로이드, 유튜브의 매출을 기반으로 M&A를 계속 진행하고 있다. 이외에도 칼리코나 웨이모처럼 미래 기술에 투자할 것이다.

알파벳은 미국의 지주회사다. 구글과 같은 규모의 기업을 로마자 알파벳 A에서 Z까지 전부 채워 넣겠다는 목표를 담아 이름을 지었다. 참고로 주식도 A, B, C 세 종류가 있는데 A와 C만 상장되어 있다.

미국의 통신사도 한국처럼 과점 경쟁으로 꾸준하게 매출이 성장할 것으로 예상한다.

▼ IYZ : iShares US Telecommunications ETF

추종 지수	Russell 1000 Telecommunications RIC 22.5/45 Capped Index	**운용보수**	0.39%	**주당 가격**	$22.5
상장일자	2000-05-22	**시가총액**	$333.34M	**PDF 종목 수**	23
TOP 5 국가 비중		**TOP 5 섹터 비중**		**TOP 5 종목 비중**	
1. 미국 99.49%		1. 정보통신 장비 41.31%		1. 시스코 시스템즈(CSCO) 17.5%	
		2. 케이블 & 위성 26.34%		2. 버라이즌(VZ) 14.61%	
		3. 통합 정보통신 서비스 22.55%		3. 컴캐스트(CMCSA) 13.29%	
		4. 무선 정보통신 서비스 4.26%		4. AT&T(T) 5.27%	
2022년 분배율 1.36%		5. 영화 & 엔터테인먼트 2.64%		5. T모바일(TMUS) 4.27%	
PER 10.06		PBR 1.83		TOP 10 비중 72.64%	
수익률	3개월	1년	3년	5년	
IYZ	-12.95%	-29.75%	-6.44%	3.7%	

<2023년 1월 기준>

IYZ는 러셀 1000 정보통신 지수를 추종한다. PDF에는 텔레콤이지만 통신사 주식과 정보통신 주식 23종목이 있다. 섹터별 비중은 정보통신 장비 41%, 케이블 & 위성 26%다. 종목별 비중은 시스코 시스템즈 17%, 버라이즌 15%, 컴캐스트 13%다.

3년 이상 장기수익률을 보면 생각보다는 낮은 편이다. 투자를 생각한다면 IYZ보다는 바로 앞에서 설명한 XLC가 유망하다. 어떤 주식시장에서든 좋은 주식은 장기적으로 주가가 상승하게 되어 있다.

유틸리티 ETF

유틸리티 섹터 업종으로는 전기, 가스, 수자원 등이 있다. 다음과 같은 3가지 특징이 있다.

① **지역별로 독과점 체제다.** 여기서 지역별은 미국의 주 단위를 말한다. 50개 주마다 유틸리티 기업은 소수다. 대부분 지역별로 서비스를 제공하기 때문에 큰 경쟁 없이 사업을 영위할 수 있다. 성장성이 크게 높은 섹터가 아니므로 신규 공급자가 생기지 않는다. 그리고 초기 인프라 및 장비 투자 비용도 많이 들기 때문에도 신규 공급자가 적다.

② **유틸리티는 대체재가 없다.** 생활에서 필수로 사용하는 수도, 가스, 전기는 대체재가 없다. 혹시라도 먼 훗날 대체재가 생길 수도 있다. 그러나 유틸리티는 처음 사용했을 때부터 지금까지 사용하고 있다. 수도, 가스, 전기가 없는 현대 생활은 생각하기가 힘들다.

③ **꾸준한 수요가 있다.** 물가 상승에 맞춰 요금 인상도 가능하다. 즉 매출

이 꾸준히 상승하게 된다. 매출에 따라 유틸리티 기업 주가도 실적에 수렴한다. 참고로 유틸리티 요금은 가격 비탄력성이다. 요금 상승에 따라 수요를 크게 줄이지도 늘리지도 않기 때문이다.

▼ XLU : Utilities Select Sector SPDR Fund

추종 지수	S&P Utilities Select Sector Index	**운용보수**	0.1%	**주당 가격**	$65.61
상장일자	1998-12-16	**시가총액**	$15.15B	**PDF 종목 수**	31

TOP 5 국가 비중	TOP 5 섹터 비중	TOP 5 종목 비중
1. 미국 99.83%	1. 전기 유틸리티 64.83%	1. NextEra Energy(NEE) 15.79%
	2. 멀티 유틸리티 29.56%	2. Duke Energy(DUK) 7.43%
	3. 수자원 유틸리티 2.5%	3. Southern Company(SO) 7.42%
	4. 천연가스 유틸리티 1.6%	4. Dominion Energy(D) 5.94%
2022년 분배율 3.12%	5. 가스 유틸리티 1.51%	5. Sempra Energy(SRE) 4.93%
PER 18.8	PBR 2.07	TOP 10 비중 60.21%

수익률	3개월	1년	3년	5년
XLU	-7.35%	-0.48%	3.71%	6.93%

<2023년 1월 기준>

XLU는 S&P Utilities Select Sector Index를 추종 지수로 한다. S&P 500 지수에서 유틸리티 주식을 시가총액 가중 방식으로, 대형주 위주로 구성한다.

유틸리티 섹터 ETF 중 시가총액이 가장 많다. PDF에는 31종목이 있다. 전기 유틸리티에 65% 비중으로 투자한다. 분배율은 2022년 3.12%였다. 수익률은 3년 연 3.71%, 5년 연 6.93%였다.

TOP 10 비중은 60%다. 상위 종목 중에는 개별 주식으로 넥스테라 에너지와 도미니언 에너지가 괜찮다. 넥스테라 에너지는 미국 유틸리티 섹터에서 시가총액이 높은 편이다. 대체 에너지인 풍력 에너지와 태양광 에너지를 다른 기업보다 많이 생성한다. 도미니언 에너지도 미국 전역에서 전력과 에너지를 생산하는 기업이다. 유틸리티 섹터 시가총액 상위 5위 안에 있는 기업이다.

기타 유틸리티 ETF

티커	종목명	추종 지수	시가총액	운용보수
VPU	Vanguard Utilities ETF	MSCI US Investable Market Utilities 25/50 Index	$5.29B	0.10%
IDU	iShares US Utilities ETF	Russell 1000 Utilites RIC 22.5/45 Capped Index	$969.45M	0.39%
RYU	Invesco S&P 500 Equal Weight Utilities ETF	S&P 500 Equal Weighted Utilities Plus Index	$382.61M	0.40%

<2023년 1월 기준>

VPU는 MSCI 유틸리티 지수를 추종한다. XLU보다 폭넓게 투자할 수 있다. PDF에는 67종목이 있다. 분배율은 2022년 3.17%였다. 기간별 수익률은 3년 연 3.06%, 5년 연 6.57%였다.

IDU는 러셀 1000 유틸리티 지수를 추종한다. 미국 유틸리티 업종에 90% 비중으로 투자한다. PDF에는 47종목이 있다. 분배율은 2022년 1.82%였다. 기간별 수익률은 3년 연 2.74%, 5년 연 6.15%였다.

RYU는 S&P 500 동일 비중 유틸리티 플러스 지수를 추종한다. XLU을 동일 비중으로 투자하는 ETF다. 시가총액은 다른 ETF보다 낮은 편이다. PDF에는 31종목이 있다. 분배율은 2022년 2.47%였다. 기간별 수익률은 3년 연 3.62%, 5년 7.12%였다.

경기 침체에 대한 방어적인 역할과 안정적인 ETF에 투자하고 싶다면, 유틸리티 섹터에도 일정 비중 투자를 고려해볼 만하다.

산업 ETF

산업 섹터는 4가지 특징이 있다.

① **고정 지출비가 높다.** ETF의 PDF 대부분은 주식 시가총액에 따라 비중을 가중한다. 대형주일수록 산업 규모가 크기 때문에 고정비도 높다. 고정비는 인건비, 설비비, 재료비, 기타 제반 비용 등을 말한다.

고정비가 높은 것은 대형마트를 생각하면 쉽다. 대형마트는 1곳당 보통 직원 수를 100명 이상 채용한다. 점포 임대료 및 물품 보관 장소도 필요하다. 요즘 온라인 쇼핑이 많아지고 비대면 문화가 커져 고정비가 높은 유통기업은 예전보다 힘을 못 쓰고 있다. 매출액은 높지만, 영업이익이 마이너스인 경우도 꽤 있다.

참고로 쿠팡의 2022년 매출이 26조 원을 돌파했다. 같은 기간 이마트의 매출은 16조 원이었다. 이렇게 고정비가 많이 드는 산업일수록, 산업 구조의 변화에 빨리 대응해야 하는데 쉽지 않다.

② **경기 상황에 영향을 많이 받는다.** 경기 호황일 때 매출은 높아진다. 경

기 불황일 때는 매출이 낮아진다. 경기 민감주이면서 인플레이션 수혜주로, 매출은 경기 흐름을 강하게 받는다.

③ **영업이익률이 낮은 편이다.** 산업 섹터에는 제조업 분야가 많다. 제조업은 공장에서 원재료를 가공하여 부품 혹은 완제품으로 제조한다. 총매출에서 인건비, 공장 운영비, 기타 비용을 전부 제외해야 수익이 된다. 보통 영업이익률은 10% 이하인 경우가 많다.

④ **미래 트렌드를 생각하면 사양 산업이 되어 가고 있다.** 시대의 변화에 따라 주도 업종은 바뀌는데 앞으로 산업 섹터가 주도 업종이 되기는 힘들 것으로 보인다. 그래서 산업 섹터는 경제적 해자를 갖고 있거나 독과점 경쟁을 하는 기업에 투자해야 한다.

▼ XLI : **Industrial Select Sector SPDR Fund**

추종 지수	S&P Industrial Select Sector Index	운용보수	0.1%	주당 가격	$92.47
상장일자	1998-12-16	시가총액	$12.17B	PDF 종목 수	75
TOP 5 국가 비중		**TOP 5 섹터 비중**		**TOP 5 종목 비중**	
1. 미국 99.84%		1. 항공·방위 20.86%		1. Raytheon Technologies(RTX) 5.12%	
		2. 기계, 장비, 부품 20.52%		2. 허니웰(HON) 4.91%	
		3. 화물운송 & 철도 11.12%		3. UPS(UPS) 4.74%	
		4. 산업 복합 기업 10.18%		4. 유니온 퍼시픽(UNP) 4.68%	
2022년 분배율 1.55%		5. 항공화물 & 물류 7.59%		5. 록히드 마틴(LMT) 4.18%	
PER 19.31		PBR 4.38		TOP 10 비중 40.77%	

수익률	3개월	1년	3년	5년
XLI	1.59%	-11.02%	6.96%	6.73%

<2023년 1월 기준>

XLI는 S&P 산업 지수를 추종한다. 산업 섹터 ETF 중에 시가총액이 가장 높다. 추종 지수는 S&P 500 지수에서 산업 섹터 주식을 고른 후, 시가총액 가중 방식으로 구성된다. 산업 섹터에는 항공·방위, 기계, 산업 복합 기업, 화물 & 물류 등이 있다. 대형주 비중이 매우 높다. 2022년도 분배율은 1.55%였다.

TOP 10 종목 중에서 보잉, 3M, 캐터필러는 다우존스 30 지수에 편입되어 있는 대형주다. 보잉은 세계 최대 민간 항공기 제작 업체이면서 방위 산업체 기업이다. 세계적으로 대부분 민간 항공기는 미국 보잉과 유럽 에어버스에서 만든다. 허니웰은 다양한 항공우주 시스템을 개발하는 복합 기업이다. 항공우주 시스템 분야에서 점유율이 높다. 캐터필러는 세계 최대 건설장비, 가스터빈 생산 기업이다.

상위 개별 종목 중에서는 보잉, 하니웰, 유니온 퍼시픽의 최근 5년 동안 주가 흐름이 좋았다.

기타 산업 ETF

티커	종목명	추종 지수	시가총액	운용보수
VIS	Vanguard Industrials ETF	MSCI US Investable Market Industrials 25/50 Index	$3.35B	0.10%
IYJ	iShares US Industrials ETF	Russell 1000 Industrials 40 Act 15/22.5 Daily Capped Index	$1.02B	0.39%
FIDU	Fidelity MSCI Industrials Index ETF	MSCI USA IMI Industrials 25/25 Index	$638.62M	0.08%

<2023년 1월 기준>

VIS는 MSCI 미국 산업 지수를 추종한다. PDF에는 366종목이 있다. 많은 종목의 PDF를 선호하면 XLI보다 VIS를 선택하면 된다. 수익률은 3년 연 7.12%, 5년 연 6.69%였다.

IYJ는 러셀 1000 산업 지수를 추종한다. PDF에는 180종목이 있다. 섹터별 비중은 자본재 45%, 소프트웨어 & 서비스 28%다. 상위 종목에는 비자, 액센츄어, 레이시온 등이 있다. 수익률은 3년 연 6.01%, 5년 연 6.62%였다.

FIDU는 MSCI 미국 IMI 산업 지수를 추종한다. PDF에는 370종목이 있다. 허니웰, 유니온퍼시픽, UPS, 보잉, 제너럴 일렉트릭, 3M, 록히드마틴 등 주요 10종목이 전체 31%를 차지하고 있다. 수익률은 3년 연 7.73%, 5년 연 7.07%였다.

▼ IGF : iShares Global Infrastructure ETF

추종 지수	S&P Global Infrastructure Index	**운용보수**	0.40%	**주당 가격**	$44.15
상장일자	2007-12-10	**시가총액**	$3.4B	**PDF 종목 수**	75
TOP 5 국가 비중		**TOP 5 섹터 비중**		**TOP 5 종목 비중**	
1. 미국 40.38%		1. 운송 40.89%		1. Atlantia(BIT:ATL) 5.36%	
2. 캐나다 9.64%		2. 유틸리티 37.9%		2. Transurban Group(AUX:TCL) 5.08%	
3. 호주 8.26%		3. 에너지 20.92%		3. Enbridge(CAQ:ENB) 5.06%	
4. 이탈리아 7.4%				4. NextEra Energy(NEE) 4.77%	
5. 스페인 6.34%				5. Aena SME(SIBE:AENA) 3.92%	
PER 19.04		PBR 1.76		TOP 10 비중 38.84%	

수익률	3개월	1년	3년	5년
IGF	-8.36%	-6.54%	0.07%	2.09%

〈2023년 1월 기준〉

IGF는 S&P 글로벌 인프라 기반 시설 지수를 추종한다. 선진국과 개발도상국의 인프라스트럭처infrastructure, 국가나 도시가 작동하는 데 필요한 제반 시설과 시스템, 여기에 더해 기업과 가계가 존속하는 데 필요한 기초적인 시설과 시스템을 포함한 개념이다 대형주로 구성한다. 추종 지수에는 유틸리티, 운송, 에너지 관련 기업들이 있다. 운송 기반 시설은 공항, 고속도로, 철도, 항구 등을 말한다. PDF에는 75종목이 있다. 분배율은 2022년 2.61%였다.

해당 ETF를 포함해서 인프라스트럭처 주식은 투자를 추천하지 않는다. 글로벌 인프라는 세계 경제 상황에 영향을 많이 받는다. 세계 경제는 앞으로 보호무역이 점점 더 심해질 것이다. 이제는 경쟁력 있는 나라의 주식시장이 상승한다.

경쟁력이 없는 주식시장은 하락하는 차별화가 더 진행될 것이다. 그리고 코로나 팬데믹 여파, 공급망 문제 등도 여전히 상존한다. 장기간 투자수익률이 낮았던 ETF는 대체로 투자하기 좋지 않다.

원재료 ETF

원재료 섹터는 화학 제품의 비중이 높은 편이다. 미국 원자재에 투자하는 XLB의 섹터 비중은 화학이 절반을 차지한다. 그리고 경기 상황에 많은 영향을 받는다. 기업 매출이 증가할 때와 매출이 하락할 때의 주가 변동이 확연한 차이를 보인다. 경제가 활황이어서 제품을 많이 생산하게 되면 원재료 수요는 많아진다.

참고로 서비스업은 제조업과 원재료 개념이 다르다. 예를 들면 IT 섹터는 소프트웨어나 지적재산권IP이 원재료다. 이런 원재료는 사람의 생각과 상상으로 만든다. 그래서 미국의 거대 IT 기업이 창의력과 생산성 향상을 위한 직원 복지에 신경을 많이 쓴다. 요즘 우리나라도 IT 수요 증가 및 공급 부족으로 개발자 연봉이 큰 폭으로 상승했다.

▼ XLB : **Materials Select Sector SPDR Fund**

<table>
<tr><td>추종 지수</td><td>S&P Materials Select Sector Index</td><td>운용보수</td><td>0.1%</td><td>주당 가격</td><td>$74.75</td></tr>
<tr><td>상장일자</td><td>1998-12-16</td><td>시가총액</td><td>$5.24B</td><td>PDF 종목 수</td><td>30</td></tr>
<tr><td colspan="2">TOP 5 국가 비중</td><td colspan="2">TOP 5 섹터 비중</td><td colspan="2">TOP 5 종목 비중</td></tr>
<tr><td colspan="2">1. 미국 99.93%</td><td colspan="2">1. 화학약품 70.6%</td><td colspan="2">1. Linde(LIN) 17.73%</td></tr>
<tr><td colspan="2"></td><td colspan="2">2. 금속 & 광업 13.28%</td><td colspan="2">2. Air Products and Chemicals(APD) 6.7%</td></tr>
<tr><td colspan="2"></td><td colspan="2">3. 컨테이너 & 포장 10.69%</td><td colspan="2">3. Sherwin-Williams(SHW) 6.35%</td></tr>
<tr><td colspan="2"></td><td colspan="2">4. 건축 재료 5.43%</td><td colspan="2">4. Corteva Inc(CTVA) 5.75%</td></tr>
<tr><td colspan="2">2022년 분배율 2.11%</td><td colspan="2"></td><td colspan="2">5. Freeport-McMoRan(FCX) 5.68%</td></tr>
<tr><td colspan="2">PER 12.43</td><td colspan="2">PBR 2.49</td><td colspan="2">TOP 10 비중 63.44%</td></tr>
<tr><td>수익률</td><td>3개월</td><td colspan="2">1년</td><td>3년</td><td>5년</td></tr>
<tr><td>XLB</td><td>-1.77%</td><td colspan="2">-10.74%</td><td>10.53%</td><td>6.75%</td></tr>
</table>

<2023년 1월 기준>

XLB는 S&P 원자재 지수를 추종한다. PDF에는 30종목이 있다. TOP 10 비중은 63%다. 섹터별 비중은 화학 71%, 금속 & 광업 13%다. 수익률은 3년 연 10.53%, 5년 연 6.75%였다.

원재료 섹터는 앞에서 설명한 산업 섹터보다 전망이 좋지 않다. 산업 섹터의 보잉 항공기나 유니언 퍼시픽 철도는 경쟁력이 높고 과점적이다. 쉽게 말해 경쟁력이 있어서 아무나 만들지 못한다. 민간 항공기는 보잉이나 에어버스에서 제작한 걸 전 세계에서 사용한다. 철도는 각 국가에서 자국 기업이 생산한 부품을 보통 이용한다.

그러나 원재료는 자국산을 사용해도 되고 외국산을 사용해도 된다. 가격 경쟁력을 생각해 더 저렴하고 좋은 걸 사용할 것이다. 쉽게 말해 원재료는 다른 나라에 대체할 수 있는 선택지가 꽤 있다.

에너지 ETF

에너지 ETF에서 말하는 에너지는 대체로 원유를 말한다. 에너지는 3가지 특징이 있다.

① **미국에서 셰일가스를 추출하면서 경제성이 나오기 시작했다.** 셰일가스는 모래와 진흙 등으로 단단하게 굳어진 퇴적암층에 매장되어 있는 천연가스다. 미국은 셰일가스로 원유 의존도가 많이 줄어들었다.

② **원유는 중동 지역에 많이 매장되어 있다.** 해당 지역 국가들은 OPEC으로도 불리는 석유수출국기구를 1960년에 설립했다. 2021년 기준 OPEC에는 13개국이 가입돼 있다. OPEC은 원유의 생산량을 조절하는 역할을 한다.

원유 공급이 불안정하면 공장에서 생산이 원활하지 않고 생활이 불편해진다. 원유는 다양한 곳에서 수요가 매우 많기 때문이다. 그리고 원유 대금은 식량과 같이 미국 달러로 결제해왔다. 미국이 세계 무대에서 강한 이유 중 하나기도 하다.

③ **세계의 정치적, 경제적 문제에 민감하다.** 원유 가격에는 다양한 요인이 영향을 미친다. 참고로 원유 선물에 대한 투기성 수요도 많다. 다시 말하지만 원유가 없으면 기업의 생산활동이 불편해지고, 식량이 없으면 가계의 생활이 불편해진다. 필자 개인적으로는 에너지 섹터의 전망을 좋게 보지 않는다.

▼ XLE : Energy Select Sector SPDR Fund

추종 지수	S&P Energy Select Sector Index	**운용보수**	0.1%	**주당 가격**	$89.25
상장일자	1998-12-16	**시가총액**	$41.62B	**PDF 종목 수**	23
TOP 5 국가 비중		**TOP 5 섹터 비중**		**TOP 5 종목 비중**	
1. 미국 99.71%		1. 오일, 가스 & 소비재 연료 91.87%		1. 엑슨모빌(XOM) 22.55%	
		2. 에너지 장비 & 서비스 8.13%		2. 쉐브론(CVX) 19.43%	
				3. 슐룸베르거(SLB) 5.21%	
				4. 코노코필립스(COP) 4.45%	
2022년 분배율 3.69%				5. 파이어니어 내추럴 리소시스(DXD) 4.44%	
PER 8.47		PBR 2.11		TOP 10 비중 74.98%	

수익률	3개월	1년	3년	5년
XLE	19.82%	55.32%	20.8%	10.74%

<2023년 1월 기준>

XLE는 S&P 에너지 지수를 추종한다. 에너지 섹터 중에서 시가총액이 가장 높다. PDF에는 23종목이 있다. 원유 또는 가스 관련 기업들로 구성되어 있다.

코로나 팬데믹의 영향으로 거의 20년 전 주가로 돌아갔다가, 최근 에너지

| 2022 WORLD TOP 100 COMPANY |

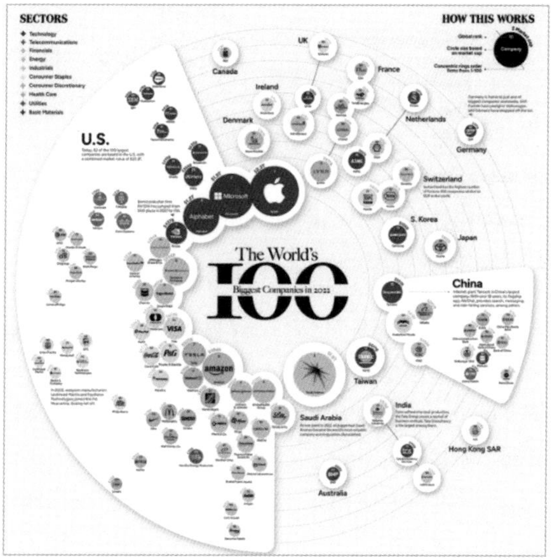

출처 : Visual capitalist

가격의 급상승으로 전 고점까지 상승했다. 수익률은 5년 연 10.74%, 10년 연 3%였다. 에너지 ETF는 에너지 가격에 따른 가격 변동성이 너무 심해서, 함부로 투자했다가 물리게 되면 회복까지 오랜 시간이 걸릴 수 있다.

30년간 글로벌 기업 시가총액 TOP 100 순위 변화를 보면, 2007년에는 에너지 관련 기업이 5곳이었다. 2021년에는 사우디의 아람코 1곳만이 이름을 올렸다. 이제 에너지 기업 시대가 아니라는 뜻이다. 앞으로는 디지털 시대다.

| 한눈에 보는 섹터 ETF ② |

티커	종목명	시가총액	분류
VNQ	Vanguard Real Estate ETF	$32.94B	MSCI US 리츠 25/50 지수
VNQI	Vanguard Global ex-US Real Estate ETF	$3.36B	S&P 미국 제외 글로벌 부동산 지수
SCHH	Schwab US REIT ETF	$5.35B	다우존스 US 리츠 지수
XLC	Communication Services Select Sector SPDR Fund	$8.75B	커뮤니케이션 서비스 지수
XLU	Utilities Select Sector SPDR Fund	$15.15B	S&P 유틸리티 지수
VPU	Vanguard Utilities ETF	$5.29B	MSCI US 유틸리티 25/50 지수
XLI	Industrial Select Sector SPDR Fund	$12.17B	S&P 산업 지수
VIS	Vanguard Industrials ETF	$3.35B	MSCI US 산업 25/50 지수
XLB	Materials Select Sector SPDR Fund	$5.24B	S&P 원자재 지수
XLE	Energy Select Sector SPDR Fund	$41.62B	S&P 에너지 지수

〈2023년 1월 기준〉

스타일 ETF

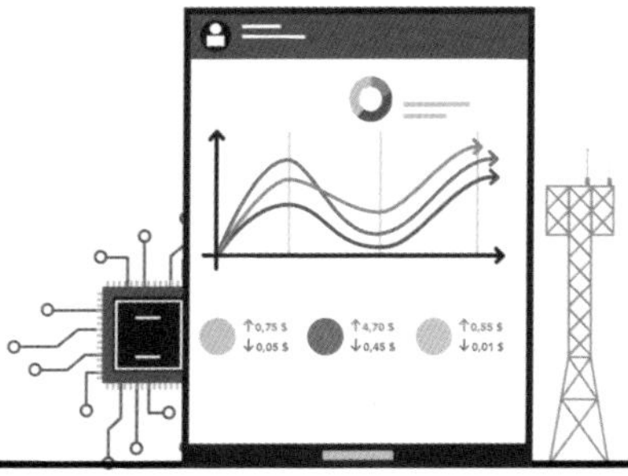

스타일 ETF는 액티브 펀드와 비슷하다. 스타일 ETF 추종 지수의 특정 요소가 펀드 매니저 역할을 대신한다. 보통 주식시장 대표 지수 ETF에 특정 요소를 첨가하면 그게 스타일 ETF가 된다. **대표적인 스타일로는 성장주, 가치주, 모멘텀, 저변동성 등이 있다.**

성장주는 지금보다도 앞으로의 성장 가능성이 매우 높은 주식을 말한다. IT가 대표적인 성장주다. 가치주는 기업의 현재 가치가 실적 또는 자산에 비해 낮은 주식을 말한다. 예를 들어 기업의 총자산이 100만 원이라고 할 때, 시가총액이 70만 원이면 가치주라 볼 수 있다. 모멘텀은 주가의 상승 추세와 하락 추세의 가속을 예측하는 투자를 말한다. 저변동성은 주가 변동 폭이 낮은 주식을 말한다. 변동성이 낮아 로우볼 전략으로도 불린다.

스타일 ETF에 5년 이상 장기 투자하면 국가 대표 지수 ETF와 수익률이 비슷해지는 경향이 있다. 2~3년의 기간 동안 수익률 상위에 있는 스타일 ETF에 투자하는 전략이 괜찮다. 스타일 ETF는 외형적 이슈보다는 내적 가치에 보다 중점을 둔 상품이다.

참고로 신흥국 스타일 ETF에는 투자하지 않는 게 좋다. 미국보다 주식시장 규모가 너무 작을 뿐더러, 변동성도 높다. 신흥국 투자를 생각한다면 신흥국 국가 대표 지수 ETF를 권한다. 대부분의 선진국과 신흥국 국가 대표 지수 ETF는 미국 주식시장에 상장되어 있어 거래할 수 있다.

미국 주식시장 성장주 ETF

▼ IUSG : iShares Core S&P US Growth ETF

추종 지수	S&P 900 Growth Index	운용보수	0.04%	주당 가격	$84.92
상장일자	2000-07-24	시가총액	$11.15B	PDF 종목 수	476
TOP 5 국가 비중		**TOP 5 섹터 비중**		**TOP 5 종목 비중**	
1. 미국 100%		1. IT 기술 41.36%		1. 애플(AAPL) 13.85%	
		2. 자유소비재 16.4%		2. 마이크로소프트(MSFT) 10.59%	
		3. 헬스케어 12.82%		3. 아마존(AMZN) 6.29%	
		4. 커뮤니케이션 9.09%		4. 테슬라(TSLA) 3.67%	
2022년 분배율 1.02%		5. 금융 7.59%		5. 알파벳A(GOOGL) 3.49%	
PER 19.85		PBR 5.97		TOP 10 비중 47.94%	

수익률	3개월	1년	3년	5년
IUSG	-3.92%	-22.6%	10.94%	11.62%

〈2023년 1월 기준〉

티커	종목명	추종 지수	시가총액	운용보수
ITOT	iShares Core S&P Total US Stock Market ETF	S&P Total Market Index	$39.49B	0.03%

〈2023년 1월 기준〉

IUSG는 S&P 900 Growh 지수를 추종한다. 예상 성장률과 과거 PBR을 기준으로 종목을 구성한다. PDF에는 476종목이 있다. S&P 500 지수에 S&P 중형주 400 지수를 더한 게 S&P 900 지수다. 섹터별 비중은 IT 기술 41%, 자유소비재 16%다. 수익률은 3년 연 10.94%, 5년 연 11.62%였다.

미국 전체 주식시장에 투자하는 ETF로 **ITOT**가 있다. 섹터별 비중은 IT 기술 25%, 헬스케어 15%, 금융 12%다. 수익률은 3년 연 9.14%, 5년 연 9.34%였다. 미국 주식시장에 장기 투자를 생각한다면 IUSG, ITOT 둘 다 괜찮다. 5년 수익률은 IUSG가 2% 정도 높다.

▼ IUSV : iShares Core S&P US Value ETF

추종 지수	S&P 900 Value Index	운용보수	0.04%	주당 가격	$70.08
상장일자	2000-07-24	시가총액	$11.89B	PDF 종목 수	740
TOP 5 국가 비중		TOP 5 섹터 비중		TOP 5 종목 비중	
1. 미국 100%		1. 헬스케어 16.93%		1. 버크셔 해서웨이B(BRK.B) 2.9%	
		2. 금융 15.15%		2. 존슨앤존슨(JNJ) 2.51%	
		3. 산업 12.72%		3. 엑슨 모빌(XOM) 2.48%	
		4. 필수소비재 11.06%		4. 셰브론(CVX) 1.77%	
2022년 분배율 2.13%		5. IT 기술 10.56%		5. 프록터 앤드 갬블(PG) 1.75%	
PER 14.65		PBR 2.4		TOP 10 비중 17.93%	

수익률	3개월	1년	3년	5년
IUSV	-0.73%	-4.88%	7.51%	7.75%

〈2023년 1월 기준〉

IUSV는 S&P 900 가치주 지수를 추종한다. 대형주 및 중형주 중에서 저평가된 가치주로 구성한다. 자세하게는 기업소득, 주당 순자산 BPSBookvalue Per Share, 주가매출비율 PSRPrice Sales Ratio을 기준으로 종목을 구성한다. PDF에는 740종목이 있다.

수익률은 3년 연 7.51%, 5년 연 7.75%였다. IUSV가 앞에서 설명한 ITOT보다 3년 이상 장기수익률이 낮다. 지금까지는 미국 전체 주식시장에 투자하는 게 가치주에 투자하는 것보다 수익률이 높았다.

티커	종목명	추종 지수	시가총액	운용보수
VTI	Vanguard Total Stock Market ETF	CRSP US Total Market	$258.88B	0.03%
MGV	Vanguard Mega Cap Value ETF	CRSP US Mega Cap Value Index	$5.56B	0.07%

〈2023년 1월 기준〉

뱅가드에도 미국 전체 주식시장에 투자하는 **VTI**와 대형 가치주에 투자하는 **MGV**가 있다. VTI의 수익률은 3년 연 9.22%, 5년 연 9.39%였다.

성장주라고 불리는 기업은 매출액과 이익이 매년 크게 증가하고 있거나 앞으로 증가할 것으로 예상이 되는 주식들이다. 주식시장은 현재보다 미래를 반영하는 특성이 있다. 지금 실적이 좋아도 미래가 불투명하면 주가는 하락하고, 반대로 지금 적자가 나고 있지만 미래 비전이 보이는 기업의 주가는 상승한다.

미국 성장주 ETF는 투자에 성공할 경우에는 대박이 날 수 있지만, 반대로 성장을 제대로 하지 못한 경우에는 큰 손실을 볼 수 있다. 대신 큰 위험을 감수한 만큼 큰 보상을 받는 업종이다. 대표적으로 바이오, 전기차, 수소차, 인공지능 반도체, 자율주행차, 항공우주 등이다.

미국 대형 성장주 ETF

티커	종목명	추종 지수	시가총액	운용보수
VUG	Vanguard Growth ETF	CRSP US Large Growth	$70B	0.04%
IWF	iShares Russell 1000 Growth ETF	Russell 1000 Growth	$58.85B	0.18%
IVW	iShares S&P 500 Growth ETF	S&P 500 Growth	$28.24B	0.18%
RPG	Invesco S&P 500 Pure Growth ETF	S&P 500 Pure Growth	$2.27B	0.35%
IWY	iShares Russell Top 200 Growth ETF	Russell Top 200 Growth	$4.39B	0.2%

〈2023년 1월 기준〉

VUG는 CRSP US Large Growth 지수를 추종한다. 장기 EPS, 단기 EPS, 3년간 SPS·EPS 증가율, ROA총자산수익률, 현재 ROI투자 자본수익률를 기준으로 종목을 구성한다. PDF에는 250종목이 있다. 수익률은 3년 연 9.71%, 5년 연 10.98%였다.

IWF는 Russell 1000 Growth 지수를 추종한다. 예상 중기 성장률, 최근 5년 주당 매출액 SPSSales Per Share를 기준으로 종목을 구성한다. PDF에는 520종목이 있다. IT 기술 섹터 비중이 43%로 가장 높다. 수익률은 3년 연 11.26%, 5년 연 12.06%였다. IWF가 Russell 1000 지수를 추종하는 IWB보다 3년 이상 장기수익률은 더 높다. IWB의 수익률은 3년 연 9.42%, 5년 연 9.66%였다.

IVW는 S&P 500 Growth 지수를 추종한다. 3가지 기준으로 성장주를 선택한다. 매출 증가율, 모멘텀, PER 변동성이다. PDF에는 240종목이 있다. 수익률은 3년 연 10.46%, 5년 연 11.13%였다. S&P 500 지수를 추종하는 IVV보다 3년 이상 장기수익률이 더 높다. IVV의 수익률은 3년 연 9.76%, 5년 연 10.01%였다.

RPG는 IVW와 비슷한 S&P 500 Pure Growth 지수를 추종한다. 수익률은 3년 연 9.17%, 5년 연 8.67%였다. 추종 지수가 비슷한 ETF라고 해도 수익률은 각각 다르다. 수익률을 위해서 추종 지수, 섹터 비중, PDF 종목 수, 기간별 수익률 등을 꼭 비교해봐야 한다.

IWY는 러셀 TOP 200 Growth 지수를 추종한다. PDF에는 110종목이 있다. 해당 PDF 상위 종목 중에 개별 투자하기 괜찮은 기업이 꽤 있다. 수익률은 3년 연 12.56%, 5년 연 13.04%였다.

미국 대형 가치주 ETF

티커	종목명	추종 지수	시가총액	운용보수
VTV	Vanguard Value ETF	CRSP US Large Value	$97.99B	0.04%
IWD	iShares Russell 1000 Value ETF	Russell 1000 Value	$51.89B	0.18%
IVE	iShares S&P 500 Value ETF	S&P 500 Value	$23.44B	0.18%

〈2023년 1월 기준〉

VTV는 CRSP 미국 대형 가치주 지수를 추종한다. PBR, 예상 PER, 과거 PER, PSR, 배당수익률을 기준으로 종목을 구성한다. PDF에는 346종목이 있다. 수익률은 3년 연 8.72%, 5년 연 8.49%였다. 참고로 CRSP US Large

지수를 추종하는 VV의 수익률은 3년 연 8.55%, 5년 연 9.04%였다.

IWD는 러셀 1000 가치주 지수를 추종한다. PBR이 낮은 가치주를 고르며, PDF에는 859종목이 있다. 섹터별 비중은 금융 20%, 헬스케어 17%다. 수익률은 3년 연 6.58%, 5년 연 6.6%였다.

IVE는 S&P 500 가치주 지수를 추종한다. PDF에는 435종목이 있다. 섹터별 비중은 헬스케어 18%, 금융 15%다. 수익률은 3년 연 7.27%, 5년 연 7.64%였다.

스타일 ETF는 대표적으로 성장주와 가치주가 있다. 그리고 앞에서 설명한 시장 대표 지수 ETF도 있다. 이 중에서 투자를 고민한다면, 성장주 또는 시장 대표 지수 ETF를 추천한다. 지금까지 가치주 ETF는 성장주와 시장 대표 지수 ETF의 수익률을 따라가지 못하고 있다.

많은 투자의 현인들은 가치주에 장기적으로 투자하는 것이 성장주 투자보다는 확률이 높은 게임이라고 이야기한다. 하지만 시장이 활황을 보일 때 대부분 가치주들은 성장주보다 떨어지는 성과를 내는 경향이 있다. 그렇기 때문에 가치주에 투자하면서 오랫동안 기다리는 일은 말처럼 쉬운 일이 아니다.

미국 중형 성장주 ETF

티커	종목명	추종 지수	시가총액	운용보수
IWP	iShares Russell Mid Cap Growth ETF	Russell Mid cap Growth	$11.61B	0.23%
IJK	iShares S&P Mid Cap 400 Growth ETF	S&P Mid Cap 400 Growth	$6.85B	0.17%
VOT	Vanguard Mid Cap Growth ETF	CRSP US Mid Growth	$9.36B	0.07%

<2023년 1월 기준>

IWP는 러셀 중형 성장주 지수를 추종한다. 러셀 1000 지수에서 시가총액이 낮은 800종목 중에서 성장주를 고른다. 성장주 선택 기준은 2가지다. 높은 PBR과 높은 예상 성장률이다. PDF에는 406종목이 있다. 섹터별 비중은 IT 기술 28%, 헬스케어 17%다. 수익률은 3년 연 5.62%, 5년 연 8.12%였다. 러셀 중형주 지수를 추종하는 IWR의 수익률은 3년 연 7.07%, 5년 연 7.43%였다.

IJK는 S&P 400 중형 성장주 지수를 추종한다. 높은 매출 성장률, 모멘텀, PER을 기준으로 종목을 구성한다. PDF에는 234종목이 있다. 섹터별 비중은 산업 19%, IT 기술 16%다. 수익률은 3년 연 7.13%, 5년 연 6.3%였다. S&P 400 지수를 추종하는 IJH의 수익률은 3년 연 8.44%, 5년 연 7.02%였다.

VOT는 CRSP 미국 중형 성장주 지수를 추종하다. 대형주와 중형주의 비중은 24%와 76%다. PDF에는 175종목이 있다. 수익률은 3년 연 6.65%, 5년 연 8.44%였다. CRSP US MID 지수를 추종하는 VO의 수익률은 3년 연 7.35%, 5년 연 7.71%였다.

미국 중형 가치주 ETF

티커	종목명	추종 지수	시가총액	운용보수
IWS	iShares Russell Mid Cap Value ETF	Russell Mid cap Value	$12.68B	0.23%
VOE	Vanguard Mid Cap Value ETF	CRSP US Mid Value	$15.32B	0.07%
IJJ	iShares S&P Mid Cap 400 Value ETF	S&P Mid Cap 400 Value	$7.48B	0.18%

〈2023년 1월 기준〉

IWS는 러셀 중형 가치주 지수를 추종한다. 낮은 PBR과 지수 대비 낮은 성장 예측치를 기준으로 종목을 구성한다. PDF에는 704종목이 있다. 섹터별 비중은 금융 18%, 산업 15%다. 수익률은 3년 연 6.57%, 5년 연 5.88%였다. 러셀 중형주 지수를 추종하는 IWR의 수익률은 3년 연 7.07%, 5년 연 7.43%였다.

VOE는 미국 중형 가치주 지수를 추종한다. PBR, 미래 PER, 현재 PER, 시가배당률, 매출 대비 주가 지표를 기준으로 종목을 구성한다. PDF에는 200종목이 있다. 수익률은 3년 연 7.43%, 5년 연 6.7%였다.

IJJ는 S&P 400 중형 가치주 지수를 추종한다. PSR, 이익, 장부가액 비율을 기준으로 종목을 구성한다. PDF에는 294종목이 있다. 섹터별 비중은 산업 19%, 금융 18%다. 수익률은 3년 연 8.79%, 5년 연 6.99%였다.

▼ EFG : iShares MSCI EAFE Growth ETF

추종 지수	MSCI EAFE Growth Index	**운용보수**	0.35%	**주당 가격**	$77.14
상장일자	2005-08-01	**시가총액**	$9.17B	**PDF 종목 수**	460
TOP 5 국가 비중		**TOP 5 섹터 비중**		**TOP 5 종목 비중**	
1. 일본 22.43%		1. 산업 20.33%		1. 네슬레(VTX:NESN) 4.72%	
2. 스위스 14.62%		2. 헬스케어 17.84%		2. 로슈(VTX:ROG) 3.59%	
3. 프랑스 13.95%		3. 경기소비재 13.86%		3. ASML홀딩(AMS:ASML) 3.02%	
4. 영국 9.31%		4. IT 기술 13.39%		4. 루이비통(EPA:MC) 2.82%	
5. 호주 7.95%		5. 필수소비재 13.09%		5. 노보 노디스크(CPH: NOVO-B) 2.73%	
PER 19.37		PBR 2.86		TOP 10 비중 23.73%	

수익률	3개월	1년	3년	5년
EFG	-10.42%	-29.39%	-1.04%	0.89%

〈2023년 1월 기준〉

EFG는 MSCI EAFE Growth Index를 추종 지수로 한다. 미국 제외 선진국 성장주 ETF다. 장기간 높은 EPS 성장 예상치, 단기간 EPS 성장 예상치, 장기간 과거 EPS 성장률, 현재 내부 성장률, 과거 SPS주당매출액 성장률을 기준으로 종목을 구성한다.

PDF에는 460종목이 있다. 국가별 비중은 일본 22%, 호주 8%를 제외하면 대부분 유럽이다. 섹터별 비중은 산업 20%, 헬스케어 18%다.

PDF 상위 종목 중에는 네슬레와 LVMH가 괜찮다. 네슬레는 스위스 주식으로 세계 최대 식품 회사다. 네스카페, 키캣 등 유명 브랜드를 여럿 갖고 있다. 식품 기업은 물가 상승에 맞춰 제품 가격을 상승시킬 수 있다. 최소한 인플레이션은 헤지할 수 있다.

LVMH는 '모에 헤네시 루이비통'의 약자다. 세계적으로 유명한 럭셔리 브랜드 그룹이다. 프랑스 증시 시가총액 1위 기업이며, 더 나아가 유럽 증시 시가총액 1위 기업이다. 루이비통, 디올, 펜디, 지방시, 불가리, 태그 호이어 등을 소유하고 있다.

럭셔리 제품은 의식주를 뛰어넘어 인간의 욕망을 자극한다. 세계 경제가 성장하면 잘살게 되니 욕망을 자극받는 인구가 많아진다. 중국과 인도에는 20억 명이 넘는 예비 중산층이 있다. 웬만해서는 망하기 힘든 기업이다. 최근 5년 동안 주가는 2.5배 상승했다.

참고로 루이비통 회장은 잠깐이나마 세계 최고 부자에 이름을 올렸다가 다시 내려왔다.

저변동성 ETF

티커	종목명	추종 지수	시가총액	운용보수
USMV	iShares Edge MSCI USA Min Vol Factor ETF	MSCI USA Minimum Volatility Index	$28.6B	0.15%
ACWV	iShares Edge MSCI Global Min Vol Factor ETF	MSCI ACWI Minimum Volatility Index	$4.34B	0.2%
EFAV	iShares Edge MSCI EAFE Min Vol Factor ETF	MSCI EAFE Minimum Volatility Index	$7.03B	0.2%
SPLV	Invesco S&P 500 Low Volatility ETF	S&P 500 Low Volatility	$9.85B	0.25%
XMLV	Invesco S&P Mid Cap Low Volatility ETF	S&P Mid Cap 400 Low Volatility Index	$1.12B	0.25%
SPHD	Invesco S&P 500 High Dividend Low Volatility ETF	S&P 500 Low Volatility High Dividend Index	$3.59B	0.3%

〈2023년 1월 기준〉

변동성이 낮은 주식은 주식시장의 전반적인 가격 움직임에 크게 영향을 받지 않는다. 영향을 받더라도 가격 하락 또는 상승의 크기가 적으며, 가격 움직임의 변화 주기가 상대적으로 다른 주식에 비해 길다는 장점이 있다. 무엇보다 하락장에서 저변동성 주식은 다른 주식들보다 하락 폭이 작다는 특징이 있다. 변동성이 낮으므로 안정적이다. 변동성이 낮으면서 주가가 꾸준히 장기 우상향하는 주식이 좋다.

3년 이상 차트 기준으로 보면 장기 투자하기 좋은 주식이 보인다. 현대차와 LG화학은 주가 등락 폭이 큰 편이었다. 그에 반해 미국의 애플과 마이크로소프트는 등락 폭이 낮으면서 5년 동안 꾸준히 주가가 상승했다.

USMV는 MSCI 미국 최소 변동성 지수를 추종한다. 최적화된 낮은 변동성으로 의도하지 않은 위험에 노출되는 걸 최소화하고자 한다. PDF에는 176

종목이 있다. 섹터별 비중은 IT 기술 22%, 헬스케어 20%다. 2022년 분배율은 1.63%였다. 수익률은 3년 연 4.81%, 5년 연 8.09%였다.

ACWV는 MSCI ACWI 최소 변동성 지수를 추종한다. 미국을 포함해 여러 나라의 저변동성 주식에 투자한다. 국가별 비중은 미국 57%, 일본 10%, 캐나다 5% 등이다. PDF에는 390종목이 있다. 수익률은 3년 연 0.88%, 5년 연 4.25%였다.

EFAV는 MSCI EAFE 최소 변동성 지수를 추종한다. 미국과 캐나다를 제외한 선진국 국가 저변동성 종목으로 구성한다. PDF에는 235종목이 있다. 국가별 비중은 일본 29%, 스위스 15%, 영국 10% 등이다. 수익률은 3년 연 -5.2%, 5년 연 -1.28%였다.

SPLV는 S&P 500 저변동성 지수를 추종한다. S&P 500 지수에서 최근 1년간 변동성이 낮았던 100종목을 가중한다. 섹터별 비중은 유틸리티 25%, 금융 20%다. 수익률은 3년 연 3.94%, 5년 연 7.52%였다. S&P 500 지수를 대표하는 SPY의 수익률은 3년 연 10.24%, 5년 연 10.45%였다.

XMLV는 S&P Mid Cap 400 저변동성 지수를 추종한다. 최근 1년간 지수에서 변동성이 낮은 80종목으로 지수를 구성한다. 섹터별 비중은 금융 38%, 유틸리티 18%다. 수익률은 3년 연 1.32%, 5년 연 4.92%였다.

SPHD는 S&P 500 저변동성 고배당 지수를 추종한다. S&P 500 지수 중 변동성이 낮으면서 배당률이 높은 50종목으로 구성한다. PDF에는 51종목이 있다. 섹터별 비중은 금융 28%, 유틸리티 18%, 필수소비재 12%다. 2022년 분배율은 3.92%였다. 매월 분배금을 지급하는 월 배당 ETF다. 수익률은 3년 연 3.74%, 5년 연 4.6%였다.

▼ LRGF : iShares US Equity Factor ETF

추종 지수	STOXX US Equity Factor Index	**운용보수**	0.08%	**주당 가격**	$39.51
상장일자	2015-04-28	**시가총액**	$1.13B	**PDF 종목 수**	316
TOP 5 국가 비중		**TOP 5 섹터 비중**		**TOP 5 종목 비중**	
1. 미국 100%		1. IT 기술 27.56%		1. 애플(AAPL) 6.18%	
		2. 헬스케어 15.52%		2. 마이크로소프트(MSFT) 4.99%	
		3. 금융 13.13%		3. 아마존(AMZN) 2.43%	
		4. 경기소비재 11.21%		4. 알파벳C(GOOG) 1.74%	
2022년 분배율 1.7%		5. 필수소비재 7.43%		5. 유나이티드헬스그룹(UNH) 1.63%	
PER 14.02		PBR 3.72		TOP 10 비중 24.09%	

수익률	3개월	1년	3년	5년
LRGF	-3.77%	-10.76%	7.25%	6.56%

<2023년 1월 기준>

LRGF는 STOXX 미국 주식 팩터 지수를 추종한다. 사이즈, 모멘텀, 퀄리티, 밸류, 최소 변동성을 최적화해 종목을 구성한다. PDF에는 316종목이 있다. 섹터별 비중은 IT 기술 28%, 헬스케어 16%, 금융 13%다. 2022년 분배율은 1.7%였다.

참고로 LRGF와 비슷하게 글로벌 멀티팩터 ETF로 **INTF**가 있다. 인터넷, 반도체, 소프트웨어 등 4차 산업혁명이 주도하는 기업들이 많으며 애플, 마이크로소프트, 엔비디아 등이 대표적이다. 수익률은 3년 연 -1.62%, 5년 연 -1.4%였다.

멀티 팩터는 추종 지수가 고려하는 요소가 많다. 중국집에서 짜장면, 짬뽕, 탕수육을 한 그릇에 담아서 동시에 조금씩 맛보는 거와 비슷하다. 멀티 팩터가 단일 팩터보다 고려하는 게 많아 전문성은 조금 떨어진다.

티커	종목명	추종 지수	시가총액	운용보수
QUS	SPDR MSCI USA StrategicFactors ETF	MSCI USA Factor Mix A-Series Index	$844.71M	0.15%

〈2023년 1월 기준〉

다른 멀티 팩터 ETF로 **QUS**가 있다. 미국 중·대형주 중에서 퀄리티, 가치주, 최소 변동성 3가지 요소를 고려한다. PDF에는 630종목이 있다. 수익률은 3년 연 8.07%, 5년 연 9.58%였다.

▼ QUAL : iShares MSCI USA Quality Factor ETF

추종 지수	MSCI USA Sector Neutral Quality Index	운용보수	0.15%	주당 가격	$110.99
상장일자	2013-07-18	시가총액	$17.59B	PDF 종목 수	128

TOP 5 국가 비중	TOP 5 섹터 비중	TOP 5 종목 비중
1. 미국 97.91%	1. IT 기술 26%	1. 스탠더드 앤드 푸어스(SPGI) 4.06%
	2. 헬스케어 15.79%	2. 존슨앤드존슨(JNJ) 4.01%
	3. 경기소비재 11.03%	3. 애플(AAPL) 3.64%
	4. 금융 10.87%	4. 엘리 릴리(LLY) 3.54%
2022년 분배율 0.67%	5. 산업 8.13%	5. 나이키(NKE) 3.15%
PER 15.14	PBR 4.62	TOP 10 비중 31.14%

수익률	3개월	1년	3년	5년
QUAL	-6.61%	-19.69%	7%	8.54%

〈2023년 1월 기준〉

QUAL은 MSCI 미국 섹터 퀄리티 지수를 추종한다. 추종 지수는 높은 ROE, 낮은 부채비율, 안정된 이익 성장률을 기준으로 구성한다. 섹터별 비중은 IT 기술이 26%로 높다. 그 외에는 헬스케어, 경기소비재, 금융 비중 순이다. 수익률은 3년 연 7%, 5년 연 8.54%였다. PDF 상위 보유 종목 중 괜찮은 기업들이 많다. 존슨앤드존슨은 미국 제약 회사 중에서 매출이 높다. 나이키는 스포츠용품 세계 1위다.

퀄리티는 사업 구조가 좋고 재무제표가 우량한 기업에 투자하는 전략이다. 예를 들어 애플이나 마이크로소프트처럼 지금도 좋고 미래에도 경쟁력 있는 사업 구조를 갖는 곳을 말한다. 보통 ROE가 높고, 부채비율이 낮으며, 현금흐름이 좋은 주식들이 많다.

▼ MTUM : iShares MSCI USA Momentum Factor ETF

추종 지수	MSCI USA Momentum SR Variant Index	운용보수	0.15%	주당 가격	$148.11
상장일자	2013-04-16	시가총액	$11.99B	PDF 종목 수	127
TOP 5 국가 비중		TOP 5 섹터 비중		TOP 5 종목 비중	
1. 미국 98.35%		1. 헬스케어 30.07%		1. 엑슨모빌(XOM) 5.66%	
2. 캐나다 0.3%		2. 에너지 22.18%		2. 애플(AAPL) 5.06%	
		3. 필수소비재 16.44%		3. 셰브론(CVX) 4.96%	
		4. IT기술 9.02%		4. 유나이티드 헬스그룹(UNH) 4.87%	
2022년 분배율 0.54%		5. 금융 6.79%		5. 존슨앤드존슨(JNJ) 4.26%	
PER 14.7		PBR 3.58		TOP 10 비중 42.99%	
수익률	3개월	1년		3년	5년
MTUM	3.33%	-21.88%		7.75%	8.76%

<2023년 1월 기준>

MTUM은 MSCI 미국 모멘텀 지수를 추종한다. 추종 지수는 높은 거래량 및 높은 주가 모멘텀으로 구성한다. 자세하게는 6개월에서 12개월 모멘텀

위험을 계산한다. 섹터별 비중은 헬스케어가 30%로 가장 높다. 모멘텀 전략은 '달리는 말에 올라타라'다. 관성의 법칙처럼 주가 상승률이 높은 종목은 계속 상승한다고 생각하는 것이다.

티커	종목명	추종 지수	시가총액	운용보수
PDP	Invesco DWA Momentum ETF	Dorsey Wright Technical Leaders Index	$1.1B	0.62%

<2023년 1월 기준>

다른 모멘텀 ETF로 **PDP**가 있다. PDP는 미국 대형주와 중형주 중에서 상대적으로 주가 모멘텀이 괜찮은 100종목으로 구성한다. 수익률은 3년 연 6.39%, 5년 연 7.78%였다.

| 한눈에 보는 스타일 ETF |

티커	종목명	시가총액	분류
IUSG	iShares Core S&P US Growth ETF	$11.15B	S&P 900 성장 지수
IUSV	iShares Core S&P US Value ETF	$11.89B	S&P 900 가치 지수
VUG	Vanguard Growth ETF	$70B	CRSP US 대형주 성장 지수
VTV	Vanguard Value ETF	$97.99B	CRSP US 대형주 가치 지수
IWP	iShares Russell Mid Cap Growth ETF	$11.61B	러셀 중형주 성장 지수
VOE	Vanguard Mid Cap Value ETF	$15.32B	CRSP US 중형주 가치 지수
EFG	iShares MSCI EAFE Growth ETF	$9.17B	MSCI EAFE 성장 지수
USMV	iShares MSCI Min Vol Factor ETF	$28.6B	MSCI USA 최소 변동성 지수
SPLV	Invesco S&P 500 Low Volatility ETF	$9.85B	S&P 500 최소 변동성 지수
LRGF	iShares MSCI Multifactor USA ETF	$1.13B	STOXX US Equity Factor 지수
QUAL	iShares Edge MSCI USA Quality Factor ETF	$17.59B	MSCI USA 퀄리티 지수
MTUM	iShares MSCI USA Momentum Factor ETF	$11.99B	MSCI USA 모멘텀 SR Variant 지수

<2023년 1월 기준>

PART 4

해외 ETF 실전 투자 심화

테마 ETF

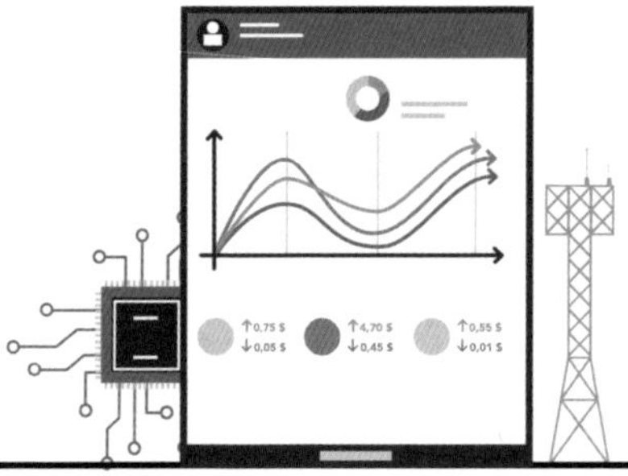

테마는 주제라고도 한다. 주제는 영화나 책에서 핵심이 되는 한 문장을 말한다. 테마 ETF는 같은 주제 및 관련 있는 주식으로 구성된다. 참고로 **주식에서의 테마와 ETF에서의 테마는 조금 다르다. 주식은 짧은 순간에 생겼다가 없어지는 경우가 많다.** 예를 들면 정치인 테마주, 정책 테마주 등이 있다. **ETF는 상당 기간 유지될 수 있는 테마로 ETF를 만든다**. 클라우드, 4차 산업혁명, 소셜미디어 등이 있다. 테마 ETF에는 마음 편하게 장기간 투자할 수 있는 상품이 꽤 있다.

초기 ETF시장에서는 각국의 대표 지수, 원자재 지수, 통화 관련 지수 등을 추종하는 ETF들이 주로 출시되었다. 투자자들에게 어느 정도 ETF가 익숙해질 때쯤부터는 테마 ETF 상장이 급속히 늘어났다. 테마 ETF는 사회적, 경제적으로 주목받는 신산업에 투자한다. 그렇기 때문에 상승장에서는 전통적인 산업보다 더 강력한 상승세를 보이고, 양호한 수익률을 거둘 가능성이 높다.

테마는 기업의 외적 특성을 고려해서 만들어진다. 업종이 비슷하거나 관련 있는 업종으로 PDF를 구성한다. 참고로 스타일 ETF는 기업의 내적 특성을 고려한다. 업종 구분 없이 ROE, PER, 저변동성 등을 고려해서 만든다. **사람으로 비유해보면 테마 ETF는 외모다. 스타일 ETF는 성격이다.**

클라우드 ETF

▼ SKYY : First Trust Cloud Computing ETF

추종 지수	ISE CTA Cloud Computing Index	운용보수	0.6%	주당 가격	$64.34
상장일자	2011-07-05	시가총액	$3.09B	PDF 종목 수	67

TOP 5 국가 비중	TOP 5 섹터 비중	TOP 5 종목 비중
1. 미국 98.13%	1. 소프트웨어 46.72%	1. 랙스페이스 테크놀로지(RXT) 4.28%
	2. IT 서비스 28.21%	2. IBM(IBM) 4.1%
	3. 하드웨어 & 가정기기 7.94%	3. 퓨어스토리지(PSTG) 4.02%
	4. 커뮤니케이션 장비 6.52%	4. 오라클(ORCL) 3.96%
2022년 분배율 1.14%	5. 인터랙티브 미디어 4.01%	5. 아리스타 네트웍스(ANET) 3.88%
PER 107.37	PBR 6.35	TOP 10 비중 36.39%

수익률	3개월	1년	3년	5년
SKYY	-15.78%	-22.12%	9.32%	15.00%

〈2023년 1월 기준〉

SKYY는 ISE CTA Cloud Computing 지수를 추종한다. 추종 지수는 3가지 범주로 구성된다. 첫째, IaaS인 인프라 서비스다. 둘째, PaaS인 플랫폼 서비스다. 셋째, SaaS인 소프트웨어 서비스다. PDF에는 67종목이 있다. 이때 PDF 종목당 비중은 최대 4.5%다. 수익률은 3년 연 9.32%, 5년 연 15.00%였다.

참고로 IaaS는 Infrastructure as a Service의 약자다. 서버와 네트워크 장비 등의 인프라 장비를 빌려주는 서비스다. PaaS는 Platform as a Service의 약자다. 플랫폼을 제공해주며 하드웨어와 소프트웨어를 제공해주는 서비스다. SaaS는 Software as a Service의 약자다. 네이버 클라우드나 애플의 iCloud처럼 소비자로서 사용할 수 있는 소프트웨어 서비스다.

현재 클라우드 시장 글로벌 1위는 아마존 웹 서비스인 AWS다. 그다음으로 마이크로소프트 에저, 구글, 알리바바 등이 있다.

앞으로도 클라우드 컴퓨터 전망은 유망하다. 예를 들어 음악 듣는 걸 좋아해서 멜론 스트리밍 이용권을 매달 사용하면, 앨범을 구매하는 것보다 편리하고 저렴하다. 기업도 음악 스트리밍처럼 자체 서버를 가진 것보다 필요한 공간만큼 클라우드 서비스를 이용하는 편이 편리하고 저렴하다. 쉽게 말하면 서버 공간의 공유 경제화가 클라우드다.

앞으로 5G가 활용되고, IOT로 연결되고, 동영상은 폭발적으로 증가할 것이다. 그럴수록 클라우드 수요는 많아진다. 4차 산업혁명의 기술인 인공지능, VR & AR, 메타버스, 자율주행차의 상용화가 되면 수요가 폭발한다. 참고로 클라우드 서비스도 구독경제다. 매달 안정적인 수입이 들어온다.

소셜미디어 ETF

▼ SOCL : Global X Social Media ETF

추종 지수	Solactive Social Media Index	**운용보수**	0.65%	**주당 가격**	$24.99
상장일자	2011-11-14	**시가총액**	$106.56M	**PDF 종목 수**	42
TOP 5 국가 비중		**TOP 5 섹터 비중**		**TOP 5 종목 비중**	
1. 미국 47.3%		1. 커뮤니케이션 서비스 97.3%		1. 현금 14.11%	
2. 중국 30%		2. IT 기술 2.1%		2. 텐센트(HKG:700) 9.94%	
3. 한국 10.3%		3. 경기소비재 0.6%		3. 메타(META) 7.93%	
				4. 핀터레스트(PINS) 7.45%	
2022년 분배율 0.35%				5. 알파벳A(GOOGL) 5.84%	
PER 25.79		PBR 2.44		TOP 10 비중 67.01%	
수익률	3개월	1년	3년	5년	
SOCL	-25.84%	-59.45%	-7.25%	-4.97%	

<2023년 1월 기준>

SOCL는 Solactive Social Media 지수를 추종한다. 소셜미디어 기업과 소셜 네트워킹을 제공하는 기업들로 종목을 구성한다. 설명했던 다른 ETF보다 시가총액은 작은 편이다. PDF에는 42종목이 있다. 국가별 비중은 미국 47%, 중국 30%, 한국 10% 등이다. 종목별 비중은 텐센트 10%, 메타 8%, 핀터레스트 7%다.

앞으로 소셜미디어 사용 인구는 더 많아질 것으로 예상된다. 아직 아시아와 아프리카에서는 무선 인터넷 접속이 어려운 인구가 많다. 각 국가에서 대부분 사용하는 소셜미디어는 1개에서 많아야 3개 이하다. 우리나라를 생각해보면 카카오톡과 인스타그램만 생각난다.

그리고 어떤 소셜미디어가 인기가 많아질 것을 빅 데이터로 계산하면, 글로벌 기업이 해당 기업를 인수해 버린다. 대표적으로 구글은 2006년에 유튜브를, 페이스북은 2012년에 인스타그램과 2014년에는 왓츠앱을 인수했다. 현재 글로벌 소셜미디어는 과점적 경쟁을 한다. 텐센트는 중국에서 카카오톡과 비슷한 위챗을 소유하고 있다.

최근 10년 동안 소셜미디어 기업은 엄청나게 성장했지만, 플랫폼 기업들에 규제가 강화되면서 주가가 크게 하락하여 수익률이 저조하다. 그렇기 때문에 지금이 더욱 매수 기회가 될 수 있다.

사이버 보안 ETF

▼ HACK : ETFMG Prime Cyber Security ETF

추종 지수	Prime Cyber Defense Index	**운용보수**	0.6%	**주당 가격**	$47.13
상장일자	2014-11-11	**시가총액**	$1.49B	**PDF 종목 수**	59
TOP 5 국가 비중		**TOP 5 섹터 비중**		**TOP 5 종목 비중**	
1. 미국 89.6%		1. IT 서비스 69.98%		1. 포티넷(FTNT) 5.39%	
2. 영국 6.42%		2. 전자 기술 24.17%		2. BAE 시스템즈(LON:BA) 4.96%	
3. 일본 1.69%		3. 상업용 서비스 5.03%		3. 베리사인(VRSN) 4.76%	
				4. 부즈 알렌 해밀턴(BAH) 4.73%	
2022년 분배율 0.23%				5. Leidos Holdings(LDOS) 4.72%	
PER 72.68		PBR 5.12		TOP 10 비중 47.25%	

수익률	3개월	1년	3년	5년
HACK	-1.97%	-27.93%	7.27%	9.14%

<2023년 1월 기준>

HACK는 프라임 사이버 보안 지수를 추종한다. 사이버 보안 앱 제공 또는 서비스 업체로 종목을 구성한다. 사이버 보안 테마 ETF다. PDF에는 59종목이 있다. 수익률은 3년 연 7.27%, 5년 연 9.14%였다.

티커	종목명	추종 지수	시가총액	운용보수
CIBR	First Trust NASDAQ Cybersecurity ETF	NASDAQ CTA Cybersecurity Index	$5.02B	0.6%
BUG	Global X Cybersecurity ETF	Indxx Cybersecurity Index	$1.1B	0.5%

<2023년 1월 기준>

다른 사이버 보안 ETF로 **CIBR**이 있다. 사이버 보안 **ETF** 중에서 시가 총액이 가장 크다. PDF에는 35종목이 있다. 수익률은 3년 연 14.34%, 5년 연 13.62%였다.

BUG는 사이버 보안으로 매출이 발생하는 기업을 수정된 시가총액으로 추종한다. 2019년 10월에 상장했다. PDF에는 26종목이 있다. 최근 1년 수익률은 -22.27%였다. 우리나라의 안랩도 PDF에 포함되어 있다.

사이버 해킹은 '창', 사이버 보안은 '방패'와 같다. 해커는 필사적으로 침입하려 한다. 누군가는 필사적으로 막으려고 한다. 3차 산업혁명인 인터넷에서 현재 진행 중인 4차 산업혁명까지 많은 것들이 연결되어 있다.

창이 공격하면 방패로 막아야 한다. 그래서 창과 방패의 진화는 끝이 없다. 사이버 보안은 장기적으로 성장이 예상되는 테마다. 투자를 생각한다면 HACK, CIBR, BUG를 비교해서 자신의 투자 방향에 맞는 종목을 선택하면 된다.

모바일 결제 ETF

▼ IPAY : ETFMG Prime Mobile Payments ETF

추종 지수	Prime Mobile Payments Index	운용보수	0.75%	주당 가격	$41.35
상장일자	2015-07-15	시가총액	$530.53M	PDF 종목 수	53

TOP 5 국가 비중	TOP 5 섹터 비중	TOP 5 종목 비중
1. 미국 76.29%	1. 상업용 서비스 48.24%	1. ETFMG Sit Ultra Short ETF(VALT) 8.13%
2. 영국 4.53%	2. IT 서비스 25.22%	2. 비자(V) 6.26%
3. 네덜란드 4.27%	3. 금융 24.04%	3. 마스터카드(MA) 6.04%
4. 홍콩 2.42%		4. 아메리칸 익스프레스(AXP) 5.96%
5. 일본 2.34%		5. Fiserv(FISV) 5.83%
PER 25.92	PBR 2.55	TOP 10 비중 54.72%

수익률	3개월	1년	3년	5년
IPAY	-5.95%	-38.51%	-4.3%	3.9%

<2023년 1월 기준>

IPAY는 프라임 모바일 결제 수단 지수를 추종한다. 추종 지수는 체크·신용카드에서 모바일·디지털 결제 수단으로 변화가 발생하는 곳에 투자한다. 모바일 쇼핑과 인터넷 쇼핑 등에서 증가하는 거래량에 주목한다. 구체적으로 결제 수단 서비스 또는 앱, 결제 수단 인프라 또는 소프트웨어, 신용카드 네트워크 등이 있다. PDF에는 53종목이 있다. 수익률은 3년 연 -4.3%, 5년 연 3.9%였다.

비슷한 테마 ETF로는 핀테크에 투자하는 **FINX**가 있다. 수익률은 3년 연 -7.21%, 5년 연 0.93%였다.

모바일 결제 수단은 장기적으로 괜찮은 테마다. 인터넷 쇼핑뿐만 아니라

오프라인 결제에서도 간편결제 비중이 큰 폭으로 늘어나고 있다. 온라인과 모바일 거래가 성장할 가능성이 아직도 많이 남아 있다.

해당 테마는 해외시장에서 독과점적 경쟁을 한다. 추후 각 국가에서 시장 점유율이 높은 모바일 결제 수단은 2개 이하가 될 것이다. PDF 상위 종목 중에서 비자와 마스터카드는 해외시장 점유율 1위, 2위 카드사다. 아메리칸 익스프레스는 아멕스라고도 불린다. 미국 신용카드 점유율 1위다. 이 중에서 비자와 마스터카드는 성장주로 개별 주식 투자도 나쁘지 않다.

티커	종목명	추종 지수	시가총액	운용보수
FINX	Global X FinTech ETF	Indxx Global Fintech Thematic Index	$525.37M	0.68%

<2023년 1월 기준>

| 비자 5년 주가 |

| 마스터카드 5년 주가 |

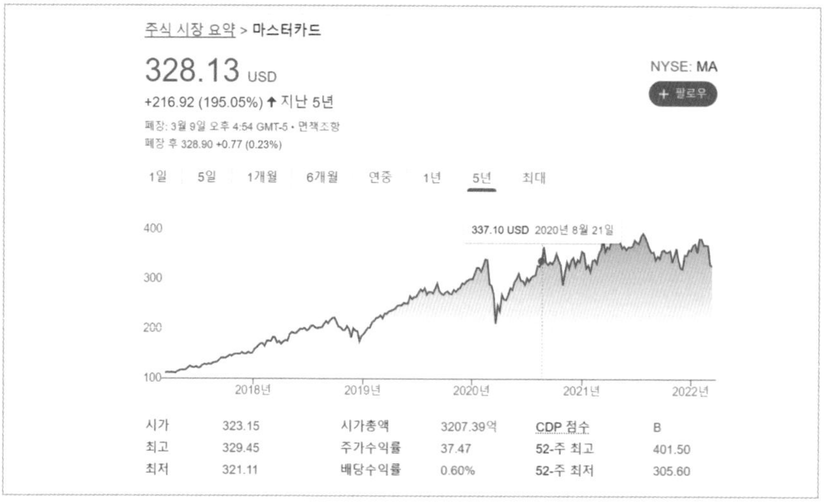

로봇과 AI ETF

▼ BOTZ : Global X Robotics & Artificial Intelligence ETF

추종 지수	Indxx Global Robotics & Artificial Intelligence Thematic Index	운용보수	0.68%	주당 가격	$19.62
상장일자	2016-09-12	시가총액	$1.21B	PDF 종목 수	43

TOP 5 국가 비중	TOP 5 섹터 비중	TOP 5 종목 비중
1. 미국 43.12%	1. IT 기술 42.5%	1. 인튜이티브 서지컬(ISRG) 10.6%
2. 일본 37.21%	2. 산업 39.4%	2. ABB(VTX:ABBN) 9.43%
3. 스위스 12.01%	3. 헬스케어 15%	3. 키엔스(TYO:6861) 8.72%
4. 노르웨이 2.18%	4. 경기소비재 1.7%	4. 화낙(TYO:6954) 7.95%
5. 영국 1.65%	5. 금융 1%	5. 엔비디아(NVDA) 7.25%
PER 44.88	PBR 3.22	TOP 10 비중 66.03%

수익률	3개월	1년	3년	5년
BOTZ	-9.52%	-47.71%	-1.59%	-2.98%

<2023년 1월 기준>

BOTZ는 Indxx Global Robotics & AI 테마 지수를 추종한다. AI, 로봇공학, 산업로봇, 비산업로봇, 자동화, 자율주행차 등으로 종목을 구성한다. PDF에는 43종목이 있다. TOP 10 비중은 66%다. 국가별 비중은 미국 43%, 일본 37% 등이다. 수익률은 3년 연 -1.59%, 5년 연 -2.98%였다.

티커	종목명	추종 지수	시가총액	운용보수
ROBO	ROBO Global Robotics and Automation Index ETF	Robo Global Robotics and Automation Index	$1.13B	0.95%

〈2023년 1월 기준〉

같은 로봇 테마 ETF로 **ROBO**가 있다. 전 세계 로봇, 자동화 기술 기업에 투자한다. PDF에는 82종목이 있다. 수익률은 3년 연 3.85%, 5년 연 2.02%였다.

로봇과 AI 테마도 장기적으로 유망하다. 과거에 로봇은 산업용 수요가 대부분이었다, 지금은 사람이 하기 어려운 일도 로봇으로 대체되는 중이다. 로봇이 운영하는 호텔과 식당, 무인 편의점 등이 속속 생기고 있다. 최근 2~3년 사이에 높아진 최저임금으로 인해 우리나라 상점에 키오스크가 많아졌다. 앞으로도 로봇과 무인 관련된 산업은 폭발적인 성장이 예상된다.

2035년에는 집마다 가정용 로봇이 1대씩 있어도 이상하지 않은 세상이 될 것 같다. 요즘은 서빙 로봇, 치킨 튀기는 로봇, 커피 만드는 로봇도 있다. 로봇 산업 전략의 핵심은 AI다. 인공지능을 장착한 지능형 로봇의 등장이 무인화 혁명을 가능하게 할 것이다.

방위 산업 ETF

▼ ITA : iShares US Aerospace & Defense ETF

추종 지수	DJ US Select Aerospace & Defense	**운용보수**	0.39%	**주당 가격**	$107.21
상장일자	2006-05-01	**시가총액**	$3.84B	**PDF 종목 수**	38
TOP 5 국가 비중		**TOP 5 섹터 비중**		**TOP 5 종목 비중**	
1. 미국 96.89%		1. 항공우주 & 국방 97.11%		1. 레이시온(RTX) 20.87%	
		2. 산업 기계 & 장비 2.27%		2. 록히드마틴(LMT) 17.15%	
		3. 레저용품 0.47%		3. 보잉(BA) 7.45%	
				4. 노스롭그루먼(NOC) 4.77%	
2022년 분배율 0.91%				5. 제너럴 다이내믹스(GD) 4.73%	
PER 29.32		PBR 3.41		TOP 10 비중 75.44%	

수익률	3개월	1년	3년	5년
ITA	5.63%	1.26%	-0.15%	4.18%

<2023년 1월 기준>

ITA는 Dow Jones US Select Aerospace & Defense 지수를 추종한다. 민항기와 군용기를 제작하는 항공기 업체, 무기나 레이더 장비를 생산하는 방위 산업체 등에 투자한다. 섹터별 비중은 항공우주 & 국방이 97%다. PDF에는 38종목이 있다. 2022년 분배율은 0.91%였다. 수익률은 3년 연 -0.15%, 5년 연 4.18%였다.

티커	종목명	추종 지수	시가총액	운용보수
PPA	Invesco Aerospace & Defense ETF	SPADE Defense Index	$1.53B	0.61%

<2023년 1월 기준>

같은 방위 산업 테마 ETF로 **PPA**가 있다. 미국의 국방 및 우주 산업에서 매출을 내는 기업으로 종목을 구성한다. 우주보다는 방산에 더 집중되어 있다. PDF에는 56종목이 있다. 수익률은 3년 연 4.66%, 5년 연 8.12%였다.

미국 항공우주, 국방 테마는 장기적으로 나쁘지 않다. 먼저 민간 항공기 시장은 보잉이 유럽의 에어버스와 양분한다. 세계 상위 방위 산업체에는 보잉, 록히드마틴, 레이시온, 노스롭 그루먼 등이 있다. 대부분 PDF 상위 종목에 있는 기업들이다.

우리나라를 포함한 많은 나라들이 무기를 살 때 대부분 미국 기업을 선택한다. 미국 군수 업체를 대신할 대체재가 없다. 성능과 기술력도 미국이 가장 뛰어나다. 국가 안보와 보안을 위해서라도 대부분 미국 기업을 선택하지, 중국이나 러시아 업체를 선택하지 않는다.

앞으로도 대다수의 선진국은 미국 방위 산업체를 선택할 가능성이 크다. 만약 10년 뒤 중국 방위 산업체 기업의 위세가 높아지더라도 화웨이처럼 될 가능성이 매우 크다.

물 ETF

티커	종목명	추종 지수	시가총액	운용보수
PHO	Invesco Water Resources ETF	NASDAQ OMX US Water Index	$1.65B	0.6%
CGW	Invesco S&P Global Water Index ETF	S&P Global Water Index	$924.99M	0.57%
FIW	First Trust Water ETF	ISE Clean Edge Water Index	$1.24B	0.53%

<2023년 1월 기준>

PHO는 NASDAQ OMX US Water Index를 추종 지수로 한다. 미국의 가정용, 산업용 물을 정화하거나 상품을 만드는 기업으로 구성한다. PDF에는 38종목이 있다. 국가 비중은 미국이 98%다. 수익률은 3년 연 11.27%, 5년 연 11.82%였다.

CGW는 S&P Global Water Index를 추종 지수로 한다. PHO와 FIW는 미국 기업을 대상으로 하지만 CGW는 전 세계 수자원 유틸리티, 인프라, 장비, 재료에 관련된 종목으로 구성한다. PDF에는 52종목이 있다. 수익률은 3년 연 6.76%, 5년 연 7.23%였다.

FIW는 ISE Clean Edge Water Index를 추종 지수로 한다. 상하수와 폐수 산업에서 대다수 매출이 발생하는 종목으로 PDF를 구성한다. PDF에는 38종목이 있다. 수익률은 3년 연 12.06%, 5년 연 11.9%였다.

물 테마 ETF는 유틸리티 ETF와 성격이 비슷하다. IT 기술 ETF와 같은 큰 폭의 매출 상승은 없지만 안정적인 매출이 발생한다. 물 부족은 세계 여러 지역에서 심각한 문제였으며, 오늘날에도 계속 진행되고 있다.

UN의 발표에 의하면 21세기 물 수요량은 20세기보다 6배 이상 늘어날 전망이다. 수자원은 생활에 꼭 필요한 요소로 대체재가 없다. 인체의 수분 비율은 60%~80%다. 그래서 생존을 위해 반드시 매일 1L 이상의 물을 마셔야 한다.

그리고 가정용보다 산업용 수자원 수요가 더 많다. 기업이 상품을 만드는데 있어서 물은 반드시 필요하다. 수자원은 진입 장벽이 높고 과점 경쟁을 한다. 초기 설비 투자 비용이 크고, 경쟁자가 쉽게 생기지 않는다. 그리고 최소한의 인플레이션을 헤지한다. 물가 상승률에 맞춰 요금을 올릴 수 있다.

마지막으로 지구온난화가 있다. 우리나라를 포함해서 전 세계가 지구온난화로 호수와 강이 점점 말라 가고, 가뭄이 자주 발생한다. 북극의 빙하들도 녹는다. 장기적 관점에서 물 부족은 지금보다 더 심해질 것이다. 불과 몇십 년 전만 해도 미래에 물을 사서 마신다고 생각한 사람은 없었다. 기후 변화와 물 관련 리스크는 세계경제포럼의 5대 글로벌 리스크에 항상 포함되어 있다.

농업 관련 ETF

▼ MOO : VanEck Agribusiness ETF

추종 지수	MVIS Global Agribusiness Index	운용보수	0.52%		주당 가격	$88.85
상장일자	2007-08-31	시가총액	$1.42B		PDF 종목 수	51
TOP 5 국가 비중		TOP 5 섹터 비중			TOP 5 종목 비중	
1. 미국 56.86%					1. 디어 앤 컴퍼니(DE) 8.73%	
2. 독일 8.09%					2. Zoetis(ZTS) 7.64%	
3. 캐나다 6.65%					3. 바이엘(ETR:BAYN) 7.21%	
4. 일본 4.48%					4. Corteva(CTVA) 6.48%	
5. 노르웨이 4.47%					5. Nutrien(NTR) 6.08%	
PER 9.75		PBR 1.88			TOP 10 비중 57.75%	
수익률	3개월	1년		3년		5년
MOO	-1.53%	-5.37%		11.6%		9.49%

<2023년 1월 기준>

MOO는 기업식 농업에 투자하는 ETF다. 매출의 50% 이상을 기업식 농업에서 발생시키는 기업으로 종목을 구성한다. 농업 ETF 중 시가총액이 높은

편이다. PDF에는 51종목이 있다. 국가별 비중은 미국 57%를 포함해서 여러 나라에 투자한다.

MOO는 세계 인구 증가와 함께 꾸준히 상승할 것이다. 세계 인구는 2022년 11월 80억 명을 넘겼고 2050년 97억 명, 2070년 100억 명을 넘어설 것으로 예상되고 있다. 당연히 식량 수요 또한 증가하게 된다. 식량 수요를 뒷받침하기 위해서는 생산성 증가가 필요하다. 농업 기술, 비료, 농기계, 농약품, 신기술은 미래에 더욱 중요하고 유망하다.

농업 관련 ETF는 예측이 쉽지 않다. 기후 변화뿐만 아니라 수요와 공급 문제도 있다. 우리나라 농산물을 생각해보면 된다. 예를 들면 이번 해에는 감자와 당근 가격이 높았다. 다음 해에는 감자와 당근이 엄청 낮은 가격이 될 수 있다. MOO은 안정성이 다른 ETF보다는 낮은 편이다.

우선주 ETF

티커	종목명	추종 지수	시가총액	운용보수
PFF	iShares Preferred and Income Securities ETF	ICE Exchange-Listed Preferred & Hybrid Securities Index	$13.67B	0.45%
PGX	Invesco Preferred ETF	ICE BofAML Core Plus Fixed Rate Preferred Securities Index	$4.79B	0.51%
PGF	Invesco Financial Preferred ETF	ICE Exchange-Listed Fixed Rate Financial Preferred Securities Index	$1.13B	0.55%
PSK	SPDR ICE Preferred Securities ETF	ICE Exchange-Listed Fixed & Adjustable Rate Preferred Securities Index	$986.34M	0.45%

<2023년 1월 기준>

PFF는 미국 우선주 지수를 추종한다. 추종 지수는 뉴욕거래소와 나스닥 거래소에 상장된 우선주, 하이브리드 증권, 전환사채로 구성된다. PDF에는 201종목이 있다. 분배율은 2022년 5.83%였다. 수익률은 3년 연 -1.98%, 5년 연 0.6%였다.

PGX도 미국 우선주 지수를 추종한다. 추종 지수는 미국 시장에서 달러로 표시되고 고정 이자를 지급하는 우선주로 구성한다. 그리고 신용평가사의 평가등급 평균이 최소 B3 이상인 곳으로 구성한다. PDF에는 294종목이 있다. 분배율은 2022년 6.05%였다. 수익률은 3년 연 -4.18%, 5년 연 -0.26%였다.

PGF는 미국 금융 하이브리드 증권 및 우선주 지수를 추종한다. PDF에는 110종목이 있다. 분배율은 2022년 5.79%였다. 수익률은 3년 연 −3.58%, 5년 연 -0.04%였다. 금융 우선주에 집중 투자 할 수 있는 ETF다.

PSK는 미국 고정 & 변동이율 우선주 지수를 추종한다. 종목당 최대 비중이 5% 이하로 구성된다. PDF에는 154종목이 있다. 분배율은 2022년 6.23%였다. 수익률은 3년 연 -4.35%, 5년 연 -0.48%였다.

미국 우선주 ETF는 매우 안정적이다. 먼저 고정적으로 이자를 지급하는 우선주들이 많다. 그래서 고배당 ETF 또는 채권 ETF와 성격이 비슷하다. 대신 주가 변동 폭은 크지 않다.

매달 배당을 주는 월배당 ETF도 많다. 매년 안정적으로 시중 금리의 2~3배 수익을 목표로 하는 투자자, 은퇴를 준비하는 투자자, 연금형 투자를 생각하는 투자자에게도 괜찮은 상품이다.

사물인터넷(IoT) ETF

▼ SNSR : Global X Internet of Things ETF

추종 지수	INDXX Global Internet of Things Thematic Index	**운용보수**	0.68%	**주당 가격**	$27.42
상장일자	2016-9-12	**시가총액**	$275.24M	**PDF 종목 수**	59

TOP 5 국가 비중	TOP 5 섹터 비중	TOP 5 종목 비중
1. 미국 71.92%	1. IT 기술 62.3%	1. DexCom(DXCM) 9.53%
2. 프랑스 8.87%	2. 산업 22.4%	2. 스카이웍스 솔루션(SWKS) 5.38%
3. 대만 8.58%	3. 헬스케어 7.5%	3. STMicroelectronics(EPA:STM) 5.32%
4. 스위스 4.69%	4. 경기소비재 7%	4. ADT(ADT) 5.21%
5. 노르웨이 2.02%	5. 커뮤니케이션 서비스 0.8%	5. Garmin(GRMN) 5.17%
PER 29.5	PBR 3.01	TOP 10 비중 47.26%

수익률	3개월	1년	3년	5년
SNSR	-3.84%	-26.58%	9.44%	8.01%

<2023년 1월 기준>

SNSR은 IoT 산업에 투자하는 ETF다. PDF에는 59종목이 있다. 국가별 비중은 미국 72%, 프랑스 및 대만 9% 등이다. 섹터별 비중은 IT 기술이 62%로 가장 높다. 수익률은 3년 연 9.44% 5년 연 8.01%였다.

IoT는 사물인터넷을 말하며 장기 투자하기 괜찮은 테마다. 사물인터넷은 사물에 소형 센서를 부착해 무선으로 실시간 소통한다. 가까운 미래의 아파트는 IoT 기반의 스마트홈이 될 수 있다. 지하 주차장에 주차를 하고 엘리베이터에서 스마트폰으로 미리 거실의 전등을 켜고, 보일러를 틀어 놓고, 욕조에 원하는 온도의 물을 받을 수 있게 된다. 지금은 IoT가 가정용보다는 산업용으로 많이 사용되고 있다.

2007년 애플의 스티브 잡스가 아이폰을 처음 발표했다. 아이폰 출시 후 4년 뒤 2011년 3G에서 본격적인 4G LTE가 되면서, 스마트폰 생태계가 폭풍 성장했다. IoT 산업은 지금 스마트폰 3G에서 4G 시대 사이에 있다.

본격적인 성장은 6G 서비스가 가능한 2030년 전후로 예상된다. 센서 크기는 더 작아지고, 생산 비용도 더 저렴해져야 한다. 사물끼리 인터넷으로 연결되어 정보를 주고받는 사물인터넷 시대가 열리면, 스마트폰을 뛰어넘는 새로운 시장이 창조될 것이다.

자율주행 테마 ETF

▼ DRIV : Global X Autonomous & Electric Vehicles ETF

추종 지수	Solactive Autonomous & Electric Vehicles Index	운용보수	0.68%	주당 가격	$21.3
상장일자	2018-4-13	시가총액	$829.49M	PDF 종목 수	75
TOP 5 국가 비중		TOP 5 섹터 비중		TOP 5 종목 비중	
1. 미국 59.55%		1. 경기소비재 36.4%		1. 애플(AAPL) 3.05%	
2. 일본 9.78%		2. IT 기술 25.8%		2. 테슬라(TSLA) 2.91%	
3. 호주 5.76%		3. 원재료 17.9%		3. 마이크로소프트(MSFT) 2.74%	
4. 홍콩 5.31%		4. 산업 15.9%		4. 엔비디아(NVDA) 2.66%	
5. 독일 4.62%		5. 커뮤니케이션 서비스 4.1%		5. 토요타 자동차(TYO:7203) 2.66%	
PER 27.84		PBR 1.56		TOP 10 비중 25.79%	

수익률	3개월	1년	3년	5년
DRIV	-9.55%	-27.77%	15.95%	-

<2023년 1월 기준>

DRIV는 자율주행 테마 ETF다. PDF에는 75종목이 있다. 국가별 비중은 미국이 60%로 가장 높다. 섹터별 비중은 경기소비재 36%, IT 기술 26%다. 수익률은 3년 연 15.95%였다.

자율주행은 현재 미국에서 수많은 IT 기업들이 실전 테스트 중이다. 애플은 애플카를 2025년 출시할 예정이다. 현실적으로는 개발 및 인력 문제로 2026~2027년쯤 출시될 거 같다.

구글은 자회사 웨이모로 자율주행차를 개발 중이다. 웨이모는 2021년에 샌프란시스코에서 로보택시를 시험 운행했다. 테슬라도 완전 자율주행 소프트웨어를 개발하고 있다.

자율주행차에서 핵심은 레이더와 센서, 통신, 배터리 3가지다. 레이더는 도로를 3차원으로 인식한다. 다양한 센서는 장애물을 인식해서 최적의 상황으로 운행할 수 있게 만든다. 통신은 레이더와 센서의 인식을 원활하고 빠르게 도와준다. 인터넷 속도가 느려서 유튜브 영상이 10초 느려진다면 기다릴 수 있다. 그러나 자율주행차 통신 속도가 느려서 1~2초 지연이 발생하면, 바로 사고로 직결된다.

통신 속도의 한계로 자율주행차의 상용화는 최소 2020년대 후반이 될 거로 생각한다. 그때부터 5G보다 최대 50배 빠른 6G 서비스가 가능할 거라 예측된다. 6G의 큰 특징으로 위성과 지상망의 통합으로 초공간, 초성능, 초정밀, 초신뢰 등이 가능해진다.

배터리는 지금도 전기차 배터리가 나오고 있으니 시간이 지날수록 더 발전될 것이다. 배터리보다는 레이더와 센서, 통신 이 2가지가 더 중요하다. 자율주행은 무조건 우리의 미래에 나타나는 테마다.

티커	종목명	추종 지수	시가총액	운용보수
IDRV	iShares Self-Driving EV and Tech ETF	NYSE FactSet Global Autonomous Driving and Electric Vehicle Index	$418.77M	0.47%

<2023년 1월 기준>

DRIV와 비슷한 ETF로 **IDRV**가 있다. 미국을 비롯해 다국적 전기차 기업으로 종목을 구성한다.

| 한눈에 보는 테마 ETF |

티커	종목명	시가총액	분류
SKYY	First Trust Cloud Computing ETF	$3.09B	ISE CTA cloud computing 지수
SOCL	Global X Social Media ETF	$106.56M	Solactive Social Media 지수
HACK	ETFMG Prime Cyber Security ETF	$1.49B	Prime Cyber Defense 지수
IPAY	ETFMG Prime Mobile Payments ETF	$530.53M	Prime Mobile Payments 지수
BOTZ	Global X Robotics & Artificial Intelligence ETF	$1.21B	Indxx Global Robotics & AI 테마 지수
ITA	iShares US Aerospace & Defense ETF	$3.84B	DJ US Select 항공우주 & 방위 산업 지수
PHO	Invesco Water Resources ETF	$1.65B	나스닥 OMX US 물 지수
PFF	iShares Preferred and Income Securities ETF	$13.67B	ICE Exchange-Listed Preferred & Hybrid Securities 지수
PGX	Invesco Preferred ETF	$4.79B	ICE BofAML Core Plus Fixed Rate Preferred Securities 지수
SNSR	Global X Internet of Things ETF	$275.24M	INDXX Global Internet of Things Thematic 지수
DRIV	Global X Autonomous & Electric Vehicles ETF	$829.49M	Solactive Autonomous & Electric Vehicles 지수
IDRV	iShares Self-Driving EV and Tech ETF	$418.77M	NYSE FactSet Global Autonomous Driving and Electric Vehicle 지수

<2023년 1월 기준>

특색 ETF

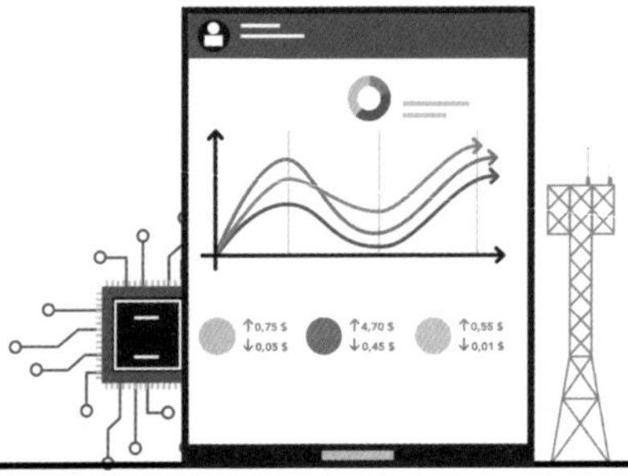

ESG ETF

▼ SUSA : iShares MSCI USA ESG Select ETF

추종 지수	MSCI USA Extended ESG Select Index	운용보수	0.25%	주당 가격	$82.6
상장일자	2005-01-24	시가총액	$3.2B	PDF 종목 수	184
TOP 5 국가 비중		**TOP 5 섹터 비중**		**TOP 5 종목 비중**	
1. 미국 97.53%		1. IT 기술 29.37%		1. 애플(AAPL) 4.94%	
		2. 헬스케어 12.93%		2. 마이크로소프트(MSFT) 4.49%	
		3. 금융 11.26%		3. 알파벳A(GOOGL) 1.92%	
		4. 산업 9.98%		4. 홈디포(HD) 1.81%	
2022년 분배율 0.59%		5. 필수소비재 9.87%		5. 테슬라(TSLA) 1.78%	
PER 18.25		PBR 3.96		TOP 10 비중 22.83%	

수익률	3개월	1년	3년	5년
SUSA	-4.85%	-18.55%	10.8%	10.51%

<2023년 1월 기준>

SUSA는 MSCI 미국 ESG Select Index를 추종 지수로 한다. MSCI에서 ESG 수치가 높게 나온 주식으로 종목을 구성한다. 이때 담배, 무기, 술, 도박 관련 회사는 제외한다.

중·대형주 184종목으로 PDF가 구성된다. 섹터별 비중은 IT 기술이 29%로 가장 높다. 장기간 주가 상승률은 안정적인 편이다. 수익률은 3년 연 10.8%, 5년 연 10.51%였다.

티커	종목명	추종 지수	시가총액	운용보수
DSI	iShares MSCI KLD 400 Social ETF	MSCI KLD 400 Social Index	$3.47B	0.25%
ESGU	iShares ESG Aware MSCI USA ETF	MSCI USA Extended ESG Focus Index	$20.2B	0.15%
ESML	iShares ESG Aware MSCI USA Small Cap ETF	MSCI USA Small Cap Extended ESG Focus Index	$1.46B	0.17%
SDG	iShares MSCI Global Sustainable Development Goals ETF	MSCI ACWI Sustainable Impact Index	$393.92M	0.49%
ESGV	Vanguard ESG US Stock ETF	FTSE US All Cap Choice Index	$5.71B	0.09%
VSGX	Vanguard ESG International Stock ETF	FTSE Global All Cap ex-US Choice Index$829.49M	$2.74B	0.12%

〈2023년 1월 기준〉

ESG는 'Environment, Social, Governance'의 약자다. 환경과 사회, 지배 구조라는 비재무적인 요소와 재무적인 요소를 함께 고려하는 방식이다. 지속 가능한 발전을 중요시한다. 사회적 가치와 윤리적 가치를 고려하는 기업에 투자하는 방법이다.

쉽게 말하면 사회적 기여, 친환경, 투명한 지배 구조라는 좋은 영향을 미치는 착한 기업에 투자한다. 우리나라 뿐만 아니라 세계적으로 폭넓게 활용되고 있다.

ESG 테마 ETF로 **DSI**가 있다. ESG 요소들을 고려해서 405종목으로 PDF를 구성한다. 섹터별 비중은 IT 기술 31%, 헬스케어 12%다. 수익률은 3년 연 9.93%, 5년 연 10.19%였다. DSI와 SUSA의 장기수익률은 비슷했다.

ESGU는 미국 중·대형주에서 ESG 요소가 높은 주식으로 구성된다. 담배, 군사 무기, 발전용 석탄 등과 같은 기업은 배제한다. PDF에는 315종목이 있다. PDF TOP 10으로 애플, 마이크로소프트, 아마존, 구글 등이 있다. 수익률은 3년 연 10.15%, 5년 연 10.37%였다.

ESML은 미국 소형주 중에서 ESG 요소가 높은 주식으로 구성된다. PDF에는 ESG 평가 점수가 높은 순서대로 1,010종목이 있다. 수익률은 3년 연 8.65%였다. 장기적으로 ESML보다 ESGU 투자가 괜찮다. 보통 소형주보다 중·대형주 투자가 수익률도 높고 안정적인 편이다.

SDG는 임팩트 투자 ETF다. 임팩트 투자는 투자수익 창출과 함께 사회적, 환경적 문제에도 긍정적인 영향을 줄 수 있는 곳에 투자하는 것을 의미한다. 큰 틀에서 보면 ESG 투자와 임팩트 투자는 비슷한 면이 있다. 국가별 비중은 미국을 포함해서 일본, 홍콩, 캐나다 등이다. 섹터별 비중은 헬스케어 23%, 필수소비재 20%, 산업 15%다. PDF에는 158종목이 있다. 수익률은 3년 연 7.04%, 5년 연 6.15%였다.

ESGV는 뱅가드사의 ESG ETF로 미국 주식 중에서 ESG 요소가 높은 종목으로 구성한다. 주류, 담배, 무기, 도박 등과 같은 주식은 PDF에서 제외한다. PDF에는 1,500종목이 있다. TOP 10 비중은 27%로 애플, 마이크로소프트, 아마존, 구글 등이 있다. 수익률은 3년 연 9.43%였다.

VSGX는 뱅가드사의 미국 제외 글로벌 ESG ETF다. 국가별 비중은 일본 18%, 홍콩 8% 등이다. PDF에는 5,700종목이 있다. 수익률은 3년 연

-1.88%였다.

ESG ETF도 다른 ETF처럼 미국에 투자하는 ETF와 전 세계적으로 투자하는 ETF가 있다. 그중에서 장기적으로 미국 ESG ETF가 유망하다고 생각한다. 미국은 다른 국가보다 주주 가치 제고가 잘되는 편이다.

자산 배분 ETF

티커	종목명	추종 지수	시가총액	운용보수
AOA	iShares Core Aggressive Allocation ETF	S&P Target Risk Aggressive	$1.43B	0.15%
AOR	iShares Core Growth Allocation ETF	S&P Target Risk Growth	$2.04B	0.15%
AOM	iShares Core Moderate Allocation ETF	S&P Target Risk Moderate	$1.38B	0.15%
AOK	iShares Core Conservative Allocation ETF	S&P Target Risk Conservative	$813.83M	0.15%
FV	First Trust Dorsey Wright Focus 5 ETF	Dorsey Wright Focus Five Index	$3.03B	0.89%

〈2023년 1월 기준〉

AOA, AOR, AOM, AOK 모두 블랙록 iShares의 자산 배분 ETF다. 주식과 채권 비중을 리밸런싱해서 다양한 주식 및 채권에 분산 투자가 된다. 지수 변경은 보통 매년 2번 정도 실시한다. PDF를 전부 iShares ETF로 구성하는 특징이 있다. 자산 배분 ETF는 ETF로 구성된 EMP 펀드로도 볼 수 있다. 표의 ETF는 주식 비율 내림차순이다. 주식 비중이 80%에서부터 30%까지 있다.

AOA는 S&P Target Risk Aggressive 지수를 추종한다. 추종 지수의 자산 배분은 주식 80%, 채권 20%다. 종목별 비중은 S&P 500 지수에 투자하는 IVV 43%, 미국 제외 선진국 주식에 투자하는 IDEV 24%, 미국 달러로 표시된 채권시장 전체에 투자하는 IUSB 17%다. 분배율은 2022년 2.02%였다. 수익률은 3년 연 2.37%, 5년 연 3.48%였다.

AOR은 S&P Target Risk Growth 지수를 추종한다. 자산 배분은 주식 60%, 채권 40% 비율이다. 종목별 비중은 IUSB 34%, IVV 32%, IDEV 18%다. 분배율은 2022년 1.68%였다. 수익률은 3년 연 1.11%, 5년 연 2.66%다.

AOM의 추종 지수는 S&P Target Risk Moderate 지수다. 자산 배분은 주식 40%, 채권 60% 비율이다. 종목별 비중은 IUSB 51%, IVV 22%, IDEV 12%다. 분배율은 2022년 2.22%였다. 수익률은 3년 연 -0.29%, 5년 연 1.75%였다.

AOK는 자산 배분은 주식 30%, 채권 70% 비율이다. 종목별 비중은 IUSB가 59%로 가장 높다. 분배율은 2022년은 2.02%였다. 수익률은 3년 연 -1.01%, 5년 연 1.27%였다.

FV는 First Trust ETF로만 종목을 구성하는 자산 배분 ETF다. PDF에는 5종목이 있다. 미국 에너지주에 동일 비중으로 투자하는 **FXN**, 나스닥 오일 & 가스주에 투자하는 **FTXN**, 나스닥 음식료주에 투자하는 **FTXG**, 미국 산업주에 투자하는 **FXR**, 미국 원자재주에 투자하는 **FXZ**가 있다. 주가 모멘텀이 하락하면 다른 ETF를 동일 비중으로 해서 PDF를 변경한다. 수익률은 3년 연 17.01%, 5년 연 12.26%였다.

| iShares 자산 배분 ETF의 주식 & 채권 비율 |

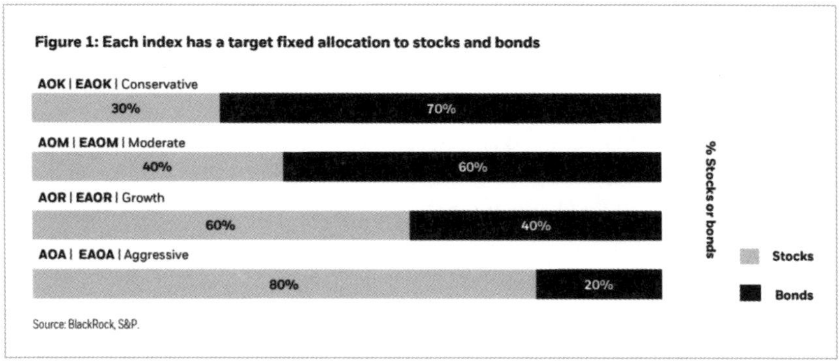

출처 : 블랙록

▼ XT : iShares Exponential Technologies ETF

추종 지수	Morningstar Exponential Technologies Index	운용보수	0.46%	주당 가격	$46.02
상장일자	2015-03-19	시가총액	$2.82B	PDF 종목 수	198
TOP 5 국가 비중		**TOP 5 섹터 비중**		**TOP 5 종목 비중**	
1. 미국 65.07%		1. IT 기술 49.78%		1. CF 인더스트리(CF) 1.28%	
2. 일본 6.62%		2. 헬스케어 26.87%		2. SQM(SQM) 1.16%	
3. 홍콩 4.9%		3. 산업 6.46%		3. First solar(FSLR) 1.06%	
4. 호주 3.34%		4. 원자재 4.52%		4. 엘리 릴리(LLY) 1.03%	
5. 영국 2.34%		5. 커뮤니케이션 3.33%		5. 서브시세븐(SUBCY) 1.01%	
PER 20.11		PBR 3.12		TOP 10 비중 10.19%	

수익률	3개월	1년	3년	5년
XT	-9.56%	-28.11%	5.94%	6.62%

<2023년 1월 기준>

XT는 모닝스타 기하급수 기술 지수를 추종한다. 추종 지수는 획기적인 기술을 창조하거나 비즈니스에 활용하는 기업에 투자한다. 획기적인 기술은

오래된 기술을 대체했거나, 새로운 시장을 만들거나, 경제에 상당히 긍정적인 영향을 미칠 가능성이 있는 기술들을 의미한다.

이때 기하급수 기술에는 9가지 테마가 있다. 빅 데이터, 로봇틱스, 3D 프린팅, 네트워킹, 나노 기술, 생물 정보학, 신경과학 및 의학, 에너지와 환경 시스템, 혁신적인 금융 서비스를 말한다.

기하급수 기술은 3가지 특징이 있다.

첫째, 고수익·고위험이다. 기술 개발만으로는 안 된다. 선재 확보가 결실을 맺어야 고수익이 보장되지만, 그렇지 않으면 고위험의 나락으로 떨어진다.

둘째, 변화의 속도가 빠르다. 오늘의 신기술이 빠르면 몇 달 뒤 다른 신기술로 대체될 수 있다.

셋째, 상용화까지 오래 걸린다. 생각보다 기하급수 기술이 나타나도 일상에서 많이 쓰이려면 생각보다 시간이 오래 걸린다. 예를 들어 5G가 현재 상용화되었다. 그러나 통신망 불안정과 즐길 수 있는 콘텐츠가 많이 부족하다. 자율주행차도 마찬가지다.

넷째, 이해관계가 많이 얽혀 있다. 기하급수 기술은 기존의 기술을 대체할 수 있는 경우가 많다. 예를 들면 자율주행차와 AI가 그렇다. 자율주행차는 대중교통과 관련된 수많은 일자리를 거의 없앨 수 있는 파급력이 있다. AI는 사무직과 일부 전문직의 일자리를 없앨 수 있는 파급력이 있다.

기하급수 기술은 구글의 문샷 개념과 비슷하다. 문샷은 10% 개선이 아니라 10배 혁신을 추구하는 개념이다. 기존의 생각과 방식이 아니라 새로운 생각과 방식으로 바라보는 관점이다.

혁신 기술 ETF

▼ ARKK : ARK Innovation ETF

추종 지수	No Index	운용보수	0.75%	주당 가격	$36.44
상장일자	2014-10-31	시가총액	$7.8B	PDF 종목 수	43

TOP 5 국가 비중	TOP 5 섹터 비중	TOP 5 종목 비중
1. 미국 99.28%		1. 줌비디오커뮤니케이션(ZM) 9.37%
2. 벨기에 0.58%		2. Tesla(TSLA) 9.14%
		3. Roku(ROKU) 6.61%
		4. 이그젝트 사이언스(EXAS) 5.09%
2022년 분배율 1.38%		5. 스퀘어(SQ) 4.68%
PER -8.6	PBR 2.64	TOP 10 비중 57.08%

수익률	3개월	1년	3년	5년
ARKK	-15.23%	-65.58%	-3.27%	3.43%

〈2023년 1월 기준〉

ARKK는 Active ETF다. 그래서 추종 지수는 따로 없다. 산업, 유전체학, 인터넷 중 한 곳 이상에서 큰 혁신으로 이익이 발생하는 기업에 투자한다. 구체적으로는 유전체학, 자동화, 에너지, AI, 공유 기술, 운송 분야로 종목을 구성한다. PDF에는 43종목이 있다. 수익률은 3년 연 -3.27%, 5년 연 3.43%였다.

ARKK의 투자 포인트를 살펴보면 크게 4가지 산업의 파격적 혁신 기업들을 담고 있다. DNA 혁신 기술, 산업 혁신 기술, 인터넷 혁신 기술, 핀테크 혁신 기술이다.

개인 투자자 입장에서는 혁신을 이끌고 있는 기업들을 떡잎부터 알아보고 투자하기란 쉽지 않다. 개인 투자자들은 정보력에 한계가 있기 때문이다. ARKK의 종목 구성을 관찰하면 좋은 투자 기회를 찾을 수 있을 것이다.

티커	종목명	추종 지수	시가총액	운용보수
ARKW	ARK Next Generation Internet ETF	No Index	$1.28B	0.83%
ARKG	ARK Genomic Revolution ETF	No Index	$2.39B	0.75%
ARKQ	ARK Autonomous Technology & Robotics ETF	No Index	$954.98M	0.75%
ARKF	ARK Fintech Innovation ETF	No Index	$821.39M	0.75%

<2023년 1월 기준>

표에 나와 있는 ETF는 ARK 자산운용사 시리즈 액티브 ETF다.

ARKW는 차세대 인터넷 기술주에 투자한다. 주로 소프트웨어, 클라우드, 모바일 분야로 종목을 구성한다. PDF에는 42종목이 있다. 수익률은 3년 연 -0.78%, 5년 연 6.18%였다.

ARKG는 유전체학에 주로 투자한다. 국가 비중은 미국이 99%다. PDF에는 50종목이 있다. 수익률은 3년 연 5.67%, 5년 연 7.15%였다.

ARKQ는 자동화 기술과 로봇 산업에 주로 투자한다. 국가별 비중은 미국이 89%다. PDF에는 40종목이 있다. 수익률은 3년 연 13.07%, 5년 연 8.51%였다.

ARKF는 핀테크에 주로 투자한다. 핀테크는 Finance금융와 Technology기술의 합성어다. 첨단 정보 기술을 기반으로 한 새로운 형태의 금융 기술 말한다. PDF에는 31종목이 있다. 수익률은 3년 연 -10.04%였다.

▼ FPX : First Trust US Equity Opportunities ETF

추종 지수	IPOX-100 US Index	**운용보수**	0.57%		**주당 가격**	$84.98
상장일자	2006-04-12	**시가총액**	$955.95M		**PDF 종목 수**	101
TOP 5 국가 비중		**TOP 5 섹터 비중**			**TOP 5 종목 비중**	
1. 미국 98.91%		1. 헬스케어 22.71%			1. Corteva Inc(CTVA) 7.63%	
2. 중국 1.09%		2. IT 기술 17.65%			2. 크라우드스트라이크(CRWD) 4.91%	
		3. 산업 14.46%			3. 티모바일(TMUS) 3.6%	
		4. 원자재 9.45%			4. 엘리 릴리(LLY) 3.58%	
2022년 분배율 1%		5. 금융 6.56%			5. 우버(UBER) 3.58%	
PER 12.59		PBR 3.26			TOP 10 비중 38.03%	
수익률	3개월	1년		3년	5년	
FPX	-1.23%	-34.08%		2.63%	5.43%	

<2023년 1월 기준>

FPX는 IPOX 100 US Index를 추종 지수로 한다. 추종 지수는 미국에 최근 IPO한 기업 중 시가총액이 높은 100종목으로 구성한다. 쉽게 말하면 주식시장에 상장된 신상 주식 100종목에 투자한다.

자세하게는 IPO 후 1,000번째 거래일 이내의 100종목으로 PDF를 구성한다. 이때 상장된 주식은 첫 번째 거래일 종가 시가총액이 최소 600억 원 이상이어야 한다.

IPO는 '기업 공개, Initial Public Offering'의 약자다. 다수의 투자사에게 최초로 주식을 공개 매도할 수 있다. 그리고 재무 내용을 공시하기 시작한다. 섹터별 비중은 헬스케어 23%, IT 기술 18%다. 수익률은 3년 연 2.63%, 5년 연 5.43%였다.

밀레니얼 소비 & 다국적 기업 ETF

▼ MILN : Global X Millennial Consumer ETF

추종 지수	Indxx Millennials Thematic Index	운용보수	0.5%	주당 가격	$25.7
상장일자	2016-5-4	시가총액	$101.43M	PDF 종목 수	83

TOP 5 국가 비중	TOP 5 섹터 비중	TOP 5 종목 비중
1. 미국 98.03%	1. 경기소비재 41.7%	1. 스타벅스(SBUX) 4.4%Corteva Inc(CTVA) 7.63%
2. 싱가포르 1.97%	2. 커뮤니케이션 서비스 24.8%	2. Fiserv(FISV) 4.26%
	3. IT 기술 15.9%	3. 홈디포(HD) 4.17%
	4. 부동산 7.7%	4. 로우스(LOW) 4.06%
2022년 분배율 0.24%	5. 산업 4.3%	5. 액티비전 블리자드(ATVI) 3.85%
PER 30.36	PBR 4.03	TOP 10 비중 37.51%

수익률	3개월	1년	3년	5년
MILN	-8.65%	-40.32%	1.29%	7.65%

〈2023년 1월 기준〉

MILN은 밀레니얼 소비 ETF다. 추종 지수는 밀레니얼 세대에게서 매출 비중이 높은 미국 기업들로 구성한다. 소비재 ETF보다는 소셜미디어, 헬스케어, 가정용품, 금융 서비스 등에도 폭넓게 투자할 수 있다. PDF에는 83종목이 있다. 국가별 비중은 미국이 98%다. PDF 상위 종목에는 스타벅스, 로우스, 애플, 액티비전 블리자드 등이 있다.

대부분 밀레니얼 세대의 사용 비중이 높은 기업들이다. 수익률은 3년 연 1.29%, 5년 연 7.65%였다. 같은 기간 자유소비재 대표 ETF인 XLY의 수익률은 3년 연 7.52%, 5년 연 11.26%였다.

▼ IOO : iShares Global 100 ETF

추종 지수	S&P Global 100 Index	운용보수	0.4%	주당 가격	$61.88
상장일자	2000-12-05	시가총액	$3.52B	PDF 종목 수	103
TOP 5 국가 비중		TOP 5 섹터 비중		TOP 5 종목 비중	
1. 미국 73.38%		1. IT 기술 29.26%		1. 애플(AAPL) 14.64%	
2. 영국 7.31%		2. 헬스케어 13.68%		2. 마이크로소프트(MSFT) 10.95%	
3. 스위스 5.53%		3. 필수소비재 11.83%		3. 아마존(AMZN) 5.7%	
4. 프랑스 4.39%		4. 경기소비재 11.32%		4. 알파벳A(GOOGL) 3.59%	
5. 독일 2.95%		5. 금융 9.43%		5. 알파벳C(GOOG) 3.22%	
PER 13.98		PBR 2.84		TOP 10 비중 50.17%	

수익률	3개월	1년	3년	5년
IOO	-7.79%	-14.74%	8.26%	8.27%

〈2023년 1월 기준〉

IOO는 S&P Global 100 Index를 추종 지수로 한다. 선진국과 신흥국을 포함한 다국적 기업 중에서 TOP 100 대형주로 구성된다. 추종 지수는 S&P Global 1200 지수 중에서 섹터를 대표하면서, 유동성과 시가총액을 기준으로 종목을 구성한다. PDF에는 103종목이 있다. 분배율은 2022년 1.92%였다. 티커는 숫자 100을 연상시키는 IOO다.

국가별 비중은 미국 73%를 포함해서 10개 국가로 구성된다. 섹터별 비중은 IT 기술이 29%로 가장 높다. IOO는 글로벌 TOP 100에 한 번에 투자할 수 있는 특징이 있다. 수익률은 3년 연 8.26%, 5년 연 8.27%였다.

개별 주식 투자가 부담스럽거나 한 번에 글로벌 기업들에 투자하고 싶은 분들에게 추천한다. 하지만 IOO를 대신할 다양한 ETF가 있으니, 조금 더 신중하게 종목을 살펴보자.

▼ IYC : iShares US Consumer Discretionary ETF

추종 지수	Dow Jones US Consumer Services Capped Index	**운용보수**	0.39%	**주당 가격**	$58.75
상장일자	2000-06-12	**시가총액**	$700.68M	**PDF 종목 수**	177
TOP 5 국가 비중		**TOP 5 섹터 비중**		**TOP 5 종목 비중**	
1. 미국 97.69%		1. 소매업 33.52%		1. 아마존(AMZN) 12.03%	
		2. 서비스업 17.45%		2. 테슬라(TSLA) 8.42%	
		3. 미디어 & 엔터테인먼트 14.23%		3. 홈디포(HD) 4.44%	
		4. 자동차 & 부품 12.9%		4. 맥도날드(MCD) 4.19%	
2022년 분배율 0.62%		5. 음식 소매업 8.29%		5. 디즈니(DIS) 4.13%	
PER 27.16		PBR 5.33		TOP 10 비중 49.52%	
수익률	3개월	1년	3년	5년	
IYC	-6.28%	-24.43%	2.95%	8.02%	

<2023년 1월 기준>

IYC는 다우존스 미국 소비자 서비스 지수를 추종한다. PDF에는 177종목이 있다. 섹터별 비중은 소매업이 34%로 가장 높다. 종목 비중은 아마존을 포함해서 브랜드 인지도가 높은 주식 위주로 투자한다. 수익률은 3년 연 2.95%, 5년 연 8.02%였다. 수익률은 미국 내수 경기에 따라 크게 달라질 수 있다.

지금 현대 사회는 소비자가 공급자보다 우위인 시대다. 과거에는 공급이 적어서 소비자 선택의 폭이 좁았다. 지금은 공급이 수요보다 많은 공급 초과 사회다. 반면 소비자의 수요는 무한하지 않다. 대부분은 하루 2~3번의 식사를 하고, 스마트폰은 1대만 사용하고, 자가용 차는 1대만 있으면 된다. 소비자의 선택을 받지 못하면 기업은 살아남지 못한다.

무엇보다 소비자 선택의 폭이 넓어졌기 때문에 마케팅과 광고가 계속 많아지고 있다. 그런 면에서 IYC는 브랜드가 높은 미국 내수 소비재 섹터 기업에 분산 투자할 수 있는 특징이 있다.

▼ LCTU : BlackRock US Carbon Transition Readiness ETF

추종 지수	No Index	운용보수	0.14%	주당 가격	$41.73
상장일자	2021-4-6	시가총액	$1.4B	PDF 종목 수	405
TOP 5 국가 비중		TOP 5 섹터 비중		TOP 5 종목 비중	
1. 미국 100%		1. IT 기술 25.49%		1. 애플(AAPL) 6.55%	
		2. 헬스케어 15.46%		2. 마이크로소프트(MSFT) 5.11%	
		3. 금융 11.92%		3. 아마존(AMZN) 2.53%	
		4. 경기소비재 10.56%		4. 알파벳A(GOOGL) 1.87%	
2022년 분배율 0.44%		5. 산업 9%		5. 알파벳C(GOOG) 1.72%	
PER 17.67		PBR 3.38		TOP 10 비중 25.51%	
수익률	3개월	1년		3년	5년
LCTU	-5.79%	-17.37%			

〈2023년 1월 기준〉

LCTU는 미국 탄소 배출 테마 ETF다. 액티브 ETF여서 추종 지수는 따로 있지 않다. PDF에는 405종목이 있다. 종목 비중에는 미국 시가총액 상위 종목이 많이 포진해 있다.

탄소 배출 테마로 탄소 배출권이 있다. 탄소 배출권은 지구온난화를 유발 및 증가시키는 6대 온실가스를, 일정 기간 일정량을 배출할 수 있는 권리를 말한다. 1997년 교토의정서 이후로 탄소 배출권이 생겼다. 최근 몇 년 사이 탄소 배출 테마에 대한 관심이 높아졌다.

LCTU vs 러셀 1000

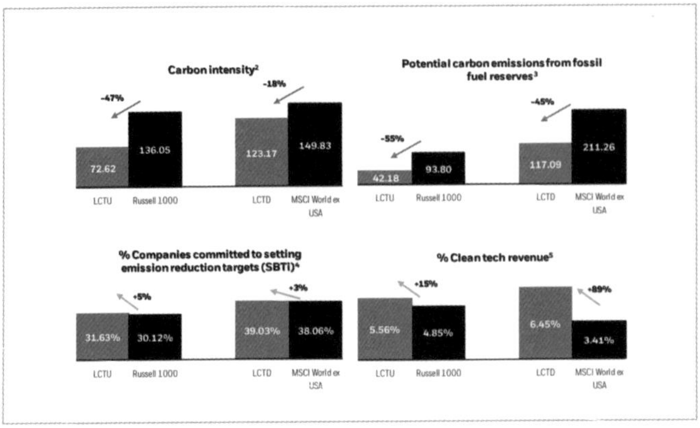

LCTU는 화석 연료, 신재생 에너지 기술, 에너지 관리, 수자원 관리, 폐기물 관리를 기준으로 종목을 구성한다. LCTU와 러셀 1000을 비교한 그림을 보자. LCTU의 탄소 세기는 −47%, 화석 연료 저장 대비 탄소 배출 가능성 −55%, 탄소 감축 목표 설정 +5%, 클린테크 수입 +15%다.

티커	종목명	추종 지수	시가총액	운용보수
LCTD	BlackRock World ex-US Carbon Transition Readiness ETF	No Index	$378.67M	0.2%

<2023년 1월 기준>

LCTD는 LCTU의 글로벌 버전으로 2021년에 상장했다. LCTD는 미국을 제외한 탄소 배출 테마 ETF다. PDF에는 398종목이 있다. 국가별 비중은 일본 20%, 영국 13% 등이다.

앞으로 기후 변화 문제는 더는 외면할 수 없다. 장기적으로 지구 환경을 생각하며 사업하는 기업들이 잘 나갈 수밖에 없다. 장기적으로 나쁘지 않은 테마라 생각한다.

| 한눈에 보는 특색 ETF |

티커	종목명	시가총액	분류
SUSA	iShares MSCI USA ESG Select ETF	$3.2B	MSCI USA Extended ESG Select 지수
AOR	iShares Core Growth Allocation ETF	$2.04B	S&P Target Risk Growth 지수
AOM	iShares Core Moderate Allocation ETF	$1.38B	S&P Target Risk Moderate 지수
FV	First Trust Dorsey Wright Focus 5 ETF	$3.03B	Dorsey Wright Focus Five 지수
XT	iShares Exponential Technologies ETF	$2.82B	Morningstar Exponential Technologies 지수
ARKK	ARK Innovation ETF	$7.8B	No Index
FPX	First Trust US Equity Opportunities ETF	$955.95M	IPOX 100 US 지수
IOO	iShares Global 100 ETF	$3.52B	S&P Global 100 지수
IYC	iShares US Consumer Services ETF	$700.68M	Dow Jones US Consumer Services Capped 지수
LCTU	BlackRock US Carbon Transition Readiness ETF	$1.4B	No Index
LCTD	BlackRock World ex-US Carbon Transition Readiness ETF	$378.67M	No Index

〈2023년 1월 기준〉

레버리지·인버스 ETF

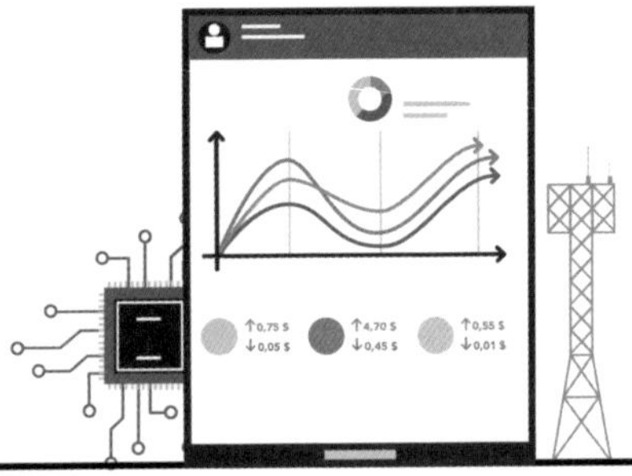

높은 수익을 추구하는 레버리지 ETF를 들어가기 전에 '변동성 끌림 현상'을 꼭 알아야 한다. 코스피 200 지수가 200이고, 이때 ETF의 주가가 1,000원인 레버리지 ETF를 'B'라고 가정해보자.

B ETF는 지수가 25% 하락해 150이 되면 ETF 가격은 그 두 배인 50% 하락한 500원이 된다. 다음날 지수가 다시 33% 상승해 제자리인 200으로 돌아오더라도 500원의 66%인 330원만 오르게 된다. 기초자산인 코스피 200 지수수익률은 제로인데, 레버리지 ETF의 가격은 830원, 수익률은 마이너스 17%가 되는 것이다. 쉽게 설명하면 ±100이라고 치면, 같은 가격이라도 오를 때보다 떨어질 때 더 많이 하락하는 것이다.

기초자산에 해당하는 지수가 등락을 거듭해 제자리에 복귀해도 수익률이 떨어지는 이유다. 이는 레버리지를 일으키면서 지수 등락을 상하 비대칭적으로 수익률에 반영하기 때문에 발생하는 문제다. **채권 금리의 복리 효과와 정반대인 '음의 복리 효과'에 의한 것이다.**

그래서 레버리지 ETF는 장기 투자에는 불리하다고 전문가들은 지적한다. 레버리지 상품은 주가가 오를 것이란 확신이 있는 기간에만 투자하는 전략이 유리하다. 추종 지수의 변동성이 커지거나 박스권에 빠진다 싶으면 서둘러 철수해야 한다.

| 레버리지 상품의 변동성 끌림 현상 |

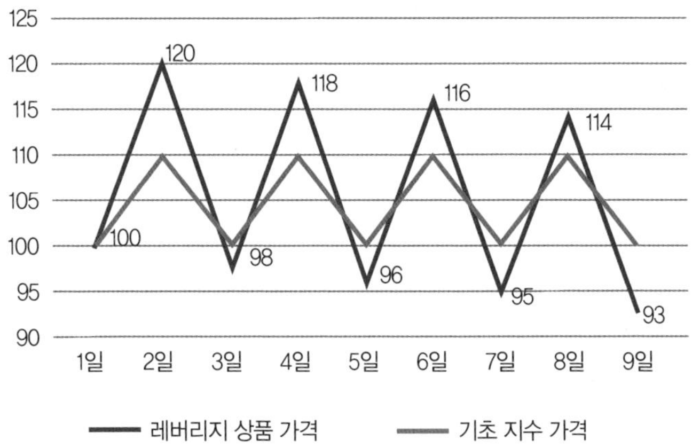

레버리지는 '지렛대'라는 뜻을 가지고 있는데, 지렛대는 작은 힘으로 무거운 물건을 들 때 쓰는 도구다. 투자에서 레버리지는 내가 가진 자금에서 추가로 자금을 빌려 투자함으로써, 원래 가진 자금 이상의 투자수익을 올리는 것을 의미한다.

특히 해당 지수의 가격이 올라야 수익을 거두는 ETF와는 정반대로, 해당 지수의 가격이 내려야 이익을 거둘 수 있는 상품인 인버스 ETF는 특별하게 취급해서 투자해야 한다. **대부분의 많은 투자가 싸게 사서 비싸게 팔았을 때 수익이 된다. 이에 반해 인버스 ETF는 반대다. 인버스 ETF는 비싸게 사서 싸게 팔았을 때 수익이 가능하다.**

2배 또는 3배 곱하기와 인버스가 합쳐진, 곱버스라는 합성어도 있다. 즉 동일하게 하락에 베팅하지만 1배가 아닌 2배 또는 3배를 추종한다.

레버리지·인버스 ETF는 추종 지수를 보통 일일수익률로 추종한다. 그래서 주가가 변덕스럽다. 예를 들어 매일 2배를 추종한다고 해도 장기간으로는 정확하게 2배를 추종하지 않는다. 2배 이상이 될 수도 있고, 2배 이하가 될 수가 있다.

참고로 PDF에 선물 또는 옵션을 담기 때문에 운용보수가 높은 편이다. 그만큼 ETF 운용도 상대적으로 까다롭고 힘들다.

S&P 500 지수 레버리지·인버스 ETF

티커	종목명	추종 지수	시가총액	운용보수	배수
SSO	ProShares Ultra S&P 500	S&P 500	$2.8B	0.89%	+2배
UPRO	ProShares UltraPro S&P 500	S&P 500	$2.34B	0.91%	+3배
SPXL	Direxion Daily S&P 500 Bull 3X Shares	S&P 500	$2.63B	0.97%	+3배
SH	ProShares Short S&P 500	S&P 500	$2.87B	0.88%	−1배
SDS	ProShares UltraShort S&P 500	S&P 500	$919.19M	0.9%	−2배
SPXU	ProShares UltraPro Short S&P 500	S&P 500	$1.07B	0.9%	−3배
SPXS	Direxion Daily S&P 500 Bear 3X Shares	S&P 500	$865.98M	1.01%	−3배

〈2023년 1월 기준〉

S&P 500 지수 관련 레버리지·인버스 ETF는 총 7개가 있다. 레버리지 +3배에서 인버스 -3배 상품까지 있다. 레버리지·인버스 +3배는 특정한 상황에서 투자자들에게 유용하게 쓰일 수 있는 도구다.

하지만 기대수익률이 큰 만큼 투자의 책임도 무겁다는 점을 반드시 기억하길 바란다. 무엇보다 방향성이 뚜렷한 장세일지라도 투자 기간은 짧게 가져가는 것이 현명하다.

SSO는 S&P 500 지수를 추종하는 +2배 레버리지 ETF다. 수익률은 1년 -32.8%, 3년 연 11.53%, 5년 연 13.14%였다.

UPRO와 **SPXL**은 S&P 500 지수를 추종하는 +3배 레버리지 ETF다. UPRO의 수익률은 1년 -49.54%, 3년 연 6.38%, 5년 연 11.31%였다. SPXL의 수익률은 1년 -49.26%, 3년 연 6.42%, 5년 연 11.44%였다. UPRO와 SPXL의 수익률 차이는 거의 없었다. 참고로 Direxion사는 레버리지·인버스 ETF를 전문으로 하는 자산운용사다. +3배 레버리지 ETF와 -3배 인버스 ETF가 많다.

SH는 S&P 500을 추종 지수로 하는 -1배 인버스 ETF다. 수익률은 1년 12.23%, 3년 연 -14.5%, 5년 연 -12.21%였다.

SDS는 S&P 500 지수를 추종하는 -2배 인버스 ETF다. 수익률은 1년 19.64%, 3년 연 -31.07%, 5년 연 -26.58%였다.

SPXU와 **SPXS**는 S&P 500 지수를 추종하는 -3배 인버스 ETF다. SPXU의 수익률은 1년 20.91%, 3년 연 -47.8%, 5년 연 -41.4%였다. SPXS의 수익률은 1년 20.64%, 3년 연 -47.87%, 5년 연 -41.56%였다.

나스닥 지수 레버리지·인버스 ETF

티커	종목명	추종 지수	시가총액	운용보수	배수
QLD	ProShares Ultra QQQ	NASDAQ 100 Index	$2.72B	0.95%	+2배
TQQQ	ProShares UltraPro QQQ	NASDAQ 100 Index	$11.77B	0.95%	+3배
PSQ	ProShares Short QQQ	NASDAQ 100 Index	$1.56B	0.95%	-1배
QID	ProShares UltraShort QQQ	NASDAQ 100 Index	$428.59M	0.95%	-2배
SQQQ	ProShares UltraPro Short QQQ	NASDAQ 100 Index	$4.01B	0.95%	-3배

〈2023년 1월 기준〉

나스닥 지수 레버리지·인버스 ETF는 총 5개가 있다. 운용보수는 전부 0.95%다. 레버리지 +3배에서 인버스 -3배 상품까지 있다.

QLD는 나스닥 100 지수를 추종하는 +2배 레버리지 ETF다. 나스닥 지수가 장기간 상승할 때는 투자하는 것도 나쁘지 않다. 나스닥 지수는 2020년 3월에 저점을 찍고 1년 동안 2배 이상 상승했다가, 지금은 박스권에 갇힌 상태다. 수익률은 1년 -53.76%, 3년 연 43.98%, 5년 연 34.94%였다.

TQQQ는 나스닥 100 지수를 추종하는 +3배 레버리지 ETF다. 수익률은 1년 -73.04%, 3년 연 6.55%, 5년 연 14.13%였다.

PSQ는 나스닥 100 지수를 추종하는 -1배 인버스 ETF다. 수익률은 1년 26.52%, 3년 연 -18.62%, 5년 연 -16.67%였다.

QID는 나스닥 100 지수를 추종하는 -2배 인버스 ETF다. 수익률은 1년 45.83%, 3년 연 -39%, 5년 연 -35.2%였다.

SQQQ는 나스닥 100 지수를 추종하는 -3배 인버스 ETF다. 수익률은 1년 52.87%, 3년 연 -58.09%, 5년 연 -52.89%였다.

다우존스 지수 레버리지·인버스 ETF

티커	종목명	추종 지수	시가총액	운용보수	배수
DDM	ProShares Ultra Dow 30	DJ Industrial Average	$364.51M	0.95%	+2배
UDOW	ProShares UltraPro Dow 30	DJ Industrial Average	$668.78M	0.95%	+3배
DOG	ProShares Short Dow 30	DJ Industrial Average	$285.29M	0.95%	-1배
DXD	ProShares UltraShort Dow 30	DJ Industrial Average	$111.37M	0.95%	-2배
SDOW	ProShares UltraPro Short Dow 30	DJ Industrial Average	$488.58M	0.95%	-3배

〈2023년 1월 기준〉

다우존스 지수 레버리지·인버스 ETF는 총 5개가 있다. 운용보수는 전부 0.95%다. 레버리지 +3배에서 인버스 -3배 상품까지 있다.

DDM은 다우존스 산업 지수를 추종하는 +2배 레버리지 ETF다. 수익률은 1년 -18.53%, 3년 연 8.54%, 5년 연 10.57%였다.

UDOW는 다우존스 산업 지수를 추종하는 +3배 레버리지 ETF다. 수익률은 1년 -31.04%, 3년 연 2.22%, 5년 연 7.63%였다.

DOG는 다우존스 산업 지수를 추종하는 -1배 인버스 ETF다. 수익률은 1년 4.3%, 3년 연 -13.4%, 5년 연 -11.4%였다.

DXD는 다우존스 산업 지수를 추종하는 -2배 인버스 ETF다. 수익률은 1년 5.37%, 3년 연 -29.15%, 5년 연 -25.18%였다.

SDOW는 다우존스 산업 지수를 추종하는 -3배 인버스 ETF다. 수익률은 1년 2.09%, 3년 연 -45.84%, 5년 연 -39.81%였다.

러셀 2000 지수 레버리지·인버스 ETF

티커	종목명	추종 지수	시가총액	운용보수	배수
UWM	ProShares Ultra Russell 2000	Russell 2000 Index	$148.75M	0.95%	+2배
TNA	Direxion Daily Small Cap Bull 3x Shares	Russell 2000 Index	$1.22B	1.05%	+3배
RWM	ProShares Short Russell 2000	Russell 2000 Index	$539.36M	0.95%	–1배
TZA	Direxion Daily Small Cap Bear 3X Shares	Russell 2000 Index	$543.75M	1.0%	–3배

〈2023년 1월 기준〉

러셀 2000 지수 레버리지·인버스 ETF는 총 4개가 있다. 레버리지 +3배에서 인버스 -3배 상품까지 있다.

UWM은 러셀 2000 지수를 추종하는 +2배 레버리지 ETF다. 수익률은 1년 -40.27%, 3년 연 1.23%, 5년 연 0.92%였다.

TNA는 러셀 2000 지수를 추종하는 +3배 레버리지 ETF다. 수익률은 1년 -58.87%, 3년 연 -13.64%, 5년 연 10.17%였다.

RWM은 러셀 2000 지수를 추종하는 -1배 인버스 ETF다. 수익률은 1년 14.29%, 3년 연 -15.65%, 5년 연 -10.97%였다.

TZA는 러셀 2000 지수를 추종하는 -3배 인버스 ETF다. 수익률은 1년 20.25%, 3년 연 -54.53%, 5년 연 -42.62%였다.

러셀 2000 지수를 추종하는 -2배 인버스 ETF도 있지만, 시가총액이 너무 작아서 제외했다.

기타 주식시장 대표 지수 레버리지·인버스 ETF

티커	종목명	추종 지수	시가총액	운용보수	배수
YINN	Direxion Daily FTSE China Bull 3X Shares	FTSE China 50 Index	$217.32M	1.42%	+3배
YANG	Direxion Daily FTSE China Bear 3X Shares	FTSE China 50 Index	$161.36M	1.0%	−3배
EDC	Direxion Daily MSCI Emerging Markets Bull 3x Shares	MSCI Emerging Markets Index	$49.81M	1.28%	+3배
EDZ	Direxion Daily MSCI Emerging Markets Bear 3X Shares	MSCI Emerging Markets Index	$55.95M	1.0%	−3배
KORU	Direxion Daily MSCI South Korea Bull 3X Shares	MSCI Korea 25/50 Index	$20.11M	1.23%	+3배

<2023년 1월 기준>

YINN은 FTSE China 50 지수를 추종하는 +3배 레버리지 ETF다. 추종 지수는 홍콩 주식시장에 상장된 중국 주식에서 시가총액이 높고 유동성이 풍부한 50종목을 담는다. 수익률은 1년 -91.06%, 3년 연 -61.64%, 5년 연 -49.74%였다.

YANG는 FTSE China 50 지수를 추종하는 −3배 인버스 ETF다. 수익률은 1년 126.29%, 3년 연 -8.44%, 5년 연 -9.8%였다. YINN과 YANG는 가능하면 단기로 활용해야 한다.

EDC는 MSCI 이머징마켓 지수를 추종하는 +3배 레버리지 ETF다. 수익률은 1년 -73.38%, 3년 연 -32.98%, 5년 연 -28.03%였다.

EDZ는 MSCI 이머징마켓 지수를 추종하는 -3배 인버스 ETF다. 수익률은 1년 132.01%, 3년 연 -20.61%, 5년 연 -15.77%였다.

KORU는 MSCI 한국 25/50 지수를 추종하는 +3배 레버리지 ETF다. 수익률은 1년 -76.87%, 3년 연 -34.14%, 5년 연 -36.14%였다. 우리나라 주식 시장은 미국 주식시장보다 변동성이 커서, 미국 주식시장 대표 지수 레버리지 ETF보다 매년 주가 등락 폭이 크게 발생한다.

같은 MSCI 한국 25/50 지수를 추종하는 상품으로 **EWY**가 있다. 블랙록에서 운용되고 있으며, 대한민국 주식 113종목에 투자하는 미국 상장 ETF다. 종목별 비중을 보면 삼성전자가 23%로 가장 높다. 다음으로 SK하이닉스 5%, 삼성SDI 5%다.

3배 ETF는 우리나라 주식시장이 단기간 하락한 후 다시 상승할 거라는 강한 확신이 있을 때 활용하면 된다. 우리나라는 수출로 인해 세계 경제의 영향을 많이 받으며 1년에 2~3차례 정도 단기 투자 기회가 있다.

미국 섹터 레버리지·인버스 ETF

미국 섹터 레버리지·인버스 ETF는 금융, IT 기술, 반도체, 바이오, 헬스케어 5가지만 보면 된다. 활용 방법은 금융, IT 기술과 반도체, 바이오와 헬스케어를 묶어서 3가지 중에 1가지만 집중적으로 사용하는 것이다.

예를 들어 금융권 종사자라면 미국 금융 레버리지·인버스 ETF를 활용하면 된다. IT 계열 종사자라면 IT 기술과 반도체만 활용하면 된다. 해당 계열의 종사자가 아니더라도 바이오나 헬스케어에 관심이 많다면 해당 분야만 관심을 두고 단기로 투자하면 된다.

다시 한 번 강조하지만 기대수익률이 큰 만큼, 투자의 책임도 무겁다.

미국 금융 레버리지·인버스 ETF

티커	종목명	추종 지수	시가총액	운용보수	배수
UYG	ProShares Ultra Financials	DJ Global United States(All) / Financials	$562.32M	0.95%	+2배
FAS	Direxion Daily Financial Bull 3x Shares	S&P Financial Select Sector Index	$1.95B	0.92%	+3배
FAZ	Direxion Daily Financial Bear 3X Shares	Russell 1000 Financials 40 Act 15/22.5 Daily Capped Index	$185.59M	1.01%	−3배

〈2023년 1월 기준〉

UYG는 다우존스 미국 금융 지수를 추종하는 +2배 레버리지 ETF다. 수익률은 1년 −32.46%, 3년 연 0.33%, 5년 연 4.92%였다.

FAS는 S&P 금융 지수를 추종하는 +3배 레버리지 ETF다. 수익률은 1년 -48.61%, 3년 연 -2.34%, 5년 연 4.95%였다.

FAZ는 S&P 금융 지수를 추종하는 −3배 인버스 ETF다. 수익률은 1년 11.8%, 3년 연 -57.17%, 5년 연 -47.78%였다.

미국 IT 기술 & 반도체 레버리지·인버스 ETF

ROM은 다우존스 미국 IT 기술 지수를 추종하는 +2배 레버리지 ETF다. 수익률은 1년 -57.01%, 3년 연 15.2%, 5년 연 18.57%였다.

TECL은 S&P IT 기술 지수를 추종하는 +3배 레버리지 ETF다. 수익률은 1년 -62.63%, 3년 연 12.95%, 5년 연 19.82%였다.

티커	종목명	추종 지수	시가총액	운용보수	배수
ROM	ProShares Ultra Technology	Dow Jones US Technology Index	$331.74M	0.95%	+2배
TECL	Direxion Daily Technology Bull 3X Shares	S&P Technology Select Sector Index	$1.43B	0.94%	+3배
TECS	Direxion Daily Technology Bear 3X Shares	S&P Technology Select Sector Index	$157.39M	1.01%	-3배
SOXL	Direxion Daily Semiconductor Bull 3X Shares	ICE Semiconductor Index	$3.7B	0.9%	+3배
SOXS	Direxion Daily Semiconductor Bear 3X Shares	ICE Semiconductor Index	$620.02M	1.01%	-3배

<2023년 1월 기준>

TECS는 TECL과 같은 지수를 추종하는 -3배 인버스 ETF다. 수익률은 1년 12.97%, 3년 연 -64.67%, 5년 연 -58.92%였다.

같은 S&P IT 기술 지수를 추종하는 상품으로 **XLK**가 있다. 섹터별 비중은 소프트웨어가 32%로 가장 높다. 수익률은 3년 연 16.37%, 5년 연 16.57%였다.

SOXL은 ICE 반도체 지수를 추종하는 +3배 레버리지 ETF다. 수익률은 1년 -81.24%, 3년 연 -12.14%, 5년 연 -1.63%였다.

SOXS는 ICE 반도체 지수를 추종하는 -3배 인버스 ETF다. 수익률은 1년 30.97%, 3년 연 -72.99%, 5년 연 -67.38%였다.

참고로 반도체 대표 ETF로 **SOXX**가 있다. PDF에는 31종목이 있다. 섹터별 비중은 반도체 79%, 반도체 장비 20%다. 수익률은 3년 연 15.05%, 5년 연 15.99%였다.

미국 바이오 & 헬스케어 레버리지·인버스 ETF

티커	종목명	추종 지수	시가총액	운용보수	배수
RXL	ProShares Ultra Health Care	Dow Jones US Health Care Index	$100.19M	0.95%	+2배
CURE	Direxion Daily Healthcare Bull 3x Shares	S&P Health Care Select Sector Index	$186.32M	0.97%	+3배
BIB	ProShares Ultra NASDAQ Biotechnology	NASDAQ Biotechnology Index	$104.99M	0.95%	+2배
LABU	Direxion Daily S&P Biotech Bull 3X Shares	S&P Biotechnology Select Industry Index	$1.11B	0.96%	+3배
LABD	Direxion Daily S&P Biotech Bear 3X Shares	S&P Biotechnology Select Industry Index	$186.45M	0.96%	−3배

〈2023년 1월 기준〉

RXL는 다우존스 미국 헬스케어 지수를 추종하는 +2배 레버리지 ETF다. 수익률은 1년 -17.99%, 3년 연 17.3%, 5년 연 15.58%였다. 같은 지수를 추종하는 상품으로 **XLV**가 있다. PDF에는 66종목이 있다. 수익률은 3년 연 14.22%, 5년 연 11.28%였다.

CURE는 S&P 헬스케어 지수를 추종하는 +3배 레버리지 ETF다. 수익률은 1년 -19.98%, 3년 연 20.69%, 5년 연 18.38%였다.

BIB는 나스닥 생명공학 지수를 추종하는 +2배 레버리지 ETF다. 수익률은 1년 -43.91%, 3년 연 2.47%, 5년 연 0.08%였다.

LABU는 S&P 생명공학 지수를 추종하는 +3배 레버리지 ETF다. 수익률은 1년 -89.35%, 3년 연 -43.92%, 5년 연 -38.72%였다.

LABD는 LABU와 같은 지수를 추종하는 -3배 인버스 ETF다. 수익률은 1년 25.86%, 3년 연 -61.49%, 5년 연 -52.82%였다. S&P 생명공학 지수를 추종하는 상품으로 **XBI**가 있다. PDF에는 155종목이 있다. 수익률은 3년 연 0.31%, 5년 연 0.13%였다.

| 한눈에 보는 레버리지·인버스 ETF |

티커	종목명	시가총액	분류
SSO	ProShares Ultra S&P 500	$2.8B	+2배
SH	ProShares Short S&P 500	$2.87B	−1배
SDS	ProShares UltraShort S&P 500	$919.19M	−2배
QLD	ProShares Ultra QQQ	$2.72B	+2배
PSQ	ProShares Short QQQ	$1.56B	−1배
QID	ProShares UltraShort QQQ	$428.59M	−2배
DDM	ProShares Ultra Dow 30	$352M	+2배
DOG	ProShares Short Dow 30	$285.29M	−1배
DXD	ProShares UltraShort Dow 30	$111.37M	−2배
UWM	ProShares Ultra Russell 2000	$148.75M	+2배
RWM	ProShares Short Russell 2000	$539.36M	−1배
UYG	ProShares Ultra Financials	$562.32M	+2배
ROM	ProShares Ultra Technology	$331.74M	+2배
TECS	Direxion Daily Technology Bear 3X Shares	$157.39M	−3배
RXL	ProShares Ultra Health Care	$100.19M	+2배
CURE	Direxion Daily Healthcare Bull 3x Shares	$186.32M	+3배
LABU	Direxion Daily S&P Biotech Bull 3X Shares	$1.11B	+3배
LABD	Direxion Daily S&P Biotech Bear 3X Shares	$186.45M	−3배

<2023년 1월 기준>

원자재·상품 ETF

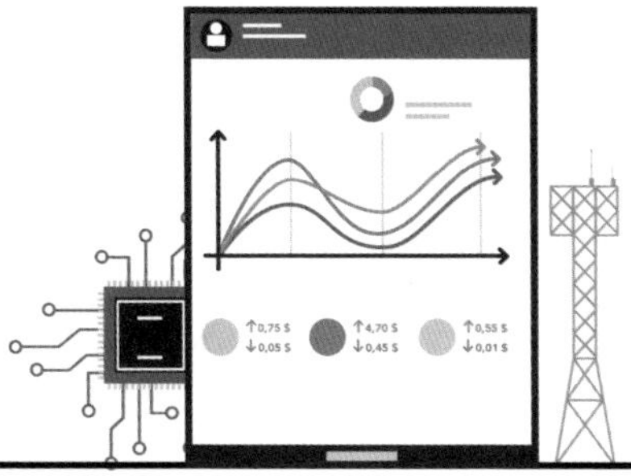

원자재의 사전적 정의는 공업 생산의 원료가 되는 자재다. 다른 말로 상품으로도 불린다. 원자재 종류는 크게 에너지, 귀금속, 곡물, 기호식품, 가축 등이 있다. 원자재는 3가지 특징이 있다.

① **투기성 수요가 강하다.** 원자재 거래는 보통 실물이 아닌 선물을 사고판다. 선물은 주식과 다르게 높은 레버리지 투자를 할 수 있다. 참고로 선물은 '만기일' 이전에 청산해야 한다. 만기일은 1~3개월 단위로 상품에 따라 다르게 설정된다.

그리고 전 세계적으로 투자 수요보다는 투기 수요가 많다. 투자가 잘되면 고수익이 가능하기 때문이다. 그러나 원자재 가격 변동 폭이 큰 편으로 투자하기가 그리 만만하지 않다. 결국 원자재 가격을 이끄는 것은 다름 아닌 실

수요다. 지금까지는 투기 수요로 움직였지만, 앞으로는 실수요가 주도할 수 밖에 없다.

② **경제적, 정치적, 지리적 여건에 많은 영향을 받는다.** 2019년 12월 중국에서 코로나 바이러스가 발생했다. 그 바이러스는 전 세계로 퍼졌다. 그때 국제 유가가 1월 중순에 사흘째 2% 전후의 급락세를 보였다. 3월 인도분 서부 텍사스산 원유WTI는 배럴당 2.5% 하락했다. 금값은 소폭 상승했다. 이렇게 원자재는 경제적, 정치적 여건에 많은 영향을 받는다.

지리적 여건은 매장량을 말한다. 원자재 매장량은 국가마다 다르다. 어떤 국가는 희토류가 많이 있다. 다른 국가는 석유가 많이 있다. 그러나 우리나라처럼 원자재가 부족한 국가가 더 많다. 우리나라는 한국 전쟁 이후 인적 자본의 힘으로 한강의 기적을 만들었다.

③ **다른 투자 수단의 움직임과 연관성이 적다.** 주식과 채권은 서로 움직임이 반대되는 경향이 있다. 원자재는 앞의 투자 수단과 연관성이 적은 편이다. 수요와 가격에 영향을 주는 변수는 많다. 농산물은 날씨에 영향을 많이 받는다. 여기에 지구온난화와 이상 기후가 지금보다 더 높은 변동성을 만들 것이다. 원자재가 아닌 다른 투자 수단에서는 이러한 영향이 적다.

상품 인덱스 중에는 짐 로저스의 **RICI** 인덱스가 널리 알려져 있다. Rogers International Commodity Index의 약자다. 섹터별로 로저스 농산물 지수, 로저스 에너지 지수, 로저스 금속 지수 등이 있다. RICI는 13곳의 국제적인 거래소에서 38개의 상품 선물을 추적한다.

미국 주식시장에 **RJI**Elements Rogers International Commodity Index–Total Return ETN가 상장되어 있다.

금 ETF

▼ GLD : SPDR Gold Trust

추종 지수	Gold spot	운용보수	0.4%	주당 가격	$156.47
상장일자	2004-11-18	시가총액	$48.33B	PDF 종목 수	1
TOP 5 국가 비중		TOP 5 섹터 비중		TOP 5 종목 비중	
				1. 금 100%	

수익률	3개월	1년	3년	5년
GLD	-7.69%	-8.42%	2.11%	4.71%

<2023년 1월 기준>

GLD는 금을 추종하는 ETF다. 시가총액은 $48B로 원자재 ETF 중에서 규모가 가장 크다. 추종 지수는 Gold spot으로 LBMA PM Gold Price를 추종한다. 특정 지수를 추종하는 게 아니라 런던의 금고에 있는 실물 골드바 가격을 추종한다. 수익률은 3년 연 2.11%, 5년 연 4.71%였다.

티커	종목명	추종 지수	시가총액	운용보수
GLDM	SPDR Gold MiniShares Trust	Gold spot	$4.7B	0.10%

<2023년 1월 기준>

GLD와 비슷한 골드 ETF로 **GLDM**도 있다. GLD 상품을 소액으로 거래하기 쉽게 나눠 놓은 상품이 GLDM이다. 그래서 종목명이 SPDR Gold MiniShares Trust다. 수익률은 3년 연 2.38%였다. 한 주 가격이 47,000원으로 GLD보다 소액 투자가 가능하다.

금 투자를 생각 중이라면 미국 주식시장에 상장된 골드 ETF 투자도 괜찮다. 왜냐하면 첫째, 세금이 적다. 우리나라에서 은행 골드뱅킹, 금 펀드, 국내 금 ETF 투자 시 배당소득세 15.4%가 세금으로 부과된다.

미국에 상장된 골드 ETF는 해외 주식과 같은 세금 체계를 따른다. 그래서 매년 250만 원에 대한 수익은 기본공제가 된다. 즉 미국 ETF 금 투자로 500만 원 이익이 발생하면 기본공제 250만 원을 뺀 250만 원에 대한 세금 양도소득세 22%, 55만 원을 내면 된다. 그러나 은행 골드뱅킹이나 금 펀드로 투자해서 같은 500만 원 이익이 발생하면 배당소득세 15.4%, 77만 원을 내야 한다.

둘째, 실물 골드바는 사고팔 때 수수료 및 보관에 따른 어려움이 있다. 실물 골드바는 매수할 때 수수료를 내지만 매도할 때는 세금을 안 내도 된다. 매수할 때 보통 유통 수수료 5%와 부가가치세 10%를 내야 한다.

그리고 귀중품 보관에 따른 어려움이 있다. 집 옷장에 몇 천만 원이나 되는 골드바를 마음 편하게 보관할 수 있을까. 은행에 대여 금고가 있지 않은 이상 쉽지 않다.

기타 금 ETF

IAU는 Gold spot 지수를 추종한다. 세계 여러 군데에 있는 실물 골드바 가격을 추종한다. 수익률은 3년 연 2.29%, 5년 연 4.86%였다.

IAUM은 IAU의 소규모 ETF로 주가도 절반 정도인 18달러다. 2021년 6월에 상장했으며, 수익률은 비슷하다.

티커	종목명	추종 지수	시가총액	운용보수	배수
IAU	iShares Gold Trust	Gold spot	$24.19B	0.25%	
IAUM	iShares Gold Trust Micro	Gold spot	$991.21M	0.15%	
RING	iShares MSCI Global Gold Miners ETF	MSCI ACWI Select Gold Miners IMI Index	$324.51M	0.39%	
GDX	VanEck Gold Miners ETF	NYSE Arca Gold Miners	$9.58B	0.51%	
GDXJ	VanEck Junior Gold Miners ETF	MVIS Global Junior Gold Miners Index	$2.95B	0.52%	
NUGT	Direxion Daily Gold Miners Index Bull 2X Shares	NYSE Arca Gold Miners	$349.95M	1.14%	+2배
DUST	Direxion Daily Gold Miners Index Bear 2x Shares	NYSE Arca Gold Miners	$92.65M	0.92%	-2배

<2023년 1월 기준>

RING은 MSCI ACWI 금광 업체 지수를 추종한다. 글로벌 금광 채굴 기업 주식에 골고루 투자할 수 있다. PDF에는 41종목이 있다. 국가별 비중은 캐나다 53%, 미국 21%, 남아프리카공화국 10% 등이다. 수익률은 3년 연 -7.77%, 5년 연 0.45%였다.

GDX는 뉴욕 금광 업체 지수를 추종한다. 글로벌 금광 기업 주식에 골고루 투자할 수 있다. PDF에는 50종목이 있다. 국가별 비중은 캐나다 56%, 미국 18%, 호주 12% 등이다. 수익률은 3년 연 -5.86%, 5년 연 1.07%였다.

GDXJ는 MVIS 글로벌 주니어 금광업 지수를 추종한다. 글로벌 금광과 은광 소유 기업 중 상대적으로 소형주에 골고루 투자할 수 있다. PDF에는 101종목이 있다. 국가별 비중은 캐나다가 67%로 가장 높다. 수익률은 3년 연 -9.29%, 5년 연 -1.66%였다.

NUGT는 뉴욕 금광 업체 지수를 추종하는 +2배 레버리지 ETF다. 수익률은 3년 연 -47.76%, 5년 연 -31.12%였다.

DUST는 뉴욕 금광 업체 지수를 추종하는 -2배 인버스 ETF다. 수익률은 3년 연 -45.98%, 5년 연 -47.53%였다. 2배 레버리지·인버스 ETF는 장기로 투자하면 안 되고 가능하면 단기로 투자하는 게 수익률에 좋다.

은 ETF

▼ SLV : iShares Silver Trust

추종 지수	Silver Spot Price	운용보수	0.5%	주당 가격	$19.26
상장일자	2006-04-21	시가총액	$9.45B	PDF 종목 수	1

TOP 5 국가 비중	TOP 5 섹터 비중	TOP 5 종목 비중
		1. 은 100%

수익률	3개월	1년	3년	5년
SLV	-2.97%	-17.74%	1.97%	2.42%

<2023년 1월 기준>

SLV는 은을 추종하는 ETF다. 추종 지수는 Silver Spot Price로 실물 실버바 가격을 추종한다. 수익률은 3년 연 1.97%, 5년 연 2.42%였다. 안전자산으로 보면 은은 금보다 가치가 떨어진다. 다시 경제위기나 금융위기가 발생할 것으로 생각되면 은보다 금에 투자하는 게 더 괜찮을 것 같다. 하지만 현재 은 가격이 지나치게 낮기 때문에 향후 기대수익률이 높다는 점은 투자자에게 매력적인 부분이다.

주가로 보면 은은 지난 5년을 포함해서 2011년 고점에서 하락해서 2020년 상반기까지 계속 하락했었다. 은은 코로나 팬데믹으로 가격이 50% 정도 상승했지만, 여전히 금에 비해 저평가된 상태다. 2019년에 금 가격은 은 가격의 80배 수준이었지만, 2023년 지금은 100배가 넘어가는 상황이다. 그 격차는 더욱 커질 것으로 예상된다.

기타 원자재 ETF

티커	종목명	추종 지수	시가총액	운용보수
GLTR	Aberdeen Standard Physical Precious Metals Basket Shares ETF	ETFS Physical Precious Metals Basket Index	$906.21M	0.6%
DBB	Invesco DB Base Metals Fund	DBIQ Optimum Yield Industrial Metals Index	$235.64M	0.77%
MXI	iShares Global Materials ETF	S&P Global 1200 Materials Sector Index	$257.95M	0.4%
PICK	iShares MSCI Global Metals & Mining Producers ETF	MSCI ACWI Select Metals & Mining Producers ex Gold & Silver IMI	$1.19B	0.39%

〈2023년 1월 기준〉

GLTR은 추종 지수가 변경되서 ETFS Physical Precious Metals Basket Index를 추종 지수로 한다. 금, 실버, 백금, 팔라듐으로 종목을 구성한다. 수익률은 3년 연 1.37%, 5년 연 4.42%였다.

DBB는 3가지 비금속인 아연, 구리, 알루미늄 선물 계약을 추종한다. 수익률은 3년 연 5.55%, 5년 연 -0.31%였다.

MXI는 글로벌 원자재 기업에 투자하는 ETF다. S&P Global 1200

Materials Sector Index를 추종 지수로 한다. 원자재, 금속, 화학 약품, 임업 제품으로 종목을 구성한다. PDF에는 102종목이 있다. 섹터별 비중은 화학이 51%로 가장 높다. 2022년 분배율은 4.61%였다. 수익률은 1년 -17.73%, 3년 연 5.6%였다.

PICK는 글로벌 금속과 광업 생산 회사에 투자하는 ETF다. MSCI ACWI Select Metals & Mining Producers ex Gold & Silver IMI 지수를 추종한다. 다양한 금속, 알루미늄, 철강과 희귀 금속으로 종목을 구성한다. PDF에는 253종목이 있다. 섹터별 비중은 통합 광산업이 50%다. 2022년 분배율은 6.58%였다. 수익률은 3년 연 13.36%, 5년 연 6.63%였다.

원유 ETF

티커	종목명	추종 지수	시가총액	운용보수	배수
USO	United States Oil Fund LP	Front Month Light Sweet Crude Oil	$2.29B	0.81%	
UCO	ProShares Ultra Bloomberg Crude Oil	Bloomberg Commodity Balanced WTI Crude Oil Index	$856.77M	1.62%	+2배
XOP	SPDR S&P Oil & Gas Exploration & Production ETF	S&P Oil & Gas Exploration & Production Select Industry	$5.63B	0.35%	
GUSH	Direxion Daily S&P Oil & Gas Exp. & Prod. Bull 2X Shares	S&P Oil & Gas Exploration & Production Select Industry	$874.51M	1.01%	+2배
DRIP	Direxion Daily S&P Oil & Gas Exp. & Prod. Bear 2X Shares	S&P Oil & Gas Exploration & Production Select Industry	$94.88M	1.0%	−2배

〈2023년 1월 기준〉

USO는 서부 텍사스산 원유인 WTI 선물에 투자하는 ETF다. Front Month Light Sweet Crude Oil을 추종 지수로 한다. 원유 ETF 중에서 규모와 유동성이 가장 크다. WTI 선물 1가지로 종목을 구성한다. 수익률은 1년 30.44%, 3년 연 -8.09%, 5년 연 -3.99%였다.

UCO는 WTI 선물을 추종 지수로 하는 +2배 레버리지 ETF다. 수익률은 1년 37.87%, 3년 연 -33.25%, 5년 연 -23.99%였다.

XOP는 S&P 오일 & 가스 탐사 및 생산 지수를 추종한다. 미국 오일 & 가스 탐사 및 생산 기업으로 종목을 구성한다. PDF에는 62종목이 있다. 섹터별 비중은 오일 & 가스 탐사 및 생산 72%, 오일 & 가스 정제 및 마케팅 22%다. 수익률은 1년 46.17%, 3년 연 23.22%, 5년 연 3.82%였다.

GUSH는 S&P 오일 & 가스 탐사 및 생산 지수를 추종하는 +2배 레버리지 ETF다. XOP의 일일수익률 +2배수를 추구한다. 수익률은 1년 68.36%, 3년 연 -46.59%, 5년 연 -55.08%였다.

DRIP는 S&P 오일 & 가스 탐사 및 생산 지수를 추종하는 -2배 인버스 ETF다. 수익률은 1년 -74.52%, 3년 연 -72.99%, 5년 연 -54.39%였다.

천연자원 ETF

IGE는 S&P 북아메리카 천연자원 지수를 추종한다. 추종 지수는 주로 원유, 가스, 광업, 임업 관련 회사로 구성된다. PDF에는 122종목이 있다. 대형주에서 소형주까지 PDF에 있다. 섹터별 비중은 거의 오일 및 가스 관련 분야다. 수익률은 3년 연 18.01%, 5년 연 8.4%였다.

▼ IGE : iShares North American Natural Resources ETF

추종 지수	S&P North American Natural Resources Sector	운용보수	0.40%	주당 가격	$41
상장일자	2001-10-22	시가총액	$927.97M	PDF 종목 수	122
TOP 5 국가 비중		TOP 5 섹터 비중		TOP 5 종목 비중	
1. 미국 80.28%		1. 오일 & 가스 탐사 및 생산 27.31%		1. 셰브런(CVX) 10.33%	
2. 캐나다 19.72%		2. 통합 오일 & 가스 25.87%		2. 엑슨모빌(XOM) 10.07%	
		3. 오일 & 가스 보관 및 운송 13.23%		3. 코노코필립스(COP) 4.55%	
		4. 오일 & 가스 정제 및 마케팅 7.25%		4. EOG 리소시스(EOG) 3.52%	
2022년 분배율 3.01%		5. 오일 & 가스 장비 7.03%		5. 엔브리지(ENB) 3.29%	
PER 8.92		PBR 1.98		TOP 10 비중 44.84%	

수익률	3개월	1년	3년	5년
IGE	18.34%	34.84%	18.01%	8.4%

<2023년 1월 기준>

티커	종목명	추종 지수	시가총액	운용보수
NANR	SPDR S&P North American Natural Resources ETF	S&P BMI North American Natural Resources Index	$599.41M	0.35%

<2023년 1월 기준>

천연자원 지수를 추종하는 비슷한 상품으로 **NANR**이 있다. 3가지 범주인 에너지, 원자재, 농업 관련 회사로 종목을 구성한다. PDF에는 31종목이 있다. 수익률은 3년 연 24.48%, 5년 연 13.26%였다.

IGE와 NANR의 과거 수익률은 높지 않았다. 최근 우크라이나 사태로 인해 수익률이 상승했다. 원자재는 경제적, 정치적인 이슈에 영향을 많이 받는다.

농산물 ETF

▼ DBA : Invesco DB Agriculture Fund

추종 지수	DBIQ Diversified Agriculture Index	운용보수	0.93%	주당 가격	$21.47
상장일자	2007-01-05	시가총액	$1.4B	PDF 종목 수	10
TOP 5 국가 비중		TOP 5 섹터 비중		TOP 5 종목 비중	
		1. 설탕 12.75%		1. 뮤추얼 펀드 52.86%	
		2. 가축 12.47%		2. 미국 재무부 증권 30.18%	
		3. 콩 12.46%		3. 미국 재무부 증권 7.07%	
		4. 옥수수 12.39%		4. Invesco Treasury Collateral ETF(CLTL) 6.33%	
		5. 밀 12.29%		5. 미국 재무부 증권 3.55%	
				TOP 10 비중 100%	

수익률	3개월	1년	3년	5년
DBA	-0.1%	4.37%	8.13%	1.23%

<2023년 1월 기준>

DBA는 DBIQ Diversified Agriculture Index를 추종 지수로 한다. 도이치뱅크에서 관리하는 농산물 지수다. 10가지 농산물 선물 계약으로 종목을 구성한다. 설탕, 콩, 옥수수, 밀, 커피, 가축 등에 투자한다. 그리고 미국 재무부 증권을 담아 추가적인 이자 수입을 추구한다. 재무부가 발행한 단기 증권이다.

매년 11월에 추종 지수를 재구성하고 리밸런싱한다. 수익률은 1년 4.37%, 3년 연 8.13%였다.

다양한 10가지 농산물 선물과 관련된 뮤추얼 펀드에 투자한다. 그러나 농산물 선물은 예측이 매우 힘들다.

| 한눈에 보는 원자재·상품 ETF |

티커	종목명	시가총액	분류
GLD	SPDR Gold Trust	$48.33B	Gold Spot 지수
IAU	iShares Gold Trust	$24.19B	Gold Spot 지수
GDX	VanEck Gold Miners ETF	$9.58B	NYSE Arca Gold Miners 지수
SLV	iShares Silver Trust	$9.45B	Silver Spot Price 지수
USO	United States Oil Fund LP	$2.29B	Front Month Light Sweet Crude Oil 지수
XOP	SPDR S&P Oil & Gas Exploration & Production ETF	$5.63B	S&P Oil & Gas Exploration & Production Select Industry 지수
IGE	iShares North American Natural Resources ETF	$927.97M	S&P North American Natural Resources Sector 지수
DBA	Invesco DB Agriculture Fund	$1.4B	DBIQ Diversified Agriculture 지수

〈2023년 1월 기준〉

채권 ETF ①

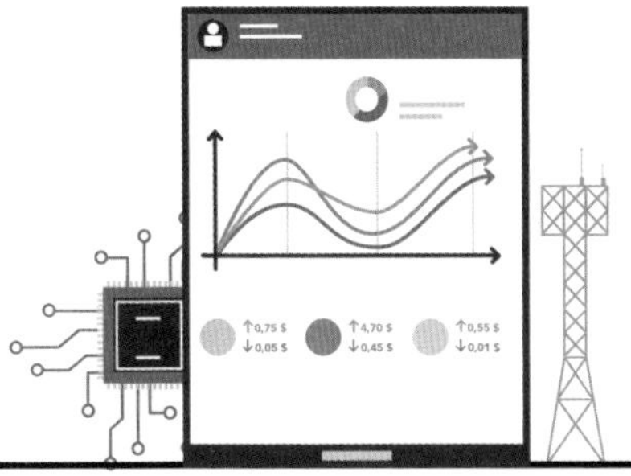

채권은 주로 자금 조달을 위해 발행하는 차용증서를 말한다. 정부, 공공기관, 주식회사 등이 상대적으로 장기간의 자금 마련을 위해 발행한다.

채권은 몇 가지 특징을 갖는다. **첫째, 확정이자부 증권으로 발행하면 이자와 상환 금액이 확정되어 있다.** 쉽게 말하면 처음부터 받을 이자율과 나중에 돌려줄 돈을 정해놓는다. **둘째, 채무자의 상황과 상관없이 정해진 기간에 이자를 지급해야 한다.** 주식의 경우에는 순이익에 따라 배당금이 결정된다는 측면에서 다르다. **셋째, 만기가 정해져 있다.** 만기 시점에 채무자가 빌린 액면가를 채권자에게 상환한다. 만기 시점 도래 전까지는 약속한 이자를 정기적으로 지급하는 게 일반적이다.

채권에서 지급하는 금리를 쿠폰 금리라고 말한다. 만기까지 원금 상환과 함께 지급하기로 약정된 금리다. 채권과 별도로 쿠폰이자표에 연이율로 표시돼서 이렇게 불린다. 보통 연 1~2회 혹은 매 분기인 4회에 걸쳐 지급한다. 금리 종류로는 고정 금리와 변동 금리가 있다. 채권형 ETF 중에는 매월 이자를 지급하는 BNDVanguard Total Bond Market ETF도 있다.

| 채권평가 신용등급 |

투자 적격 구분	신용등급	정의
투자 적격등급	AAA	원리금 지급 확실성이 최고 수준으로 투자 위험도가 매우 낮다. 추후 급격한 환경 변화에도 영향을 받지 않을 만큼 안정적이다.
	AA	원리금 지급 확실성이 매우 높아 투자 위험도가 매우 낮다. AAA등급에 비해 다소 열등한 요소가 있다.
	A	원리금 지급 확실성이 매우 높아 투자 위험도가 낮은 수준이다. 장래 급격한 환경 변화에 따라 다소 영향을 받을 수 있다.
	BBB	원리금 지급 확실성은 인정되지만 장래 환경 변화로 지급 확실성이 저하될 가능성이 있다.
투자 부적격등급	BB	전반적인 채무 상환 능력에 당면 문제는 없지만 장래의 안정성 면에서는 투기적 요소가 내포되어 있다.
	B	원리금 지급 확실성이 부족하여 투기적이며, 장래의 안정성에 대해서는 현 단계에서 단언할 수 없다.
	CCC	채무불이행이 발생할 가능성을 내포하고 있어 매우 투기적이다.
	CC	채무불이행이 발생할 가능성이 높아 상위등급에 비해 불안 요소가 더욱 많다.
	C	채무불이행이 발생할 가능성이 극히 높고 현 단계에서는 장래 회복될 가능성이 없을 것으로 판단된다.
	D	원금 또는 이자가 지급 불능 상태에 있다.
※ 위 등급 중 AA등급부터 CCC등급까지는 등급의 상대적인 우열에 따라 +, − 기호가 첨부된다.		

출처 : 매일경제 용어사전

표는 채권평가 신용등급이다. 등급은 크게 투자 적격등급과 투자 부적격등급으로 분류한다. 투자 부적격등급을 투기등급이라고도 하고, 하이일드등급이라고도 한다. 그래서 하이일드 채권을 고수익·고위험이라고 한다. 경

| 채권 ETF ① 6가지 종류 |

미국 채권시장 ETF	미국 채권시장을 신용등급에 따라서 투자한다.
회사채 ETF	주식회사가 발행하는 채권이다. 기업이 장기 자금 조달을 위해 발행한다.
High Yield ETF	보통 신용등급이 BB+ 이하인 채권을 말한다. 기대수익이 다른 채권보다 높은 만큼 기대 위험도 높다.
변동성 채권 ETF	변동이율채는 보통 6개월마다 이율이 변동되는 채권을 말한다. 미국 달러 기준 금리에 가산 금리를 더해서 이율을 정한다.
Senior Loan ETF	시니어론은 은행을 포함한 금융사가 신용등급 BBB- 이하 기업에 담보를 받고, 높은 이자를 받는 변동 금리 선순위 담보 대출 채권을 말한다.
글로벌 채권 ETF	미국을 포함해서 세계 여러 나라에 투자하는 채권이다.

기 상승기에는 하이일드의 수익률이 나쁘지 않다. 반대로 경기 하락기에는 안전한 국공채 및 우량 채권에 투자하는 게 좋다.

신용등급에 따라서 기업의 자금 조달 비용과 과정에 많은 영향을 미친다. 신용등급이 높으면 자금 조달 비용이 낮아져서 유리하다. 개인의 신용등급과 마찬가지로 기업도 신용등급을 신경쓴다고 생각하면 된다. 신용평가는 국가와 기업 등의 재무 상태, 경제적 여건, 정치적 여건과 같은 요소들을 고려하여 등급으로 평가한다.

기업과 채권에 대한 신용등급 평가는 신용평가사가 담당한다. 세계 3대 신용평가사는 무디스, 피치, 스탠더드 앤드 푸어스가 있다. 유명한 S&P 500 지수를 산출하는 기관이 스탠더드 앤드 푸어스다. 참고로 국내 신용평가사는 NICE 신용평가, 한국기업평가, 한국신용평가 등이 있다.

채권 ETF는 크게 11가지 종류를 설명한다. 채권 ETF ①에서는 6가지 종류의 채권 ETF를 설명한다. 6가지 채권은 표와 같다. 채권 ETF ②에서 나머지 5가지 종류 채권 ETF를 설명한다.

채권 매매는 보통 장외시장에서 기관 투자자 간의 대규모 거래를 한다. 그래서 개인 투자자가 소액으로 직접 매매하기는 힘들다. 개인이 채권시장에서 채권을 쉽게 사고팔 수 있다는 얘기는 못 들어봤을 것이다. 스마트폰으로 주식시장에서 주식을 쉽게 사고팔 수 있는 것과 다른 점이다. 그래서 개인 투자자의 경우에는 채권형 펀드를 통해 간접 투자가 보편적이다.

채권은 쿠폰 이자와 만기가 발행 시에 결정되는 증권이다. 주식처럼 마켓 타이밍에 의한 수익률 영향이 제한적이다. 즉 펀드 매니저가 관여할 부분이 주식보다 매우 적다.

채권형 ETF에 투자한다면 수익률은 큰 차이가 없으면서 펀드보다 운용보수가 절약된다. 채권은 기대수익이 주식보다 낮은 편이어서 절약된 운용보수가 수익률에 미치는 영향이 크다.

iShares 채권 ETF

티커	종목명	추종 지수	시가총액	운용보수
AGG	iShares Core US Aggregate Bond ETF	Bloomberg US Aggregate Bond Index	$76.24B	0.03%
IUSB	iShares Core Total USD Bond Market ETF	Bloomberg US Universal Index	$18.02B	0.06%
ISTB	iShares Core 1-5 Year USD Bond ETF	Bloomberg US Universal 1~5 Year Index	$5.06B	0.06%

〈2023년 1월 기준〉

AGG, IUSB, ISTB는 iShares 브랜드의 블랙록 ETF다.

AGG는 블룸버그 미국 종합 채권 지수를 추종한다. 추종 지수는 미국 재무부 채권, 회사채, 정부 기관 채권, MBS, CMBS, ABS 등으로 종목을 구성한다. PDF에는 10,534종목이 있다.

AGG는 미국 채권 ETF 중 시가총액 2위다. 원화로는 106조 원이다. 참고로 네이버 시가총액이 29조 원이다. 미국의 채권 ETF AGG의 시가총액이 네이버의 3배 이상이다. 만기수익률은 매년 4.68%다. 수익률은 3년 연 -3.29%, 5년 연 -0.31%였다. 미국 투자등급 채권에 낮은 비용으로 다양하고 폭넓게 투자할 수 있다.

IUSB는 블룸버그 미국 유니버셜 지수를 추종한다. 미국 재무부 채권, 정부 기관 채권, 투자 적격 채권, 하이일드 채권, MBS 등으로 종목을 구성한다. PDF에는 14,558종목이 있다. 만기수익률은 매년 5.09%다. 수익률은 3년 연 -3.13%, 5년 연 -0.22%였다.

ISTB는 블룸버그 미국 1~5년 지수를 추종한다. 재무부 채권, 투자 적격 채권, 하이일드 채권, MBS 등으로 종목을 구성한다. 전환사채는 추종 지수에 담을 수 없다. 만기수익률은 매년 5.07%다. 수익률은 3년 연 -1.01%, 5년 연 0.52%였다. 달러로 표시된 채권시장에서 5년 이하 채권에 폭넓게 투자할 수 있다.

Vangurard 채권 ETF

BND, BLV, BIV, BSV는 Vanguard사의 ETF다.

BND는 블룸버그 미국 종합 채권 상장 지수를 추종한다. 만기가 1년 이상 남은 정부채, 회사채, 달러로 표시된 해외 채권, MBS 등으로 종목을 구성한

티커	종목명	추종 지수	시가총액	운용보수
BND	Vanguard Total Bond Market ETF	Bloomberg US Aggregate Float Adjusted Index	$79.78B	0.03%
BLV	Vanguard Long-Term Bond ETF	Bloomberg US Long Government / Credit Float Adjusted Index	$3.85B	0.04%
BIV	Vanguard Intermediate-Term Bond ETF	Bloomberg US 5~10 Year Government / Credit Float Adjusted Index	$12.15B	0.04%
BSV	Vanguard Short-Term Bond ETF	Bloomberg US 1~5 Year Government / Credit Float Adjusted Index	$37.2B	0.04%

〈2023년 1월 기준〉

다. PDF에는 10,174종목 있다. 채권의 평균 만기는 8.9년이다. 만기 1~5년 비중이 40.2%, 5년~10년 이하 비중이 30%다.

참고로 BND는 미국 채권 ETF 중에서 시가총액 1위 규모로 $80B이다. 원화로는 112조 원이다. 만기수익률은 매년 4.7%다. 수익률은 3년 연 -3.74%, 5년 연 -0.51%였다. 미국 채권시장 전체에 폭넓게 투자할 수 있다.

BLV는 블룸버그 미국 장기 정부 / 신용 지수를 추종한다. 만기가 최소 10년 이상 남은 정부채, 회사채, 달러로 표시된 해외 채권 등으로 종목을 구성한다. PDF에는 2,920종목이 있다. 채권의 평균 만기는 23년으로 25년 이상 만기 비중이 42%다. 만기수익률은 매년 5.01%다. 수익률은 3년 연 -7.74%, 5년 연 -1.77%였다.

BIV는 블룸버그 미국 5~10년 정부 / 신용지수를 추종한다. 주로 만기가 5년 이상 10년 이하 남은 정부채, 회사채, 달러로 표시된 해외 채권 등으로 종목을 구성한다. 채권의 평균 만기는 7.2년으로, 5년 이상 10년 이하 비중이 96%다. 만기수익률은 매년 4.7%다. 수익률은 3년 연 -3.43%, 5년 연

-0.1%였다.

BSV는 블룸버그 미국 1~5년 정부 / 신용 지수를 추종한다. 주로 만기가 1년 이상 5년 이하 남은 정부채, 회사채, 달러로 표시된 해외 채권 등으로 종목을 구성한다. 채권 만기 1년 이상 3년 이하 비중이 56%다. 만기수익률은 매년 4.5%다. 수익률은 3년 연 -1.14%, 5년 연 0.47%였다.

채권은 평균 만기가 높을수록 가격 변동 폭이 크다. 기간이 길수록 채권수익률에 큰 영향을 미치기 때문이다.

예를 들어 시중 금리가 0.25% 하락했다고 가정한다면 채권의 금리도 하락한다. 이때 반대로 채권 가격은 상승한다. 5년 만기 채권보다 20년 만기 채권의 가격이 15년 동안 더 영향을 받는다. 그래서 채권은 평균 만기가 높아질수록 가격 변동 폭이 커진다.

iShares 회사채 ETF

티커	종목명	추종 지수	시가총액	운용보수
LQD	iShares iBoxx USD Investment Grade Corporate Bond ETF	Markit iBoxx USD Liquid Investment Grade Index	$35.01B	0.04%
IGLB	iShares 10+ Year Investment Grade Corporate Bond ETF	ICE BofAML 10+ Year US Corporate Index	$1.26B	0.06%
IGIB	iShares 5~10 Year Investment Grade Corporate Bond ETF	ICE BofAML 5~10 Year US Corporate Index	$9.1B	0.06%
IGSB	iShares 1~5 Year Investment Grade Corporate Bond ETF	ICE BofAML 1~5 Year US Corporate Index	$22.14B	0.06%
SLQD	iShares 0~5 Year Investment Grade Corporate Bond ETF	Markit iBoxx USD Liquid Investment Grade 0~5 Index	$3.0B	0.06%

〈2023년 1월 기준〉

LQD는 iBoxx 미국 유동적 투자등급을 추종 지수로 한다. 미국 회사채 시장에서 투자 적격 회사채로 종목을 구성한다. 미국 기업 투자등급 채권시장의 지수를 추종하는 최초의 ETF 상품이며, 가장 인기있는 회사채 ETF다. PDF에는 2,550종목이 있다. 만기수익률은 매년 5.57%다. 수익률은 3년 -4.42%, 5년 연 -0.32%였다. 한 개의 ETF로 2,550개의 미국 투자등급 회사채에 폭넓게 투자할 수 있다.

IGLB는 장기 미국 회사채에 투자하는 ETF다. 만기가 10년 이상 남은 고정이율 투자 적격 회사채로 종목을 구성한다. 투자등급은 글로벌 3대 신용평가사인 S&P, 무디스, 피치에서 평가한 최소 BBB 이상 등급을 의미한다. PDF에는 3,420종목이 있다. 만기수익률은 매년 4.44%다. 수익률은 3년 연 -7.04%, 5년 연 -1.28%였다.

IGIB는 중기 미국 회사채에 투자하는 ETF다. 만기가 5년 이상 10년 이하로 남은 고정이율 투자 적격 회사채로 구성된다. PDF에는 2,650종목이 있다. 섹터별 비중은 금융 45%, 유틸리티 7%다. 만기수익률은 매년 5.75%다. 수익률은 3년 −3.23%, 5년 연 0.37%였다.

IGSB는 단기 미국 회사채에 투자하는 ETF다. 만기가 최소 1년 이상 5년 이하로 남은 고정이율 투자 적격 회사채로 구성된다. PDF에는 3,400종목이 있다. 만기수익률은 매년 5.46%다. 수익률은 3년 연 -0.71%, 5년 연 0.98%였다.

SLQD도 단기 미국 회사채에 투자한다. 만기가 5년 이하로 남은 회사채로 구성한다. PDF에는 2,230종목이 있다. 만기수익률은 매년 5.16%다. 수익률은 3년 연 -0.43%, 5년 연 0.99%였다.

Vanguard & SPDR 회사채 ETF

티커	종목명	추종 지수	시가총액	운용보수
VCLT	Vanguard Long-Term Corporate Bond ETF	Bloomberg US 10+ Year Corporate Bond Index	$4.2B	0.04%
VCIT	Vanguard Intermediate-Term Corporate Bond ETF	Bloomberg US 5~10 Year Corporate Bond Index	$38.31B	0.04%
VCSH	Vanguard Short-Term Corporate Bond ETF	Bloomberg US 1~5 Year Corporate Bond Index	$38.5B	0.04%
SPIB	SPDR Portfolio Intermediate Term Corporate Bond ETF	Bloomberg US Intermediate Corporate Bond Index	$5.58B	0.04%
SPSB	SPDR Portfolio Short Term Corporate Bond ETF	Bloomberg US Corporate Bond 1~3 Year Index	$7.09B	0.04%
CWB	SPDR Bloomberg Convertible Securities ETF	Bloomberg US Convertible Liquid Bond Index	$4.19B	0.4%

〈2023년 1월 기준〉

VCLT, VCIT, VCSH는 고정이율 투자 적격 회사채로 종목을 구성한다. 각각 블룸버그 회사채 지수를 추종한다.

VCLT의 PDF에는 2,680종목이 있다. 섹터별 비중은 산업 69%, 금융 17%다. 추종 지수 채권의 평균 만기는 23년이다. 만기수익률은 매년 4.5%다. 수익률은 3년 연 -7.81%, 5년 연 -1.8%였다.

VCIT의 PDF에는 2,100종목이 있다. 세터별 비중은 산입 56%, 금융 35%다. 추종 지수 채권의 평균 만기는 7.6년이다. 만기수익률은 매년 5.8%다. 수익률은 3년 연 -3.67%, 5년 연 -0.03%였다.

VCSH PDF에는 2,340종목이 있다. 섹터별 비중은 산업 48%, 금융 46%다. 추종 지수 채권의 평균 만기는 3.1년이다. 만기수익률 매년 5.3%다. 수익률은 3년 연 -1.07%, 5년 연 0.75%였다.

SPIB는 블룸버그 중기 회사채를 추종 지수로 한다. 만기가 1년 이상 10년 이하로 남은 고정이율 미국 회사채로 구성된다. 만기가 3년 이상 10년 이하 채권 비중은 52.74%다. 섹터별 비중은 산업이 51%다. 만기수익률은 매년 5.87%다. 수익률은 3년 연 -2.08%, 5년 연 0.52%였다.

SPSB는 블룸버그 미국 1~3년 회사채 지수를 추종한다. 지수 그대로 만기가 1년에서 3년 이하로 남은 고정이율 회사채로 구성된다. 이때 전환사채는 추종 지수에서 제외한다. 만기가 1년 이상 3년 이하 채권 비중은 97%다. 섹터별 비중은 금융 48%, 산업 47%다. 만기수익률은 매년 5.7%다. 수익률은 3년 -0.31%, 5년 연 1.01%였다.

CWB는 블룸버그 미국 전환사채 유동성을 추종 지수로 한다. 미국 전환사채 중에서 발행 규모가 2억 5천만 달러원화 3,250억 원 이상으로 구성된다. PDF에는 300종목이 있다. 만기수익률은 2.65%다. 수익률은 3년 연 9.66%, 5년 연 8.34%였다.

전환사채는 일정 기간이 지난 후 주식으로 전환할 수 있는 옵션이 있는 채권이다. 'Convertible bond'의 약자로 CB라고도 한다. CB에서 전환할 수 있는 A주식의 가격이 10,000원이라고 해보자. 현재 주식시장에서 A의 주가가 11,000원일 때 권리를 행사하면 1,000원 이익이 된다.

전환사채는 주가가 높다면 권리를 행사하면 된다. 주가가 낮으면 안 해도 된다. 만약 권리를 행사하면 그때부터는 채권이 아닌 주식으로 바뀐다. 이러한 옵션 때문에 다른 채권보다 이율이 낮다. 채권 이자와 주가 상승에 동시에 투자할 수 있다.

High Yield 채권 ETF

티커	종목명	추종 지수	시가총액	운용보수
HYG	iShares iBoxx USD High Yield Corporate Bond ETF	iBoxx $ Liquid High Yield Index	$15.86B	0.48%
SHYG	iShares 0~5 Year High Yield Corporate Bond ETF	Markit iBoxx USD Liquid High Yield 0~5 Index	$6.8B	0.3%
JNK	SPDR Bloomberg High Yield Bond ETF	Bloomberg High Yield Very Liquid Index	$8.53B	0.4%
SJNK	SPDR Bloomberg Short Term High Yield Bond ETF	Bloomberg US High Yield 350mn Cash Pay 2% Capped(0~5 Y)	$3.49B	0.4%

〈2023년 1월 기준〉

하이일드 채권은 고수익 채권을 말한다. 기대수익이 다른 채권보다 높은 만큼 기대위험 또한 높다. 보통 신용등급이 BB+ 이하인 채권을 뜻한다. 위험성이 높아서 다른 채권보다 이자가 1~2% 정도 더 높다. 투자 적격등급 Investment Grade 미만부터는 High Yield라고 생각하면 된다.

HYG는 iBoxx 달러 하이일드 유동성 지수를 추종한다. 고배당의 회사채에 투자하기 때문에 수익률 면에서 매우 이점이 있다. 하지만 신용등급이 낮은 기업의 회사채에 투자하기 때문에 그만큼 리스크가 크다. 시가총액은 하이일드 채권 중에서 가장 높다. PDF에는 1,220종목이 있다. 만기수익률은 매년 5.53%다. 수익률 3년 −1.77%, 5년 수익률은 0.68%였다.

SHYG는 HYG보다 만기가 짧은 하이일드 ETF다. PDF에는 720종목이 있다. 채권의 평균 만기는 3.15년이다. 만기수익률은 매년 8.43%다. 수익률은 3년 연 0.24%, 5년 연 1.79%였다.

JNK는 블룸버그 하이일드 유동성 지수를 추종한다. PDF에는 1,230종목이 있다. 만기수익률은 매년 8.81%다. 수익률은 3년 연 -1.13%, 5년 연

0.91%였다.

SJNK는 JNK보다 만기가 짧은 하이일드 ETF다. PDF에는 770종목이 있다. 만기수익률은 매년 9.21%다. 수익률은 3년 연 1.71%, 5년 2.45%였다.

변동성 채권 ETF

▼ FLOT : iShares Floating Rate Bond ETF

추종 지수	Bloomberg US Floating Rate Note < 5 Years Index	**운용보수**	0.15%	**주당 가격**	$50.27
상장일자	2011-06-14	**시가총액**	$8.85B	**PDF 종목 수**	386

TOP 5 국가 비중	TOP 5 섹터 비중	TOP 5 종목 비중
1. 미국 56.98%	1. 금융 50.57%	1. 골드만 삭스 회사채 4.36%
2. 캐나다 12.39%	2. 초국가 채권 13.38%	2. 국제부흥개발은행 4.13%
3. 영국 7.73%	3. 보험 5.87%	3. 뱅크 오브 아메리카 회사채 2.85%
4. 호주 4.82%	4. 소비순환재 5.23%	4. JP모건 체이스 2.84%
5. 일본 4.49%	5. 전기 4.7%	5. 미주개발은행 2.44%
		TOP 10 비중 23.37%

수익률	3개월	1년	3년	5년
FLOT	0.87%	0.01%	0.68%	1.41%

〈2023년 1월 기준〉

변동 이율채는 보통 6개월마다 이율이 변동되는 채권을 말한다. 미국 달러 기준 금리에 가산 금리를 더해서 이율을 정한다. 가산 금리를 다른 말로 스프레드라고도 한다. 투자 위험이 많을 때는 가산 금리가 높다. 반대로 투자 위험이 낮을 때는 가산 금리가 낮다.

FLOT는 블룸버그 미국 5년 이하 변동 이율채를 추종 지수로 한다. 만기가 짧은 투자 적격 변동 이율 채권으로 종목을 구성한다. 섹터별 비중은 금융 51%, 초국가 채권 13%다. 만기수익률은 매년 5.06%다.

티커	종목명	추종 지수	시가총액	운용보수
FLRN	SPDR Bloomberg Investment Grade Floating Rate ETF	Bloomberg US Floating Rate Note 〈 5 Years Index	$3.08B	0.15%

〈2023년 1월 기준〉

미국 기준 금리는 2022년 1월 0.25%에서 2023년 3월에 5%다. 1년 만에 금리가 4% 이상 상승했다.

FLOT와 같은 지수를 추종하는 ETF로 **FLRN**이 있다. 채권에 투자하나 변동 금리 채권이기 때문에, 금리 인상 위험에서 어느 정도 자유롭다. 수익률은 3년 연 0.63%, 5년 연 1.43%였다.

Senior Loan ETF

티커	종목명	추종 지수	시가총액	운용보수
BKLN	Invesco Senior Loan ETF	Morningstar LSTA US Leveraged Loan 100 Index	$3.98B	0.65%
SRLN	SPDR Blackstone Senior Loan ETF	No Index	$6.17B	0.7%
FTSL	First Trust Senior Loan Fund	No Index	$2.89B	0.86%

〈2023년 1월 기준〉

시니어론은 은행을 포함한 금융사가 신용등급 BBB- 이하 기업에 담보를 받고 높은 이자를 받는, 변동 금리 선순위 담보 대출 채권을 말한다. 다른 말로는 뱅크론, 레버리지론으로 불린다. 기업 자산이 담보로 있어서 하이일드 채권보다는 안전한 편이다.

BKLN은 모닝스타 LSTA 미국 레버리지 대출 100 지수를 추종한다. 1년에 2번씩 추종 지수 리밸런싱을 한다. PDF에는 130종목이 있다. 만기수익률은 매년 5.54%다. 수익률은 3년 연 1.07%, 5년 연 1.96%였다.

SRLN은 추종 지수가 없는 액티브 시니어론 펀드다. 투자등급이 아닌 만기 3개월 이하 변동 이율 시니어론으로 구성된다. 수익률은 3년 연 1.31%, 5년 연 2.11%였다.

FTSL도 추종 지수가 없는 액티브 시니어론 펀드다. 펀드 자금의 80% 정도는 시니어론에 투자한다. 나머지 20%는 비시니어론, 주식, 채권 등에 투자한다. 수익률은 3년 연 1.97%, 5년 연 2.58%였다. 참고로 시니어론 ETF는 대체로 운용보수가 높은 편이다.

액티브 채권 ETF

티커	종목명	추종 지수	시가총액	운용보수
TOTL	SPDR DoubleLine Total Return Tactical ETF	Actively managed	$2.1B	0.55%
ICSH	BlackRock Ultra Short-Term Bond ETF	Actively managed	$7.04B	0.08%
HYLS	First Trust Tactical High Yield ETF	Actively managed	$1.56B	1.16%

〈2023년 1월 기준〉

TOTL, ICSH, HYLS는 전부 액티브 채권 ETF다. 추종 지수는 따로 없이 운용된다. **TOTL**은 주로 장기 채권으로 종목을 구성하며, 고정이율 채권에 폭넓게 투자한다. 수익률은 3년 연 -3.44%, 5년 연 -0.79%였다.

ICSH는 초단기 액티브 채권 ETF다. 평균 만기가 6개월 이하인 투자 적격 정부채 또는 회사채로 종목을 구성한다. PDF에는 240종목이 있다. 만기수익률은 4.71%다. 수익률은 3년 연 0.76%, 5년 연 1.49%였다. 현금 대신 초단기로 보유하기 괜찮은 ETF다.

HYLS는 하이일드 액티브 채권 ETF다. 하이일드 채권에 대해 130%까지는 매수 포지션을 취해 높은 수익을 추구한다. 수익률은 3년 연 -0.87%, 5년 연 1.54%였다.

글로벌 채권 ETF

티커	종목명	추종 지수	시가총액	운용보수
BNDX	Vanguard Total International Bond ETF	Bloomberg Global Aggregate ex-USD Float Adjusted RIC Capped Hedged to USD Index	$44.94B	0.07%
IAGG	iShares Core International Aggregate Bond ETF	Bloomberg Global Aggregate ex-USD 10% Issuer Capped(Hedged) Index	$3.71B	0.07%

〈2023년 1월 기준〉

BNDX는 블룸버그 미국 제외 글로벌 종합 채권 지수를 추종한다. 글로벌 투자 적격 고정이율 채권시장에 투자한다. 만기가 1년 이상 남은 정부채, 지방채, 회사채, 담보채 등으로 종목을 구성한다.

PDF에는 6,780종목이 있다. 채권 신용등급은 A~AAA 비중이 79%다. 지역별 채권 비중은 유럽 54%, 태평양 25% 등이다. 만기수익률은 매년 4.8%다. 참고로 외국 통화에 대한 환헤지를 한다. 수익률은 3년 연 -3.87%, 5년 연 -0.04%였다.

IAGG도 블룸버그 미국 제외 글로벌 종합 채권 지수를 추종한다. 선진국 시장과 신흥국 시장에서 투자 적격 고정이율 정부채와 회사채 등으로 종목을 구성한다. PDF에는 4,680종목이 있다. 만기수익률은 매년 3.01%다. 수익률은 3년 연 -3.33%, 5년 연 0.67%였다.

| 한눈에 보는 채권 ETF ① |

티커	ETF 이름	시가총액	분류
AGG	iShares Core US Aggregate Bond ETF	$76.24B	Bloomberg US Aggregate Bond Index
IUSB	iShares Core Total USD Bond Market ETF	$18.02B	Bloomberg US Universal Index
BND	Vanguard Total Bond Market ETF	$79.78B	Bloomberg US Aggregate Float Adjusted Index
BLV	Vanguard Long-Term Bond ETF	$3.85B	Bloomberg US Long Government / Credit Float Adjusted Index
BIV	Vanguard Intermediate-Term Bond ETF	$12.15B	Bloomberg US 5~10 Year Government / Credit Float Adjusted Index
BSV	Vanguard Short-Term Bond ETF	$37.2B	Bloomberg US 1~5 Year Government / Credit Float Adjusted Index
LQD	iShares iBoxx USD Investment Grade Corporate Bond ETF	$35.01B	Markit iBoxx USD Liquid Investment Grade Index
IGIB	iShares 5~10 Year Investment Grade Corporate Bond ETF	$9.1B	ICE BofAML 5~10 Year US Corporate Index
IGSB	iShares 1~5 Year Investment Grade Corporate Bond ETF	$22.14B	ICE BofAML 1~5 Year US Corporate Index
VCIT	Vanguard Intermediate-Term Corporate Bond ETF	$38.31B	Bloomberg US 5~10 Year Corporate Bond Index

VCSH	Vanguard Short-Term Corporate Bond ETF	$38.5B	Bloomberg US 1~5 Year Corporate Bond Index
CWB	SPDR Bloomberg Barclays Convertible Securities ETF	$4.19B	Bloomberg US Convertible Liquid Bond Index
HYG	iShares iBoxx USD High Yield Corporate Bond ETF	$15.86B	iBoxx $ Liquid High Yield Index
JNK	SPDR Bloomberg Barclays High Yield Bond ETF	$8.53B	Bloomberg High Yield Very Liquid Index
FLOT	iShares Floating Rate Bond ETF	$8.85B	Bloomberg US Floating Rate Note 〈 5 Years Index
BKLN	Invesco Senior Loan ETF	$3.98B	Morningstar LSTA US Leveraged Loan 100 Index
TOTL	SPDR DoubleLine Total Return Tactical ETF	$2.1B	Actively managed
BNDX	Vanguard Total International Bond ETF	$44.94B	Bloomberg Global Aggregate ex-USD Float Adjusted RIC Capped Index
IAGG	iShares Core International Aggregate Bond ETF	$3.71B	Bloomberg Global Aggregate ex-USD 10% Issuer Capped(Hedged) Index

〈2023년 1월 기준〉

채권 ETF ②

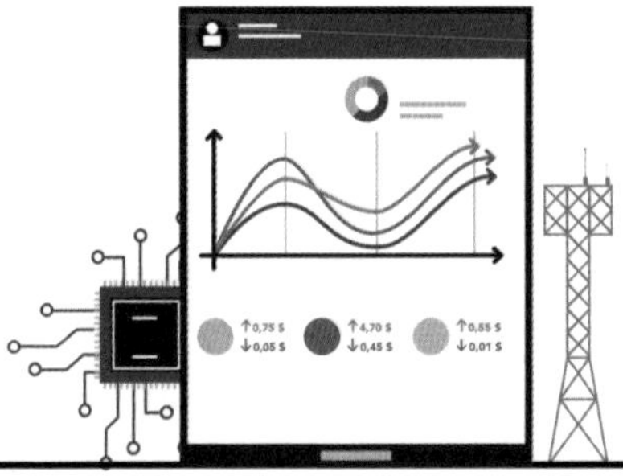

| 채권과 주식 비교 |

구분	채권	주식
지위	채권자	주주
자본 성격	타인자본	자기자본
특징	1. 회사 경영 참여 불가 2. 회사 성장 시 성과 누릴 수 없다 3. 회사 해산 시 주식보다 우선한 재산 분배	1. 회사 경영 참여 가능 2. 회사 성장 시 성과 누릴 수 있다 3. 회사 해산 시 잔여 재산 분배
소유자 권리	채권 이자	주가 상승, 주식 배당금
존속 기간	채권 만기 시까지	만기 없는 증권
원금 상환 여부	채권 만기 시 원금 상환	원금 상환 없다
투자 위험도	상대적으로 낮다	상대적으로 높다

채권 ETF ①에서는 채권의 개념과 투자등급, 쿠폰 금리, 신용등급 평가를 알아봤다. 5가지 종류의 채권 상품도 다뤘다. 채권과 주식을 비교한 표를 보자. 지위를 보면 채권은 채권자, 주식은 주주라고 한다. 자본 성격으로 채권은 타인자본, 주식은 자기자본이다. 채권은 대출받은 돈이고, 주식은 내 통장에 들어있는 돈이라고 생각하면 된다.

채권의 특징으로는 경영에 참여할 수 없다. 회사 성장 시 성과를 누릴 수도 없다. 그러나 회사 해산 시는 주식보다 자산 분배에 우선권을 갖는다. 주식의 특징은 채권과 반대다. 주된 수익으로는 채권은 채권 이자, 주식은 주가 상승이다. 채권은 만기 시에 원금을 상환한다. 주식은 회사 해산과 같은 경우가 아니면 원금 상환 의무는 없다.

투자 위험도는 상대적으로 채권이 낮은 편이고 주식은 높은 편이다. 참고로 채권시장의 규모가 주식시장보다 대략 2배 크다.

해외 채권 ETF는 장점이 많은 투자 수단이다.

첫 번째로 유동성과 환금성이 좋다. 매일 거래량이 많아서 원하는 가격에 매도할 수 있다.

두 번째 심리적으로 안전하다. 채권은 만기일과 이자율이 정해져 있다. 부도 위험만 없으면 안정적인 수익을 확보할 수 있다.

세 번째는 은행 예금·적금보다 낫다. 미국 국채에 투자하는 ETF 수익률도 최소한 은행 예금·적금보다 높은 경우가 많다. 회사채 ETF 수익률은 더 높다.

네 번째는 현금 대신 보유하기 좋다. 인플레이션 시대에 현금으로 보유하면 아무런 수익이 없다. 현금 대신 단기 채권 또는 초단기 채권을 보유할 시 1~2% 전후의 수익률이 가능하다. 채권형 ETF는 언제든지 매도 가능하니 환금성도 좋다.

다섯 번째는 분산 투자 효과가 있다. 주식과 채권은 반대로 움직이는 경향이 있다. 주식이 급락할 경우 채권을 매도해 자산 배분을 하면 좋다. 자산에서 채권 투자 비중은 최소 20%에서 최대 50%까지를 추천한다. 주식시장 상승세가 좋은데 채권 비중이 높으면 수익률 최대화에 좋지 않다.

그래서 주식 또는 채권에 투자하기 전에, 자신이 얼마만큼의 리스크를 감당할 수 있는지에 대해 확실히 파악해야 한다.

| 채권 ETF ② 5가지 종류 |

미국 재무부 채권	미 연방정부가 재무부 명의로 재정 마련을 위해 발행하는 채권으로 크게 단기 국채, 중기 국채, 장기 국채로 분류할 수 있다.
미국 지방정부 채권	미국의 지방정부가 재정 마련을 위해 발행하는 채권이다.
물가연동 국채	미국 정부에서 발행한 채권이다. 원금과 이자를 물가와 연동해서 실질 구매력 보존이 가능하다.
주택저당증권	은행을 포함한 금융기관에서 주택을 담보로 발행되는 채권이다. MBS라고도 하며 'Mortgage Backed Securities'의 약자다.
이머징마켓 채권	자본시장에서 급성장하는 신흥국가에서 발행한 채권이다.

미국 재무부 채권 ETF ①

GOVT는 만기가 1년에서 30년까지 남은 재무부 채권에 투자한다. ICE 미국 재무부 채권 지수를 추종한다. 달러로 표시된 고정이율 재무부 채권으로 종목을 구성한다. PDF에는 127종목이 있다. 채권의 평균 만기는 7.55년이다. 만기수익률은 매년 4.18%다. 수익률은 3년 연 -3.24%, 5년 연 -0.35%였다.

티커	종목명	추종 지수	시가총액	운용보수
GOVT	iShares US Treasury Bond ETF	ICE US Treasury Core Bond Index	$21.48B	0.05%
TLT	iShares 20+ Year Treasury Bond ETF	ICE US Treasury 20+ Year Bond Index	$22.27B	0.15%
TLH	iShares 10-20 Year Treasury Bond ETF	ICE US Treasury 10-20 Year Bond Index	$5.39B	0.15%
VGLT	Vanguard Long-Term Treasury Index ETF	Bloomberg Long US Treasury Index	$3.26B	0.04%
SPTL	SPDR Portfolio Long Term Treasury ETF	Bloomberg Long US Treasury Index	$5.26B	0.06%
IEF	iShares 7-10 Year Treasury Bond ETF	ICE US Treasury 7-10 Year Bond Index	$21.41B	0.15%
IEI	iShares 3-7 Year Treasury Bond ETF	ICE US Treasury 3-7 Year Bond Index	$12.42B	0.15%
VGIT	Vanguard Intermediate-Term Treasury Index ETF	Bloomberg US 3-10 Year Treasury Bond Index	$12.41B	0.04%
SPTI	SPDR Portfolio Intermediate Term Treasury ETF	Bloomberg US 3-10 Year Treasury Bond Index	$3.53B	0.06%

<2023년 1월 기준>

TLT는 만기가 20년 이상 남은 재무부 채권에 투자한다. ICE 미국 재무부 +20년 채권 지수를 추종한다. 채권의 평균 만기는 25.51년이다. PDF에는 32종목이 있다. 만기수익률은 4.195%다. 수익률은 3년 연 -8.97%, 5년 연 -1.88%였다.

TLH는 만기가 10년 이상 20년 이하로 남은 재무부 채권에 투자한다. PDF에는 40종목이 있다. 채권의 평균 만기는 17.53년이다. 만기수익률은 매년 4.23%다. 수익률은 3년 연 -8.13%, 5년 연 -2.36%였다.

VGLT는 만기가 10년 이상 남은 재무부 채권에 투자한다. PDF에는 70종목이 있다. 채권의 평균 만기는 23.4년이다. 만기수익률은 매년 4%다. 수익률은 3년 연 -9.97%, 5년 연 -2.76%였다.

SPTL은 VGLT와 같은 지수를 추종한다. 수익률은 3년 연 -9.94%, 5년 연 -2.73%였다. 수익률 차이는 거의 없이 비슷했다.

IEF는 만기가 7년 이상 10년 이하로 남은 재무부 채권에 투자한다. PDF에는 14종목이 있다. 채권의 평균 만기는 8.46년이다. 만기수익률은 매년 2.2%다. 수익률은 3년 연 -4.03%, 5년 연 -0.5%였다.

IEI는 만기가 3년 이상 7년 이하로 남은 재무부 채권에 투자한다. PDF에는 63종목이 있다. 채권의 평균 만기는 4.79년이다. 만기수익률은 매년 4.03%다. 수익률은 3년 연 -2.38%, 5년 연 -0.14%였다.

VGIT는 만기가 3년 이상 10년 이하로 남은 재무부 채권에 투자한다. 쉽게 말해 IEF와 IEI에 동시에 투자하는 것과 같다. PDF에는 110종목이 있다. 채권의 평균 만기는 5.6년이다. 만기수익률은 매년 4.1%다. 수익률은 3년 연 -2.92%, 5년 연 -0.23%였다.

SPTI는 VGIT와 같은 지수를 추종한다. 수익률은 3년 연 −2.06%, 5년 연 0.24%였다.

미국 재무부 채권 ETF ②

SHY, VGSH, SPTS 모두 만기가 주로 1년 이상 3년 이하로 남은 재무부 채권에 투자한다.

SHY의 PDF에는 77종목이 있다. 채권의 평균 만기는 1.9년이다. 만기수익률은 매년 4.47%다. 수익률은 1년 -5.11%, 3년 연 -0.64%였다.

티커	종목명	추종 지수	시가총액	운용보수
SHY	iShares 1~3 Year Treasury Bond ETF	ICE US Treasury 1~3 Year Index	$29.67B	0.15%
VGSH	Vanguard Short-Term Treasury Index ETF	Bloomberg US Treasury 1~3 Year Index	$17.11B	0.04%
SPTS	SPDR Portfolio Short Term Treasury ETF	Bloomberg US Treasury 1~3 Year Index	$3.81B	0.06%
SHV	iShares Short Treasury Bond ETF	ICE Short US Treasury Securities Index	$19.61B	0.15%
BIL	SPDR Bloomberg Barclays 1~3 Month T-Bill ETF	Bloomberg 1~3 Month US Treasury Bill Index	$25.82B	0.14%

〈2023년 1월 기준〉

VGSH의 PDF에는 95종목이 있다. 채권의 평균 만기는 1.9년이다. 만기수익률은 매년 4.6%다. 수익률은 1년 -4.88%, 3년 연 -0.73%였다.

SHV는 만기가 주로 12달 이하로 남은 재무부 채권에 투자한다. PDF에는 44종목이 있다. 채권의 평균 만기는 0.3년이다. 만기수익률은 매년 3.73%다. 수익률은 1년 0.01%, 3년 연 0.43%였다.

BIL은 만기가 1달 이상 3달 이하로 남은 재무부 단기 채권에 투자한다. PDF에는 14종목이 있다. 만기수익률은 매년 3.78%다. 수익률은 1년 0.7%, 3년 연 0.41%였다.

앞부분에서 말했지만, 필자는 투자금 중 최소 10~20% 정도는 현금으로 보유하는 걸 선호한다. 우리나라를 포함해서 미국 주식시장에서도 언제나 단기적으로 변동성이 커질 수가 있다. 즉 눈여겨봤던 해외 ETF 또는 해외 주식이 단기간에 급락할 수가 있다. 그럴 경우를 대비해서 현금을 일부분 보유한다. 예전에는 현금 대신 SHV와 BIL 같은 초단기 채권으로 보유했었다.

미국 지방정부 채권 ETF

티커	종목명	추종 지수	시가총액	운용보수
MUB	iShares National Muni Bond ETF	ICE AMT-Free US National Municipal Index	$29.75B	0.07%
VTEB	Vanguard Tax-Exempt Bond ETF	S&P National AMT-Free Municipal Bond	$22.27B	0.05%
TFI	SPDR Nuveen Bloomberg Municipal Bond ETF	Bloomberg Municipal Managed Money 1~25 Years Index	$3.57B	0.23%
PZA	Invesco National AMT-Free Municipal Bond ETF	ICE BofAML National Long-Term Core Plus Municipal Securities Index	$2.01B	0.28%
CMF	iShares California Muni Bond ETF	ICE AMT-Free California Municipal Index	$1.8B	0.25%
SHM	SPDR Nuveen Bloomberg Short Term Municipal Bond ETF	Bloomberg Municipal Managed Money Short Index	$4.63B	0.2%
SUB	iShares Short-Term National Muni Bond ETF	ICE Short Maturity AMT-Free US National Municipal Index	$9.2B	0.07%

〈2023년 1월 기준〉

MUB는 미국 주정부와 지방정부 채권에 투자하는 상품이다. ICE AMT-Free US National Municipal Index를 추종 지수로 한다. PDF에는 5,460종목이 있다. 채권의 평균 만기는 7.32년이다. 만기수익률은 매년 3.63%다. 수익률은 1년 -10.09%, 3년 연 -1.6%였다. 지방채 ETF 중에서 유동성이 많고, 폭넓게 투자할 수 있다.

VTEB는 S&P National AMT-Free Municipal Bond를 추종 지수로 한다. PDF에는 6,670종목이 있다. 수익률은 1년 -11.52%, 3년 연 −2.11%였다.

참고로 AMT는 최저한세 제도로 'Alternative Minimum Tax'의 약자다. 개인이나 법인이 각종 소득공제 및 세액공제를 받더라도 최소한의 세금은 납부하게 만든 제도다. 즉 AMT-Free는 세금 면제를 의미한다.

TFI는 미국의 세금 면제 지방채에 투자한다. 만기가 1년에서 25년 이하로 남은 채권 중에서 신용등급 A 이상으로 종목을 구성한다. PDF에는 3,480종목이 있다. 만기수익률은 매년 3.84%다. 수익률은 1년 -13.82%, 3년 연 -3.13%였다.

PZA는 미국 장기 세금 면제 지방채에 투자한다. 만기가 최소 15년 이상 남은 달러로 표시된 투자등급 면세 지방채로 종목을 구성한다. PDF에는 825종목이 있다. 만기수익률은 매년 4.85%다. 수익률은 1년 -15.42%, 3년 연 -3.06%였다. 장기 채권은 금리 인하 시에는 채권 가격이 큰 폭으로 상승한다.

CMF는 캘리포니아 주정부 채권에 투자한다. ICE AMT-Free California Municipal Index를 추종 지수로 한다. 캘리포니아 주정부 또는 정부 기관에서 발행된 BBB등급 이상 세금 면제 채권으로 종목을 구성한다. PDF에는 1,055종목이 있다. 만기수익률은 매년 3.54%다. 수익률은 1년 -10.8%, 3년 연 -2.15%였다.

참고로 캘리포니아주는 미국 전체 인구의 10% 이상이 살고 있다. 지리적 위치는 서부 해안 쪽에 자리잡고 있다. 미국 50개 주 중에서 최대의 인구와 생산력을 자랑한다. 대표적인 도시로는 실리콘 밸리를 포함한 샌프란시스코, 로스앤젤레스, 라스베이거스 등이 있다.

SHM은 5년 이하 미국 단기 지방채에 투자한다. 세금 면제 AA- 이상 신용등급 단기 지방채로 종목을 구성한다. PDF에는 1,095종목이 있다. 만기수익률은 매년 3.02%다. 수익률은 1년 -5.88%, 3년 연 -1.13%였다.

SUB는 5년 이하 투자등급 단기 지방채에 투자한다. 시 정부나 지방정부, 정부 기관에서 발행한 BBB등급 이상 세금 면제 채권으로 종목을 구성한다. PDF에는 2,560종목이 있다. 평균 만기는 2.07년이다. 만기수익률은 연 3.03%다. 수익률은 1년 -3.88%, 3년 연 0.28%였다.

물가연동 국채 ETF

티커	종목명	추종 지수	시가총액	운용보수
TIP	iShares TIPS Bond ETF	Bloomberg US Treasury Inflation Protected Notes(TIPS)	$24.92B	0.19%
STIP	iShares 0~5 Year TIPS Bond ETF	Bloomberg US Treasury TIPS (0~5 Y)	$12.58B	0.03%
VTIP	Vanguard Short-Term Inflation-Protected Securities ETF	Bloomberg US Treasury TIPS (0~5 Y)	$17.51B	0.04%

<2023년 1월 기준>

TIPS 채권은 'Treasury Inflation-Protected Securities'의 약자다. '물가연동 국채'라고도 한다. 미국 정부에서 발행한 채권으로 원금과 이자를 물가와 연동해서 실질 구매력 보존이 가능하다. 예를 들어 미국 물가가 3% 상승했다면, 채권 원금도 3% 상승하게 된다. 물가 상승인 인플레이션 헤지가 가능하다.

TIP는 블룸버그 미국 TIPS 채권을 추종 지수로 한다. 만기 1년 이상 투자등급 재무부 TIPS 채권을 모두 포함한다. 소비자 물가 지수 CPIConsumer price index에 연동해서 원금 가치가 상승하고 이자도 상승한다. PDF에는 45종목이 있다. 평균 만기는 7.19년이다. 만기수익률은 연 4.3%다. 수익률은 1년 -11.76%, 3년 연 0.58%였다.

STIP은 블룸버그 5년 이하 미국 TIPS 채권을 추종 지수로 한다. TIP의 5년 이하 단기 ETF다. PDF에는 22종목이 있다. 평균 만기는 2.47년이다. 만기 수익률은 연 4.17%다. 수익률은 1년 -2.83%, 3년 연 2.52%였다.

VTIP은 STIP와 같은 지수를 추종하는 상품이다. 수익률은 1년 -2.9%, 3년 연 2.66%였다. 작지만 수익률 차이가 나는 이유는 자산운용사 운용 방식의 차이 때문이다.

주택저당증권 ETF

▼ MBB : iShares MBS ETF

추종 지수	Bloomberg US MBS Index	**운용보수**	0.04%	**주당 가격**	$92.64
상장일자	2007-03-13	**시가총액**	$22.66B	**PDF 종목 수**	10,220
TOP 5 국가 비중		**TOP 5 섹터 비중**		**TOP 5 종목 비중**	
1. 미국 100%		1. MBS 100%		1. BLACKROCK CASH CL INST SL AGENCY 8.08%	
				2. FHLMC 30YR UMBS SUPER 1.58%	
				3. GNMA2 30YR 1.15%	
				4. GNMA2 30YR 1.12%	
2022년 분배율 4.66%				5. UMBS 30YR TBA(REG A) 1.1%	
				TOP 10 비중 17.03%	

수익률	3개월	1년	3년	5년
MBB	-6.54%	-12.88%	-3.56%	-0.83%

〈2023년 1월 기준〉

MBB는 MBS 채권에 투자하는 상품이다. MBS는 주택저당증권으로 'Mortgage Backed Securities'의 약자다. 은행을 포함한 금융기관에서 주택을 담보로 발행되는 채권을 의미한다. 길게는 20~40년 동안 대출해 주고 받은 저당권과 대출 채권을 묶은 채권이다. 다른 말로 주택담보 대출 모기지론이라고도 한다. 2008년에 미국에서 발생한 금융위기의 주연이기도 하다.

PDF에는 10,220종목이 있다. 만기수익률은 매년 4.67%다. 수익률은 3년 연 -3.56%, 5년 연 -0.83%였다.

티커	종목명	추종 지수	시가총액	운용보수
VMBS	Vanguard Mortgage-Backed Securities ETF	Bloomberg US MBS Float Adjusted Index	$14.15B	0.04%

〈2023년 1월 기준〉

다른 MBS 채권 ETF로 **VMBS**가 있다. 추종 지수는 만기가 1년 이상 남은 MBS 채권으로 구성된다. PDF에는 1,040종목이 있다. 만기수익률은 매년 4.8%다. 수익률은 1년 -14.93%, 3년 연 -4.32%다. MBS 채권 ETF는 미국 경제 상황과 부동산 경기에 영향을 많이 받는다.

예를 들어 우리나라 경제나 부동산 경기가 안 좋아지면 주택담보 대출을 갚지 못해 경매로 나오는 주택이 많거나, 부동산 가격이 하락한다. 그 말은 주택담보 대출의 연체율이 높아지고 부실 채권이 많아진다는 의미다. 미국도 우리나라와 비슷하다.

이머징마켓 채권 ETF

티커	종목명	추종 지수	시가총액	운용보수
EMB	iShares JP Morgan USD Emerging Markets Bond ETF	J.P. Morgan EMBI Global Core Index	$13.78B	0.39%
VWOB	Vanguard Emerging Markets Government Bond ETF	Bloomberg Barclays USD Emerging Markets Government RIC Capped Index	$2.88B	0.2%
PCY	Invesco Emerging Markets Sovereign Debt ETF	DB Emerging Market USD Liquid Balanced Index	$1.58B	0.5%

〈2023년 1월 기준〉

EMB는 달러로 발행된 이머징마켓 정부 발행 채권에 투자한다. 고정이율 채권과 변동 이율 채권 등으로 종목을 구성한다. PDF에는 580종목이 있다. 30곳이 넘는 다양한 이머징마켓 정부채가 있다. 채권의 평균 만기는 12.43년이다. 만기수익률은 연 7.7%다. 수익률은 1년 -24.56%, 3년 연 -7.4%였다.

VWOB는 달러로 발행된 만기 1년 이상의 이머징마켓 정부채에 투자한다. 지역별 비중은 이머징마켓이 99%다. 국가별 비중은 멕시코 10%, 사우디아라비아 10%, 인도네시아 7% 등이다. PDF에는 740종목이 있다. 채권의 평균 만기는 12.4년이다. 만기수익률은 연 8.2%다. 수익률은 1년 23.19%, 3년 연 -6.81%였다.

PCY는 달러로 발행된 이머징마켓 정부채에 투자한다. 채권 만기는 최소 3년 이상으로 구성하고 분기마다 추종 지수를 리밸런싱한다. PDF에는 100종목이 있다. 채권의 평균 만기는 20.35년이다. 만기수익률은 연 8.74%다. 수익률은 1년 -32.83%, 3년 연 -12.18%였다.

이머징마켓 채권 ETF는 미국 채권 ETF보다 고수익·고위험 상품이다. 그래서 수익률도 높고 위험성도 높은 편이다. 미국 채권 ETF보다 조금 높은 위험을 감수할 수 있다면 투자를 고려해보면 된다.

| 한눈에 보는 채권 ETF ② |

티커	종목명	시가총액	분류
GOVT	iShares US Treasury Bond ETF	$21.48B	ICE US Treasury Core Bond Index
TLT	iShares 20+ Year Treasury Bond ETF	$22.27B	ICE US Treasury 20+ Year Bond Index
IEF	iShares 7~10 Year Treasury Bond ETF	$21.41B	ICE US Treasury 7~10 Year Bond Index
IEI	iShares 3~7 Year Treasury Bond ETF	$12.42B	ICE US Treasury 3~7 Year Bond Index
SHY	iShares 1~3 Year Treasury Bond ETF	$29.67B	ICE US Treasury 1~3 Year Index
SHV	iShares Short Treasury Bond ETF	$19.61B	ICE Short US Treasury Securities Index
BIL	SPDR Bloomberg Barclays 1~3 Month T-Bill ETF	$25.82B	Bloomberg Barclays 1~3 Month US Treasury Bill Index
MUB	iShares National Muni Bond ETF	$29.75B	ICE AMT-Free US National Municipal Index
VTEB	Vanguard Tax-Exempt Bond ETF	$22.27B	S&P National AMT-Free Municipal Bond
TIP	iShares TIPS Bond ETF	$24.92B	Bloomberg US Treasury Inflation Protected Notes(TIPS)
VTIP	Vanguard Short-Term Inflation-Protected Securities ETF	$17.51B	Bloomberg US Treasury TIPS(0~5Y)
MBB	iShares MBS ETF	$22.66B	Bloomberg Barclays US MBS Index
EMB	iShares JP Morgan USD Emerging Markets Bond ETF	$13.78B	J.P. Morgan EMBI Global Core Index

<2023년 1월 기준>

해외 ETF를 닮은 글로벌 주식들

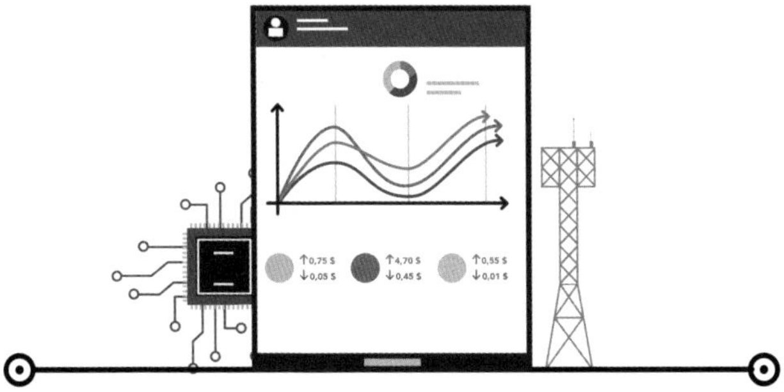

| LVMH 보유 브랜드 |

LVMH

패션 & 잡화(17)	향수 & 화장품(13)	주류(26)	시계 & 보석(6)	특수리테일(5)	기타(11)
루이비통	겔랑	클로 람브레이	쇼메	DFS	COVA(카페)
지방시	아쿠아 디 파르마	샤또 디켐	태그호이어	르봉마르쉐 백화점	ROYAL van LENT (요트 제조업체)
로에베	퍼퓸크리스티앙디올	돔 페리뇽	제니스	르봉마르쉐 식품관	LA SAMARITAINE (레스토랑)
모이나	지방시 퍼퓸	루이나르	불가리	스타보드크루즈	LES ECHOS (프랑스 경제지)
벨루티	퍼퓸 로에베	모엣 샹동	프레드	세포라	LE PARISIEN (프랑스 일간지)
리모와	베네피트코스메틱	헤네시	위블로		INVESTIR (프랑스 경제지)
파투	메이크업포에버	뵈브클리코			BELMOND(호텔)
로로 피아나	겐조 퍼퓸	아드벡			CHEVAL BLANC (호텔)
펜디	프레시	샤또슈발블랑			
세린느	캣본디 뷰티	글렌모렌지			
디올	메종프란시스커정	크루그			
에밀리오 푸치	마크제이콥스 뷰티	메르시에			
켄조	차링	…			
토마스 핑크	펜티뷰티				
마크제이콥스					
니콜라스커크우드					
펜티뷰티					

프랑스 MC : LVMH 루이 비통 모에 헤네시

많이들 알고 있는 명품 루이비통은 프랑스 주식으로 상장되어 있다. 티커는 MC다. 루이비통 모에 헤네시를 줄여서 LVMH라고 부른다.

LVMH는 60개의 명품 브랜드를 보유하고 있다. 크게 패션, 주류, 화장품, 시계, 리테일 분야에서 사업을 한다. 대표적인 브랜드로는 루이비통, 펜디, 디올, 지방시, 태그호이어, 불가리, 모엣 샹동 등이 있다.

루이비통은 1854년 프랑스 파리에서 창업자의 이름에 유래해서 '여행 가방 전문'으로 시작했다. 현재는 럭셔리 제품을 중심으로 다양한 브랜드를 소유한 글로벌 그룹이 됐다. LVMH는 하나의 럭셔리 ETF라 생각해도 무방하다.

참고로 LVMH는 2019년에 미국 보석 브랜드 티파니를 19조 원에 인수했다. 이로써 경쟁사보다 상대적으로 약했던 보석 분야를 보완할 수 있게 됐다. 2021년에는 에트로 인수, 오프 화이트 지분 60% 등을 인수했다.

현재 루이비통은 아시아에서 높은 성장률을 보인다. 특히 중국 시장에서 수요가 많다. 중국 경제가 성장할수록 점차 부자들이 많아진다. 중국 내수 시장은 명품에 대한 모조품 우려와 세금이 높다. 우리나라 면세점 매출의 절반 이상은 중국 보따리상에게서 나온다는 말도 있다. 보따리상은 여행사를 통해 면세점에서 인기가 많은 제품을 사서 중국에 돌아가서 판매한다. 당연히 이익이 많은 남는 면세품을 선호할 것이다.

다음으로는 중국의 젊은 세대가 있다. 중국은 최근 몇 년 전까지만 해도 1가구 1자녀 정책을 시행했다. 이 말은 가정당 아이가 한 명만 있어서 귀하게 자랐다는 걸 의미한다. 유복하게 성장한 20~30대 젊은 세대들이 럭셔리시장을 주도한다.

몇 년 전까지만 해도 명품 업계는 온라인 판매에 소극적이었다. 하지만 요즘은 코로나 팬데믹을 겪어서인지 온라인 판매도 많이 확장되었다. 참고로 우리나라도 20~30대가 럭셔리시장의 큰손으로 등장하고 있다.

MZ세대 명품 열풍에… 명품 짝퉁 17억 원어치 유통한 일당 덜미

〈2022년 7월 7일 매일경제 기사 제목〉

20~30대 욜로족 명품 시계 최대 구매층으로 떠올라…

〈2022년 4월 8일 OSEN 기사 제목〉

온라인 명품시장 커지자… 밀레니얼 세대 명품 큰손 부상

〈2021년 2월 4일 파이낸셜 기사 제목〉

사람은 돈을 벌어서 의식주와 같은 기본적인 욕구를 충족하면 다른 욕구가 생기게 된다. 모든 사람은 더 좋은 집으로 이사 가고 싶어 하고, 더 좋은 차로 바꾸고 싶어 한다. LVMH는 사람들의 욕구와 욕망을 자극하는 기업이다.

매슬로이 욕구 단계 이론 중에 5단계 욕구가 있다. 상위 욕구로는 자아실현의 욕구와 존경의 욕구가 있다. 명품은 아무 곳에 가서 쉽게 살 수 있는 게 아니다. 보통 물건과 함께 친절한 서비스 경험을 함께 구매하게 된다. 백화점에 가서 친절한 직원의 응대를 받으며 구매한다. 사실 명품은 생활하는 데 있어서 필요한 필수품이 아닌 사치품이다.

| LVMH 5년 주가 |

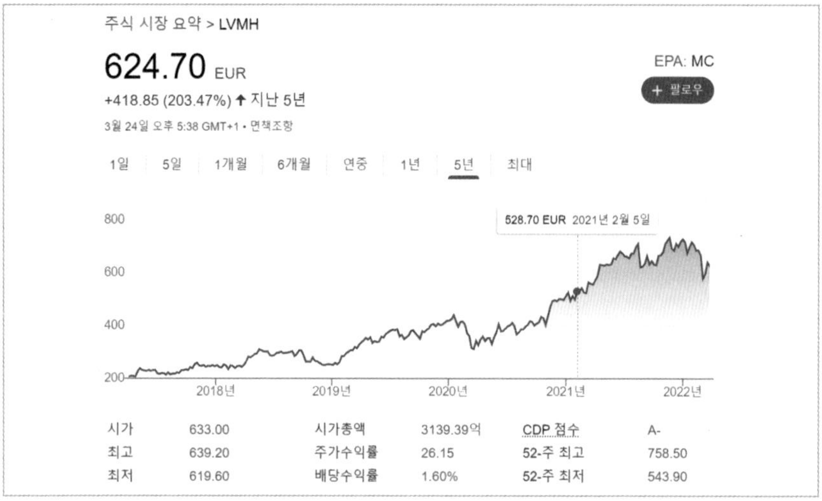

전 세계의 많은 사람이 시간이 지날수록 경제가 성장하고 잘살게 될 것이다. 지금도 잘사는 선진국이 있고, 부지런히 성장하는 신흥국들이 있다. 특히 중국과 인도를 포함한 아시아의 경제 성장과 함께 명품의 매출도 눈에 띄게 증가할 것이다.

루이비통 주식은 유럽에 상장되어 있어 수수료를 생각하면 삼성증권이 괜찮다. 대형 증권사 중에서는 프랑스 주식시장 수수료가 낮기 때문이다. 2020년 1월 기준 프랑스 루이비통 1주 가격은 56만 원이었다. 2023년 3월 기준 루이비통 1주 가격은 128만 원이다.

미국 BRK.B : 버크셔 해서웨이

| 버크셔 해서웨이 자회사 |

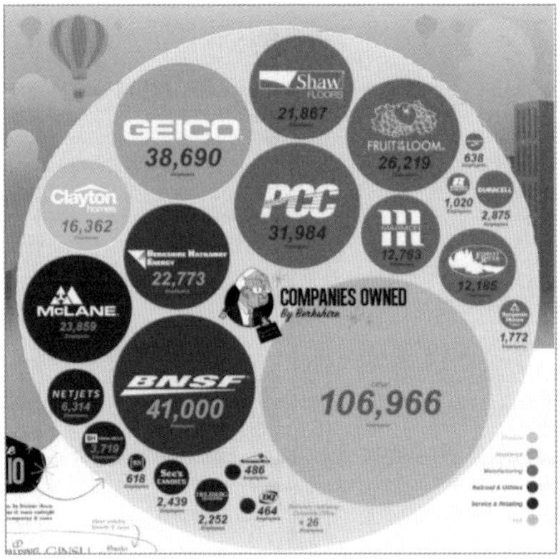

출처 : www.visualcapitalist.com

| 버크셔 해서웨이 포트폴리오 |

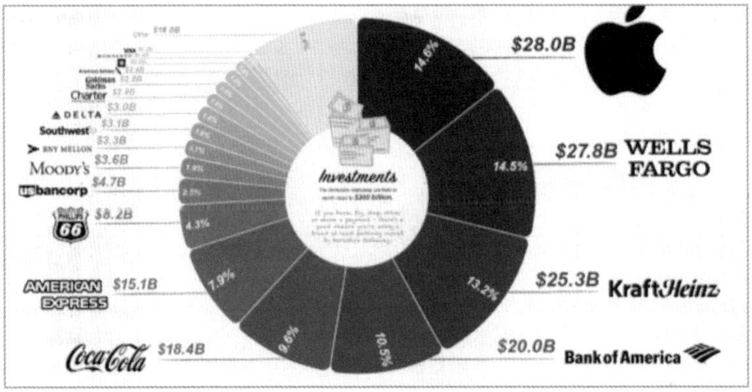

출처 : www.visualcapitalist.com

버크셔 해서웨이는 세계적인 투자자 워런 버핏이 CEO로 있는 미국의 복합 지주 회사다. 미국에서 주식 시가총액 6위7,116만 달러다. 버크셔 해서웨이의 2023년 1분기 포트폴리오는 다음과 같다. 애플 39%, 뱅크 오브 아메리카 11%, 셰브론 10%, 코카콜라 8.5%, 아메리칸 익스프레스 7.5% 등이다.

대부분 경제적 해자를 가진 기업들이다. 경제적 해자는 쉽게 진입할 수 없는 진입 장벽을 말한다. 판단 기준으로는 브랜드와 같은 무형자산, 전환 비용, 독과점 경쟁, 높은 점유율 등이 있다.

포트폴리오의 주식 외에도 씨즈캔디, 데어리 퀸, 가이코, BNSFBurlington Northern Santa, 그 밖에도 가구, 보석 제조 업체 등을 자회사로 갖고 있다.

워런 버핏은 '2022년 포브스 선정 세계 억만장자' 순위에서 5위를 차지했다. 세계에서 5번째 부자라는 의미다. 그는 50년 이상 주식 투자를 해서 세계적인 부자가 됐다.

최근 몇 년 동안 워런 버핏은 IT 기술주를 매입했다. 이전에는 "사업을 이해하기 어렵고 잘 모르는 기업에는 투자하지 않는다."라고 말했다.

그러나 2016년부터 '애플'을 처음 매수하기 시작하면서, 지금은 3대 주주까지 올랐다. "가능하다면 애플 지분을 100% 소유하고 싶다."라고 말했다. 그리고 '아마존'도 함께 매수해서 보유하고 있다. "할 수만 있다면 아마존 CEO의 피를 수혈받겠다." "아마존을 인수하지 않은 게 너무 후회된다."라고 말했다.

여기서 투자 아이디어를 얻을 수 있다. 예를 들면 글로벌 1등 제품을 갖고 있는 기업, 독과점 기업, 럭셔리 브랜드가 이에 해당된다.

표는 버크셔 해서웨이와 S&P 500의 수익률을 나타낸다. 10년 동안 6번은 버크셔 해서웨이의 수익률이 더 높았고, 4번은 S&P 500 지수수익률이

| 버크셔 해서웨이와 S&P 500 지수수익률 |

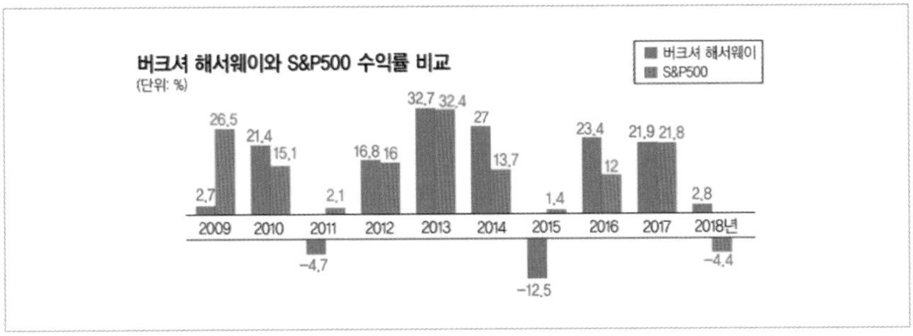

더 높았다.

총 수익률로 계산해보면 버크셔는 10년 합산 131.5%였다. S&P 500 지수는 136.6%였다. 버크셔와 SPY 10년 수익률을 비교해보면 1% 차이만 있다. 주식시장 대표 지수 ETF와 비교해봤을 때 장기 투자하면 손색없는 수익률을 보여준다.

버크셔 해서웨이는 소비재 ETF와 비슷한 주식이다. 필수소비재 대표 ETF인 XLP의 10년 수익률은 연 10.81%였다. 경기소비재 대표 ETF인 XLY의 10년 수익률은 연 13.13%였다. 은행에 3년 적금하는 것보다 매달 **BRK.B**를 1주씩 매수하는 게 더 괜찮을 수 있다.

버크셔 해서웨이 주식을 살 때 티커는 BRK.A가 아닌 BRK.B주를 사야 한다. A주는 한 주에 원화 6억 3천만 원 정도다. B주는 A주를 1/1,500로 나눠서 한 주에 42만 원이다. 한 달에 한 주씩 사서 모아갈 만하다. 주식을 1주만 갖고 있어도 매년 미국 오마하에서 열리는 주주총회에 참석할 수 있다. 참고로 워런 버핏과의 점식 식사는 경매로 높은 가격에 낙찰된다.

미국 GOOGL : 알파벳

알파벳은 2015년에 지주 회사로 설립된 구글의 모회사다. 알파벳이 소유하고 있는 자회사는 그림과 같다.

먼저 구글은 우리나라의 네이버, 중국의 바이두 등을 제외하면 미국을 포함한 많은 나라에서 검색포털 사이트 시장점유율 92%로 1위를 차지한다. 구글 안에는 검색, 광고, 유튜브, 안드로이드, 지도, 클라우드 등이 있다. 구글은 2006년에 유튜브를 인수했다. 당시에는 너무 비싼 가격으로 인수했다는 의견이 많았다. 그러나 지금은 '황금알을 낳는 거위'가 됐다. 유튜브의 광고 매출은 구글 전체 매출의 10%에 달한다.

우리나라에서 카카오톡과 네이버를 제치고 유튜브가 가장 많이 사용하

| 알파벳 자회사 |

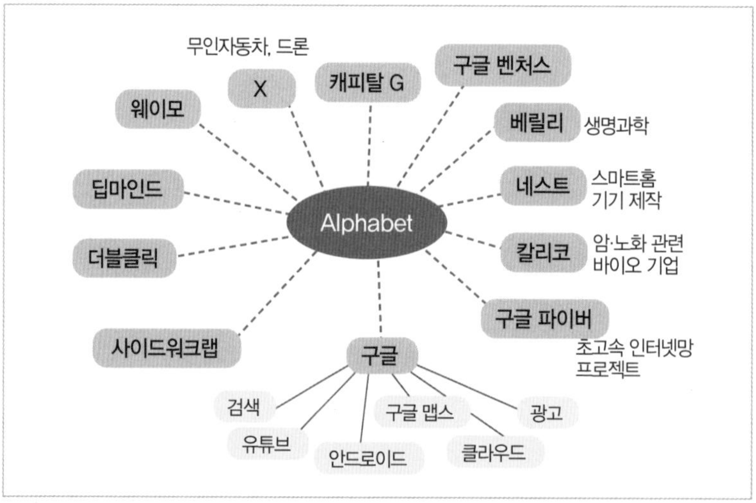

는 앱으로 등극했다. 현재는 동영상의 시대다. 구글은 2007년에 안드로이드를 인수했다. 지금은 애플의 iOS와 구글 안드로이드가 스마트폰 운영체제를 독점하고 있다. 마이크로소프트의 빌 게이츠는 "최대 실수는 구글에 안드로이드 출시 기회를 준 것이다."라고 말하기도 했다.

그 밖의 대표적인 자회사로는 딥마인드, 웨이모, 칼리코, 네스트, 구글벤처스 등이 있다.

딥마인드는 알파고를 만든 회사다. 2016년 3월 알파고는 서울에서 바둑 최고 실력자 이세돌과 대결했다. 최종 결과는 알파고가 4승, 이세돌이 1승으로 알파고가 승리했다.

웨이모는 자율주행 자동차를 만드는 회사다. 2009년 처음으로 자율주행을 시작했다. 자율주행차는 많은 빅 데이터를 모을 수 있다. 자동차 1대당 1시간 운행에 4TB테라바이트의 데이터를 모을 수 있다. 앞으로 자율주행 업체와 이해관계가 없다면 자동차 제조 업체는 종속관계로 전락하게 된다.

현재 컴퓨터시장과 스마트폰시장을 생각하면 된다. 누가 컴퓨터를 제조하든 간에 운영 체제로는 대부분 마이크로소프트의 윈도우가 사용된다. 스마트폰 운영 체제는 대부분 구글의 안드로이드 또는 애플의 iOS가 사용된다. 나중에 자율주행이 상용화됐을 때 소프트웨어는 대륙별로 소수의 업체가 독점하게 된다.

칼리코는 2013년 9월에 구글과 제약 회사가 설립한 바이오 기업이다. '사람의 수명 500세'를 목표로 한다. 최근 벌거숭이 두더지쥐와 효모를 이용한 연구 결과가 있다.

참고로 두더지쥐의 수명은 일반 쥐의 수명인 2~3년보다 10배 이상 높은 35년이다. 매년 수조 원씩 연구비로 사용하고 있다. 그러나 연구 결과는 철저히 비밀로 유지된다. 앞으로 어떤 획기적인 발견을 가져올지 모르는 기업이다.

2014년에 구글은 IOT 시대의 큰 그림을 그리며 가정용 빅 데이터의 가능성을 보고 네스트를 인수했다. 기존의 구글홈을 네스트로 통합하면서, 가족용 비서 스마트스피커 역할을 넘어 집안 전체를 아우르는 스마트홈 브랜드로 거듭났다.

네스트는 스마트홈 관련 업체다. 네스트는 온도 조절기와 스마트홈 기기, 보안용 기기 등에 인공지능을 넣어서 만든다. 가전제품에 인공지능이 들어가면 많은 것이 달라진다. 가스레인지나 에어컨을 깜박해서 켜놓고 나가도 AI가 스스로 인식해서 전원을 조절한다.

그러면 사용자의 모든 데이터를 구글은 알게 될 것이다. 여기서 또 다른 사업 기회가 생긴다. 예를 들어 겨울에는 사용자의 특성에 맞춰 난방비를 절약할 수 있게 된다. 여름에는 에어컨 전기료를 절약할 수 있게 된다. 전기를 절약한 것으로 전력 회사와 높은 협상력을 갖고 요금 할인을 받을 수도 있다.

앞으로 제2의 스마트폰 같은 존재는 인공지능 스피커가 될 것이다. 이미 AI스피커로 구글 홈, 아마존 알렉사, 마이크로소프트의 코타나 등이 출시되어 있다. 집에 스피커가 생기게 되면 고장이 나지 않는 이상 쉽게 바꾸지 않을 것이다. 스피커 가격이 낮아서 전환 비용이 낮더라도 소유 효과와 귀찮음 때문이다.

스피커로 하는 음성 쇼핑이 활성화될 확률은 매우 높다. 당연히 온라인 쇼핑 시장점유율도 높아질 것이다. 구글과 마이크로소프트는 쇼핑 중계로 광고수익이 많아질 것이다. 그 이유는 AI스피커가 자동 주문을 넣기 때문이다. 스피커를 소유하고 있는 기업에 광고를 해서 스피커의 선택을 받아야 제품이 판매되기 때문이다. 궁금하다면 스마트폰에서 '네이버'앱을 확인해보면 된다. 첫 번째 메인화면 하단에 버튼이 있다. 왼쪽 버튼은 쇼핑·라이프, 오른쪽 버튼은 뉴스·콘텐츠다.

참고로 구글을 검색해보면 알파벳A티커 : GOOGL와 알파벳C티커 : GOOG 2개의 주식이 있다. 알파벳 A주는 의결권이 있다. C주는 의결권이 없다. 주가는 2개가 비슷하다. 그러나 A주를 추천한다. 여러 가지 이유로 C주를 계속해서 발행할 확률이 높기 때문이다.

구글에 관심이 있다면 관련 책을 읽어보면 좋다. 《구글 스토리마크 맬시드 등 저》와 《구글의 미래토마스 슐츠 저》를 추천한다. 책에는 구글의 초기 성장 과정, 광고 비즈니스, 도서관 프로젝트, 문샷과 관련된 흥미로운 이야기들이 나온다.

| 구글 5년 주가 |

미국 MSFT : 마이크로소프트

마이크로소프트는 글로벌 소프트웨어 및 하드웨어 기업이다. 시가총액은 2023년 3월 기준 2조 1,300억 달러다. 원화로는 2,784조 원이다. 삼성전자의 시가총액이 388조 원이다. 삼성전자와 같은 회사가 7개 있어야 마이크로소프트의 크기가 된다.

마이크로소프트는 다양한 사업을 하면서 매출 구조가 균형있게 성장하고 있어서 좋다. 매출 구조를 보면 MS오피스 25%, MS애저 26%, 윈도우 운영체제 16%, 게임 9% 등이다. 오피스는 파워포인트, 워드, 엑셀 등을 말한다. 근무하면서 매일 활용하는 업무용 소프트웨어다. 애저는 마이크로소프트의 클라우드 서비스다.

애저는 아마존 클라우드 다음으로 시장점유율이 높다. 애저는 아마존 클라우드보다 호환성 측면에서 좋다. 마이크로소프트 소프트웨어에 기반을 두고 있어서 활용하기가 편리하다. 윈도우 운영 체제는 컴퓨터가 보급될 때 시장을 장악해서, 지금도 독점하면서 시장점유율이 굉장히 높다. 다음으로 게임은 엑스박스를 말한다.

2014년 마이크로소프트는 자사의 서비스에 대한 구독 서비스를 시작했다. 대표적으로 MS오피스와 클라우드 서비스가 있다. MS오피스 2016, 2019 버전이 점차 MS오피스 365로 바뀌고 있다. 구독 서비스로 바뀌면 장기적으로 매출이 증가하고 수익성이 좋아진다. 먼저 매출이 일회성에서 매달 정기적으로 현금흐름이 창출된다. 그 결과 주가는 최근 10년 동안 꾸준히 상승했다.

참고로 구독 서비스는 소비자 관점에서 가격이 비싸다. 예를 들어 차량,

| 마이크로소프트 5년 주가 |

정수기, 비데 등을 대여해 사용하면 결국에는 구매하는 것보다 비싸다.

2000년대에 마이크로소프트는 매출 부진으로 주가가 제자리걸음이었다. 그러나 3대 회장 사티아 나델라가 2014년에 취임한 이후 다시 성장을 이어가고 있다. 자신만의 강점에 집중했기 때문이다. MS오피스의 구독화 및 개방화, 클라우드에 집중하고 있다.

마이크로소프트는 인공지능, 빅 데이터, 디지털 헬스케어 3가지를 중심으로 앞으로 다가올 미래를 준비하고 있다.

국내 상장 ETF '추천 LIST!'

1. 국내 시장 대표 지수 ETF

종목코드	종목명	시가총액(억)
069500	KODEX 200	5조 7,275억 원
102110	TIGER 200	2조 540억 원
278530	KODEX 200TR	2조 301억 원
278540	KODEX MSCI Korea TR	9,708억 원
229200	KODEX 코스닥 150	6,199억 원
302450	KBSTAR 코스피	2,202억 원
292190	KODEX KRX300	321억 원

〈2023년 1월 기준〉

2. 국내 고배당 ETF

종목코드	종목명	시가총액(억)
161510	ARIRANG 고배당주	1,836억 원
325020	KODEX 배당 가치	1,595억 원
266160	KBSTAR 고배당	671억 원
279530	KODEX 고배당	399억 원
211900	KODEX 배당 성장	168억 원
210780	TIGER 코스피고 배당	363억 원

〈2023년 1월 기준〉

3. 국내 섹터 ETF

종목코드	종목명	시가총액(억)
102780	KODEX 삼성그룹	1조 7,609억 원
292150	TIGER TOP10	1조 6,612억 원
139260	TIGER 200 IT	7,243억 원
315930	KODEX Top5Plus TR	5,126억 원
091170	KODEX 은행	1,685억 원
143860	TIGER 헬스케어	1,401억 원
091160	KODEX 반도체	1,976억 원
326240	KBSTAR IT플러스	1,466억 원
157490	TIGER 소프트웨어	655억 원
228810	TIGER 미디어컨텐츠	1,099억 원

〈2023년 1월 기준〉

4. 국내 채권 ETF

종목코드	종목명	시가총액(억)
214980	KODEX 단기 채권PLUS	1조 2,252억 원
273130	KODEX 종합 채권(AA-이상)액티브	1조 1,554억 원
157450	TIGER 단기통안채	1조 4,305억 원
272560	KBSTAR 단기국공채액티브	796억 원
122260	KOSEF 통안채1년	457억 원
305080	TIGER 미국채10년선물	966억 원
130730	KOSEF 단기자금	654억 원
332620	ARIRANG 미국장기우량회사채	276억 원
304660	KODEX 미국채울트라30년선물(H)	727억 원

〈2023년 1월 기준〉

5. 국내 테마 ETF

종목코드	종목명	시가총액(억)
305720	KODEX 2차전지 사업	1조 2,522억 원
364960	TIGER KRX BBIG K-뉴딜	2,159억 원
290130	KBSTAR ESG 사회책임투자	2,246억 원
364970	TIGER KRX 바이오K-뉴딜	906억 원
364990	TIGER KRX 게임K-뉴딜	204억 원
102780	KODEX 삼성그룹	1조 7,609억 원
138540	TIGER 현대차그룹+펀더멘털	1,212억 원
314250	KODEX 미국FANG플러스(H)	3,478억 원
381180	TIGER 미국필라델피아반도체나스닥	1조 4,648억 원
381170	TIGER 미국테크TOP10 INDXX	1조 3,165억 원
298770	KODEX 한국대만IT프리미어	631억 원
354350	HANARO 글로벌럭셔리S & P(합성)	536억 원
371450	TIGER 글로벌클라우드컴퓨팅 INDXX	444억 원

<2023년 1월 기준>

6. 국내 원자재 ETF

종목코드	종목명	시가총액(억)
261220	KODEX WTI원유선물(H)	815억 원
132030	KODEX 골드선물(H)	1,870억 원
144600	KODEX 은선물(H)	816억 원
137610	TIGER 농산물선물Enhanced(H)	283억 원
138910	KODEX 구리선물(H)	118억 원
271050	KODEX WTI원유선물인버스(H)	272억 원

<2023년 1월 기준>

7. 국내 통화 ETF

종목코드	종목명	시가총액(억)
261240	KODEX 미국달러선물	1,392억 원
138230	KOSEF 미국달러선물	265억 원
261250	KODEX 미국달러선물레버리지	381억 원
139660	KOSEF 미국달러선물인버스	111억 원
292560	TIGER 일본엔선물	168억 원
261260	KODEX 미국달러선물인버스2X	818억 원

〈2023년 1월 기준〉

8. 국내 해외 지수 ETF

종목코드	종목명	시가총액(억)
133690	TIGER 미국나스닥 100	2조 697억 원
360750	TIGER 미국S&P 500	1조 7,888억 원
168580	ACE 중국본토CSI 300	1,538억 원
245710	ACE 베트남VN 30(합성)	1,360억 원
195930	TIGER 유로스탁스 50(합성H)	658억 원
245340	TIGER 미국다우존스 30	961억 원
245360	TIGER 차이나 HSCEI	833억 원
280930	KODEX 미국러셀 2000(H)	229억 원
203780	TIGER 미국나스닥 바이오	418억 원
182480	TIGER 미국MSCI리츠(합성H)	1,395억 원

〈2023년 1월 기준〉

9. 국내 파생 상품 ETF

종목코드	종목명	시가총액(억)
252670	KODEX 200선물인버스2X	2조 4,285억 원
122630	KODEX 레버리지	1조 8,482억 원
114800	KODEX 인버스	7,621억 원
251340	KODEX 코스닥150선물인버스	3,533억 원
267770	TIGER 200선물레버리지	752억 원
123310	TIGER 인버스	877억 원

〈2023년 1월 기준〉

10. 국내 스타일 & 특색 ETF

종목코드	종목명	시가총액(억)
305540	TIGER 2차전지테마	7,245억 원
445290	KODEX K-로봇액티브	416억 원
396500	TIGER Fn반도체TOP10	2,578억 원
400970	TIGER Fn메타버스	1,562억 원
456250	KODEX 유럽명품TOP10 STOXX	294억 원
150460	TIGER 중국소비테마	1,012억 원
325010	KODEX Fn성장	567억 원
227570	TIGER 우량가치	110억 원

〈2023년 1월 기준〉

티커 찾아보기

J

K

L